Staats- und socialwissenschaftliche Forschungen

herausgegeben

von

Gustav Schmoller.

Neunzehnter Band. Sechstes Heft.

(Der ganzen Reihe siebenundachtzigstes Heft.)

Dr. Karl Lamp, Das österreichische Arbeiter-Krankenversicherungs-Gesetz und die Praxis.

Leipzig,

Verlag von Duncker & Humblot.

1901.

Das österreichische
Arbeiter-Krankenversicherungs-Gesetz
und die Praxis.

Beobachtungen eines Verwaltungsbeamten.

Von

Dr. Karl Lamp,
Graz.

Leipzig,
Verlag von Duncker & Humblot.
1901.

Inhaltsverzeichnis.

I.

Einleitung.

1. Vorwort. — 2. Moiiv und Zweck unseres Krankenversicherungsgesetzes. — 3. Fürsorge für erkrankte Arbeiter vor dessen Erscheinen. — 4. Inhalt des Gesetzes. — 5. Seine wichtigsten Principien. — 6. Seine Tragweite und sein Verhältnis zur civilrechtlichen Dienstmiete und zum civilrechtlichen Versicherungsvertrag. — 7. Gliederung des zu behandelnden Stoffes. — 8. Allgemeiner Vergleich mit der gesetzlichen Regelung der Arbeiter-Krankenversicherung im Deutschen Reiche.

---

1. Es ist nun über ein Decennium her, seit die österreichische Gesetzgebung mit Erlafs des Arbeiter-Unfall- und des Arbeiter-Krankenversicherungsgesetzes den ersten entschiedenen Schritt auf dem Gebiete moderner Socialpolitik gethan. Während der ersten Jahre der Geltung eines neuen Gesetzeswerkes ist es kaum möglich, ein sicheres Urteil über die Frage zu fällen, ob es seinen Zweck erfüllt, und welche Vorzüge und Mängel es bei seiner praktischen Durchführung aufweist. Es mufs sich eben erst einleben, der neue gesetzgeberische Gedanke mufs Wurzel schlagen in der Bevölkerung, die Praxis mufs einen sicheren Weg austreten, auf welchem sie die Wohlthaten des Gesetzes dem Volksleben zuführen kann. — Nach zehn Jahren aber wird sich in der Regel die Frage, ob die Verbindung des toten Gesetzesbuchstaben mit dem lebendigen Bedürfnisse des Lebens eine organische geworden oder nicht, beantworten lassen, und aus der reichen Fülle praktischer Erfahrungen, welche bei der Anwendung der neuen Normen gesammelt wurden, kann man ein Urteil über Wirkung und Wert derselben schöpfen, kann man Anhaltspunkte für die Weiterentwicklung gewinnen.

Solche Untersuchungen anzustellen, ist nicht nur ein Recht, sondern auch eine Pflicht der Praxis, und von diesem Gesichtspunkte ausgehend soll versucht werden, dem Vielen, das über unsere Arbeiterversicherung schon geschrieben wurde, die Beobachtungen und Erwägungen eines Praktikers an die Seite zu stellen.

Die nachfolgenden Erörterungen werden sich speciell mit der Krankenversicherung der Arbeiter in Österreich befassen, wobei vergleichende Blicke auf die bezüglichen Normen und Verhältnisse im deutschen Nachbarreiche geworfen werden sollen. Bevor ich jedoch versuche, die einzelnen Gesetzesbestimmungen auf ihren Wert für das praktische Leben zu prüfen, will ich in wenigen flüchtigen Strichen das Gesamtbild unseres Krankenversicherungsgesetzes vom 30. März 1888, R.G.Bl. Nr. 33 (abgeändert und ergänzt durch die Gesetze vom 4. April 1889, R.G.Bl. Nr. 39, und vom 26. Dezember 1899, R.G.Bl. Nr. 255), in Erinnerung bringen.

2. In dem ausführlichen Berichte des Gewerbeausschusses unseres Abgeordnetenhauses vom 25. Mai 1886 über den Regierungsentwurf zum gegenständlichen Gesetze wird dieses als eine notwendige, socialpolitische Maſsregel zur Verbesserung des Loses der arbeitenden Klassen und zur gründlichen Heilung der socialen Schäden bezeichnet, und soll im Vereine mit der gesetzlichen Arbeiter-Unfallversicherung den Ausgangspunkt der künftig anzustrebenden Alters- und Invaliden-, dann der Witwen- und Waisenversicherung der Arbeiter bilden.

Damit waren in groſsen Zügen Motiv und Zweck des Gesetzes gekennzeichnet. Man brach mit der herrschenden Auffassung von dem rechtlichen und socialen Verhältnisse zwischen Staat und Volk, wonach es der erstere den einzelnen Unterthanen und den einzelnen Volksklassen zu überlassen habe, für ihren Fortbestand und ihr Gedeihen im unerbittlichen Kampfe der wirtschaftlichen Kräfte selbst zu sorgen. Die neue Zeit erachtet es als eine Pflicht des Staates, die schwächeren Schichten der Bevölkerung vor dem wirtschaftlichen Verderben zu bewahren, der schrankenlosen Ausbeutung derselben durch die wirtschaftlich Stärkeren ein energisches Halt entgegenzurufen. Darin liegt aber auch schon die Anerkennung des Rechtes des Arbeiterstandes auf ein Existenzminimum, welches nötigenfalls durch Zwangsmaſsregeln zu sichern, der Staat bereit sein muſs, und zwar in erster Linie für den Fall der Krankheit und der durch Betriebsunfälle herbeigeführten Arbeitsunfähigkeit; in weiterer Entwicklung des Gedankens aber auch für das arbeitsunfähige Alter und für Witwen und Waisen der Arbeiter.

3. Soweit vor dem Erscheinen der neuen Arbeiterschutzgesetze überhaupt von der Vorsorge für erkrankte Arbeiter in Österreich die Rede war, beruhte diese a) teils auf dem Verhältnisse patriarchaler Hausgemeinschaft der letzteren mit ihrem Brotgeber, und waren deren gegenseitige rechtliche Beziehungen in mannigfachen Gesinde- und Dienstbotenordnungen zum Ausdrucke gebracht; b) teils verpflichtete das sogenannte Verpflegsnormale (Hofdekret vom 18. Febr. 1837) den Arbeitsherrn zur Bezahlung vierwöchentlicher Spitalbehandlung für erkrankte Arbeiter; c) teils wurden Beihilfen an notleidende und kranke Gesellen aus den

Unterstützungskassen der alten Handwerkerinnungen gezahlt, zu welchen von Meistern und Gesellen beigesteuert wurde. Ein erfreulicher Fortschritt in der Fürsorge für erkrankte Arbeiter waren die durch das Berggesetz vom 23. Mai 1854 geschaffenen Bruderladen. Auch die Gewerbegesetze vom 20. Dezember 1859, 15. März 1883 und 8. März 1885 befaſsten sich mit dem Gegenstande, da sie teils die Unternehmer zur Errichtung von Unterstützungskassen oder zum Beitritte zu solchen bereits bestehenden Kassen für die Verunglückung oder Erkrankuug der Arbeiter verpflichteten, teils es als eine der Aufgaben der Genossenschaften bezeichneten, Gehilfen- und Lehrlingskassen zu gründen und zu erhalten. Diese Bestimmungen waren jedoch so allgemein und so wenig konkret gefaſst, daſs ihnen jeder praktische Wert mangelte. So sah sich die Arbeiterschaft zur Selbsthilfe gedrängt; sie fand in den Schöpfungen der hochentwickelten Arbeitervereinigungen Englands und Frankreichs nachahmenswerte Beispiele. Leider waren die österreichischen Vereinsgesetze nicht dazu angethan, die Association und Selbstversicherung der Arbeiterschaft zu fördern; denn das alte Vereinsgesetz vom 26. November 1852 war der Arbeiterschaft von vornherein wegen seiner polizeilichen Physiognomie und der Schwerfälligkeit und Willkür seiner Handhabung höchst unsympathisch; das auf freierer Grundlage aufgebaute Vereinsgesetz vom 15. November 1867 jedoch schlieſst in § 2 alle Vereine zu Versicherungszwecken von seiner Wirksamkeit ausdrücklich aus. Nichtsdestoweniger behalf man sich doch mit diesem Gesetze, und die Verwaltungsbehörden drückten um des guten Zweckes willen ein Auge zu und lieſsen die Arbeiter-Versicherungsvereine durch das Thor dieses Gesetzes als „Wohlthätigkeitsvereine“ passieren. Das dauerte jedoch nur bis zum Jahre 1880, wo durch das sogen. Versicherungsregulativ vom 18. August diese Praxis verboten ward und die Versicherungsvereine auf das ältere Vereinsgesetz verwiesen wurden. An einem Sondergesetze für den gedachten Zweck fehlte es bis zu dem Zustandekommen des Hilfskassengesetzes vom 16. Juli 1892. Ziehen wir endlich noch die freiwilligen Einrichtungen einzelner groſser Industrieunternehmungen zur Vorsorge für erkrankte Arbeiter und die Bestimmung des Art. 60 des Handelsgesetzbuchs vom 17. Dezember 1862 in Betracht, so haben wir alles, was vor dem Inslebentreten des Krankenversicherungsgesetzes vom 30. März 1888 auf diesem Gebiete bei uns geschehen war. Der Eindruck davon ist: unvollkommenes, principloses, unzusammenhängendes Stückwerk.

Mehr und mehr drängten die Arbeiterverhältnisse und die Arbeiterbewegung auch die herrschenden und besitzenden Klassen zu der Überzeugung, daſs es eine Pflicht des Staates, eine Pflicht der Gesamtheit sei, für den wirksamen Schutz, für die Erhaltung der wirtschaftlich schwachen Volksschichten selbst unter gewissen Opfern einzugreifen; der Anstoſs zur Ausprägung dieser Überzeugung in die Form eines socialen Gesetzes kam Anfang der achtziger Jahre aus dem Deutschen Reiche, wo mit der Thronrede Kaiser Wilhelms I. vom 17. November 1881 eine neue, socialpolitische Gesetzgebungsthätigkeit inauguriert wurde.

4. Am 30. März 1888 kam unser jetzt geltendes Arbeiter-Krankenversicherungsgesetz zustande; mit 1. August 1889 trat es in Wirksamkeit. Auf Grund desselben sollen die der Arbeiterklasse angehörenden Personen im Falle ihrer Erkrankung durch mindestens 20 Wochen in der Weise unterstützt werden, dafs ihnen einerseits die ärztliche Hilfe und die nötigen Heilmittel unentgeltlich beigestellt werden, wozu im Falle der Spitalsbehandlung noch kostenloser Transport ins Krankenhaus kommt; andrerseits wird solchen Personen unter obiger Voraussetzung durch dieselbe Zeit ein teilweiser Ersatz (60—75 % des Lohnes) für den Erwerbsentgang und damit die Möglichkeit zur Erhaltung der eigenen Person und der Familie gegeben; für den Todesfall des Unterstützungsberechtigten ist ein bestimmter Betrag zur Bestreitung der Beerdigungskosten zu gewähren. Jeder in Beschäftigung tretende Arbeiter mufs dieser Versicherung unterworfen werden (Kassenzwang) und behält den Anspruch auf die Wohlthaten derselben auch noch durch mindestens 6 Wochen im Falle eintretender Erwerbslosigkeit. — Die bezeichneten Unterstützungen werden durch Krankenkassen verschiedener Art geleistet, welche im Gesetze (§ 11) ausdrücklich vorgesehen und nach gewissen Typen organisiert sind. Hierher gehören zunächst gewisse, bereits von früher her bestehende Kassenarten (Bruderladen, Genossenschafts-, Vereins- und Betriebskrankenkassen), von denen aber eine Umgestaltung im Sinne der Grundsätze und Minimalleistungen der neuen Krankenversicherung verlangt wird. Diesen älteren Organisationen wurden zwei neue an die Seite gestellt: die Bezirkskrankenkassen und die Baukrankenkassen. — Von all diesen Kassenarten sind zwei: die Genossenschaftskassen und Bruderladen, Zwangskassen im strengsten Sinne, denn ihnen mufs der Arbeiter unbedingt angehören, wenn er bei einer dazugehörigen Unternehmung in Beschäftigung tritt. Bezüglich der Arbeiter anderer Unternehmungen ist ein gewisses Wahlrecht offen gelassen; wird dieses jedoch nicht ausgeübt, so substituiert das Gesetz eine bestimmte Kasse in der Weise, dafs der Versicherungspflichtige so behandelt wird, als ob er bei Beginn seiner Beschäftigung dieser Kasse beigetreten wäre und für ihn wie für seinen Arbeitgeber schon mit diesem Zeitpunkte alle mit der Mitgliedschaft verbundenen Rechte und Pflichten entstanden wären. — Die Kosten der Versicherung und der Bildung von Reservefonden in beschränkter Höhe sollen durch regelmäfsige, nach Prozenten des „ortsüblichen Taglohnes“ (2—3 %) berechnete Beiträge der Arbeiter und Arbeitgeber (im Beitragsverhältnis von 2 : 1), zum Teile auch durch Überweisung von den bei den politischen Behörden eingehobenen Geldstrafen gedeckt werden.

Als vermittelnde Organe zur Einhebung der Arbeiterbeiträge bedient sich das Gesetz der Arbeitgeber. Die Abführung der Beiträge an die Kassen und die Vornahme der rechtzeitigen An- und Abmeldung aller ihrer Arbeiter ist den Betriebsunternehmern unter eigener Verantwortung und unter Androhung empfindlicher Straffolgen zur Pflicht gemacht. — Die Verwaltung der Kassen ist autonom, den Versicherten selbst unter meist nur sehr bescheidener Anteilnahme der Arbeitgeber anvertraut und nach den Bestimmungen des Gesetzes und der mehr auf Einzelheiten eingehenden Satzungen, unter weitgehender staatlicher Aufsicht durchzuführen. Die Organe der Kassen sind aufser den berufsmäfsigen Kassenbeamten die Generalversammlung der Mitglieder und ein von dieser zu wählender mehrgliedriger Vorstand und Überwachungsausschufs.

Um die Leistungsfähigkeit der Kassen zu sichern, ist die Anlage von Reservefonden und der Zusammenschlufs der Bezirkskrankenkassen zu Verbänden mit Delegiertenversammlungen und Verbandsreservefonden angeordnet.

Unter allen Kassen nehmen die Bezirkskrankenkassen eine hervorragende Stellung ein; denn während die anderen nur Sonderkassen für bestimmte Gruppen versicherungspflichtiger Personen sind, sind die Bezirkskassen jene allgemeinen und subsidiären Versicherungsanstalten, in die wie in ein grofses Sammelreservoir alle jene versicherungspflichtigen Personen ohne Unterschied und ipso jure zusammenströmen, welche bei keiner der übrigen Kassen ausdrücklich versichert wurden. Demgemäfs ist den Bezirkskassen durch das Gesetz zwar nicht ausdrücklich, wohl aber indirekt ein gewisses Hüteramt über die pflichtmäfsige Versicherung der Arbeiter durch ihre Brotgeber, sowie ein gewisses Rekursrecht gegen Entscheidungen der politischen Behörden, auch wenn dadurch nicht unmittelbar die rekurrierende Kasse selbst getroffen wurde (z. B. bei Befreiungen nach § 4 d. Ges.), durch die Praxis eingeräumt worden. —

Zur Vervollständigung dieses skizzenhaften Bildes sei noch darauf hingewiesen, dafs die Krankenunterstützungen von der Vermögensexekution ausgenommen sind, dafs die eventuelle Zwangseinbringung rückständiger Mitgliederbeiträge durch die politischen Behörden erster Instanz besorgt wird. Die Versicherung betreffende Streitigkeiten zwischen Arbeitgebern und Arbeitnehmern, zwischen den ersteren und den Kassen und zwischen diesen und anderen öffentlichen, unterstützungspflichtigen Körperschaften und Anstalten sind von den politischen Behörden im Instanzenzuge zu entscheiden, während streitige Ansprüche Versicherter gegen ihre Kassen und umgekehrt vor das Forum von Kassenschiedsgerichten gehören, die nur aus Laienrichtern (Arbeitgebern und -nehmern) zusammengesetzt sind. Eine Berufungsmöglichkeit gegen die Erkenntnisse dieser Laiengerichte ist merkwürdigerweise ausgeschlossen.

5. Aus der Betrachtung des Gesetzes ergeben sich nun folgende allgemeine Grundsätze, welche als Unterlagen für den ganzen Aufbau desselben erscheinen:

a) Die Gegenseitigkeit der Versicherung (nicht „der Kassen“, wie sich das Gesetz in § 12 ungenau ausdrückt) in Verbindung mit einer äquivalentlosen, den Charakter einer Besteuerung tragenden, zwangsweisen Beitragspflicht der Arbeitgeber. Das Gegenseitigkeitsprincip kommt darin zum Ausdrucke, daſs es an einem, auf Erzielung eines Gewinnes spekulierenden Unternehmer fehlt und die Versicherten alle zugleich auch Versicherer sind; hiermit hängt auch der unten noch besonders zu erwähnende Grundsatz der Selbstverwaltung der Kassen durch ihre Mitglieder zusammen. Nichtsdestoweniger ist unleugbar die Gegenseitigkeit der Versicherung durch die Einhebung von Zwangsbeiträgen von den an der Versicherung nicht teilhabenden Gewerbsinhabern durchbrochen. Als Rechtstitel für diese Maſsregel kann wohl nur die Steuergewalt des Staates angesehen werden. Ihre sociale und wirtschaftliche Begründung findet diese Anordnung in der natürlichen Verpflichtung aller, eine Funktion des Volks- und Staatslebens besorgenden Gesellschafsklassen zur gegenseitigen Hilfeleistung in den Fragen der gesunden Lebenserhaltung der einzelnen Klasse; und im Interesse der Unternehmer an einem gesunden, arbeitstüchtigen und arbeitsfrohen Arbeiterstande.

b) Die Selbstverwaltung der Kassen durch ihre versicherten Mitglieder, verbunden mit weitgehender Staatsaufsicht. In allen Verwaltungsorganen sollen, abgesehen von denen der Vereinskrankenkassen, auch die Arbeitgeber Sitz und Stimme haben und zwar nach dem Verhältnisse ihrer Beitragszahlung, niemals jedoch mehr als zu einem Drittel. So sehr diese Normierung auf eine billige Berücksichtigung der Arbeitgeberinteressen abzielt, so wenig praktischen Wert hat dieselbe in der Regel. Denn bei Körperschaften, in denen sich Parteien von vielfach widerstreitenden Interessen in einer mehr oder minder schroffen Weise gegenüberstehen, wird fast jede Abstimmung zu einer Sache des Sieges oder Unterliegens nicht nur für den Antragsteller, sondern auch für dessen ganze Partei, zum Nachteile der Sachlichkeit in der Behandlung des Gegenstandes. Ein ungleiches Stimmenverhältnis der streitenden Parteien kommt hier fast immer auf ein Herabdrücken der Minderheit zur Bedeutungslosigkeit hinaus. Unsere parlamentarischen Verhältnisse geben für diese Ansicht eine reiche Auswahl klassischer Belege. Zu dem kommt noch eine bedauerliche Gleichgültigkeit der überwiegenden Zahl unserer Gewerbetreibenden gegenüber allen Dingen, die einen weiteren Blick erfordern, die über den Horizont der kleinlichen Alltagssorgen hinausgehen. So liegt denn die Verwaltung der Krankenkassen, mit Ausnahme der Betriebskassen, bei welchen dem Betriebsunternehmer gesetzlich ein viel weitergehender, ja ein maſsgebender Einfluſs auf die Verwaltung gewährleistet ist, fast ausschlieſslich in den Händen der Arbeiter, welche in ihren Beschlüssen nicht viel Rücksicht auf die Interessen der durch die Arbeiterversicherungsgesetze gewiſs schwer belasteten Arbeitgeber nehmen.

Es wäre wohl der Erwägung wert, ob den Arbeitgebern nicht wenigstens für jene Beschluſsfassungen in der Generalversammlung, im Vorstande und im Aufsichtsrate die gleiche Stimmenzahl wie den Arbeitern einzuräumen wäre, wo ihre Interessen unmittelbar betroffen werden.

c) Der Versicherungszwang für die groſse Masse der gewerblichen und industriellen Arbeiter, welchem jedoch hinsichtlich der Person, der Zeit und des Ortes gewisse Grenzen gezogen sind. — Dieser Zwang wird aus praktischen Gründen nicht unmittelbar auf die Arbeiter selbst ausgeübt; denn dieses wie die Meereswellen fluktuierende Element wäre in seinen einzelnen Teilen schwer zu fassen; sondern der Zwang wird zunächst gegen die Arbeitgeber geltend gemacht, welche in dem Dienstverhältnisse ihrer Arbeiter ein geeignetes Mittel besitzen, um den Zwang auf diese zu übertragen.

Der Versicherungszwang und damit die Wohlthat der Arbeiterversicherung ist in mehrfacher Hinsicht beschränkt; zunächst hinsichtlich der Versicherten. Wenn auch, wie aus den Motiven zum Gesetzentwurfe und aus dem darüber ausgearbeiteten ausführlichen Berichte des Gewerbeausschusses unseres Abgeordnetenhauses entnommen werden muſs, die Schöpfer des Gesetzes von dem Bestreben beseelt waren, „die gesamte Arbeiterklasse“ unter die Wirkung des Gesetzes zu stellen und somit eine „gründliche Heilung der socialen Schäden“ anzubahnen, so glaubten sie mit Rücksicht auf die schwierige Überwindung entgegenstehender Hindernisse zunächst nur einen groſsen Teil der in socialem Notstande befindlichen Volksschichten, nämlich die gewerblichen und industriellen Arbeiter durch Zwangsversicherung schützen zu sollen, während eine Ausdehnung dieses Schutzes auf einen anderen groſsen, der Versicherungswohlthat bedürftigen Bevölkerungsteil, auf die forst- und landwirtschaftlichen Arbeiter, „in nicht ferne Aussicht“ gestellt wurde. Bisher freilich ist noch nichts geschehen, um diese „nicht ferne Aussicht“ in wirkliche Gegenwart zu verwandeln. Daſs ein groſser Kreis von Arbeitern, welche keiner dieser beiden Gruppen angehören, im Gesetze überhaupt ganz unerwähnt blieb, werde ich später noch zu erörtern haben. Für die freiwillige Versicherung einzelner, nicht versicherungspflichtiger Arbeiter und anderer Personen ist überdies durch Satzungsbestimmungen eine Altersgrenze, und durch die Bedingung eines ärztlichen Befundes vor der Aufnahme in die Kassenmitgliedschaft auch eine Gesundheitsgrenze gezogen. — Auch in örtlicher Hinsicht ist der Versicherung eine Schranke gesetzt und zwar durch die Bestimmung, daſs die Kassenmitgliedschaft und deren Rechte mit dem Aufenthalte aufserhalb der österreichischen Kronländer, nach vorgängigem Ausscheiden aus der die Mitgliedschaft begründenden Beschäftigung (bei Genossenschaftskassen unter der letzteren Voraussetzung bereits durch Verlassen des kleinen Genossenschaftssprengels) erlöschen. — Endlich ist für die Krankenunterstützung auch ein beschränkter Zeitraum festgesetzt: in der Regel eine Spanne von 20 Wochen, welche Frist jedoch durch statutarische Bestimmungen bis auf ein Jahr ausgedehnt werden kann.

6. Die aufserordentliche Tragweite des ganzen Gesetzes kann man erst dann voll ermessen, wenn man Gelegenheit hatte, zu beobachten, wie es mit tausend Armen in die verschiedenartigsten Lebensverhältnisse eingreift, wie durch seine Anwendung eine Unzahl neuer Rechtsfragen, nicht nur verwaltungsrechtlicher, auch staatsrechtlicher, civil- und strafrechtlicher Natur entstehen, ja, wie es uns in ein neues, noch fast unerschlossenes Reich ganz eigenartiger moderner Rechtsbegriffe führt und der Physiognomie des Staatslebens einen neuen Ausdruck verleiht.

Interessant ist insbesondere die Einwirkung der Krankenversicherung auf das civilrechtliche Institut der Dienstmiete, an welchem die Gesetzgebung den Hebel zur Durchführung der Arbeiterversicherung ansetzt. — So weit wir in der Rechtsentwicklung zurückblicken, hatte das Verhältnis der Dienstmiete zwischen dem Unternehmer und seinem Arbeiter einen rein privatrechtlichen Charakter. Es beruht auf voller Vertragsfreiheit und hat die Ausnützung einer fremden Arbeitskraft auf der einen, die Erzielung eines Lohnes auf der anderen Seite zum Zwecke. Seit dem Erscheinen des Krankenversicherungs-Gesetzes aber treten Arbeitgeber und -nehmer durch den Abschlufs des Dienstvertrages zugleich in ein öffentlich-rechtliches Verhältnis; sie nehmen im Interesse der Gesamtheit kraft Gesetzes die Verpflichtung zu gewissen positiven Leistungen auf sich, welche sowohl bezüglich ihrer Begründung, als auch bezüglich ihrer Art und Höhe der freien Vertragsschliefsung entzogen sind. Dem Dienstherrn wird aufserdem noch eine besondere Verantwortlichkeit für die ordnungsmäfsige Durchführung der Versicherung auferlegt, welche gegebenen Falles empfindliche Straffolgen nach sich ziehen kann. Dem Arbeitnehmer aber erstehen durch Eingehung des Dienstvertrages, jedoch ganz unabhängig von dem Inhalte desselben, sowohl gegen die andere Vertragspartei, als auch gegen eine dritte Person: die Krankenkasse, ipso jure unverzichtbare Ansprüche, welche nicht auf dem sonst üblichen Wege durch die Civilgerichte geltend gemacht werden können, zu deren Erzwingung ihm vielmehr der Staat mit seinem Verwaltungsapparate unaufgefordert zur Seite steht.

Aber nicht nur durch diese Umstände erhält das früher rein privatrechtliche Dienstverhältnis auch einen öffentlich-rechtlichen Charakter, sondern auch durch den Zweck der neuen Einrichtung:

die Erhaltung einer für das Volksleben und damit für den Staat unentbehrlichen Gesellschaftsklasse, des Arbeiterstandes.

Die unmittelbare Durchführung dieser Aufgabe nahm der Staat nicht selbst in die Hand, sondern er schuf zu diesem Zwecke eigene autonome Organe, die Krankenkassen, welche auf den ersten Blick als auf dem Principe der Wechselseitigkeit begründete Versicherungsanstalten erscheinen, wie sie aus dem Civilrechte her bekannt sind. Bei näherer Betrachtung unterscheiden sie sich aber wesentlich von den letzteren, insbesondere durch den Mangel an Vertragsfreiheit unter den Versicherern, durch die den Charakter einer Steuer an sich tragende, äquivalentlose Beitragspflicht der Arbeitgeber, durch die weitgehende Überwachung und Einflufsnahme des Staates auf diese Anstalten; zudem sind die Minimal- und Maximalleistungen an die versicherten Mitglieder ohne Rücksicht auf die Gebahrungsergebnisse gesetzlich normiert.

7. Die Personen, zwischen denen sich die neuen eigenartigen Rechtsverhältnisse abspielen, sind zunächst: Arbeitnehmer, Arbeitgeber und Krankenkasse. Aber die Fäden des Gesetzes ziehen auch den Stand der Ärzte und Apotheker, die öffentlichen und privaten Heilanstalten in seinen Machtbereich. — Nach diesen verschiedenen Rechtssubjekten gliedert sich für den, der über die zehnjährigen Ergebnisse der Arbeiter-Krankenversicherung schreiben will, von selbst der überreiche Stoff. Da nicht schlechtweg jeder, der sich in ein Dienstverhältnis begiebt, unter die Wirkung unseres Gesetzes fällt, werden zunächst die unter dieselbe einbezogenen Arbeitnehmer zu bezeichnen, d. h. die Grenzen der Versicherungspflicht zu erörtern sein, wie sie das Gesetz beschreibt und wie sie von der Praxis thatsächlich abgesteckt wurden. Hierbei mufs das Verhältnis zwifchen Arbeitgeber und -nehmer in mannigfacher Weise in Betracht gezogen werden. In zweiter Linie verdienen die Lasten, welche das Gesetz dem Arbeitgeber auferlegt, eine Besprechung, zumal die Opfer, welche von diesen der Arbeiterversicherung gebracht werden müssen, durch die Arbeiterschaft denn doch zu wenig gewürdigt werden. Ein drittes Kapitel zahlreicher Rechtsfragen baut sich auf der Pflicht der Krankenkassen zur Unterstützung erkrankter versicherter Arbeiter auf. Da es hierbei einerseits auf das Vorhandensein eines bestimmten Krankheitszustandes des zu Unterstützenden ankommt, andrerseits die Kassenleistungen teils in der Beistellung der ärztlichen Hilfe, der therapeutischen Behelfe oder der Spitalverpflegung, teils in der Auszahlung eines Krankengeldes und eines Beitrages zu den Beerdigungskosten bestehen, so gliedert sich dieses Kapitel naturgemäfs in mehrere Unterabteilungen. Darauf folgt ein Abschnitt, der die Rückwirkungen des Gesetzes auf die Stellung der Ärzte und das Verhältnis der letzteren, der Apotheken und Heilanstalten zu den Krankenkassen behandelt. Das Schlufskapitel endlich beleuchtet die Entwicklung und Leistungs-

fähigkeit der Kassen auf Grund amtlicher Statistik, zieht Vergleiche zwischen den Kassenarten, erörtert die Frage der Centralisation oder Decentralisation des Kassenwesens und schildert die Vorbereitungen und Vorschläge zu Gesetzesänderungen.

8. Bei alledem liegt der Vergleich mit den Einrichtungen der reichsdeutschen Arbeiter-Krankenversicherung zu nahe, um nicht wiederholt herangezogen zu werden. Hat das bezügliche deutsche Gesetz doch bei der Abfassung des unseren als Muster gedient. Das spätere österreichische ist dem früheren deutschen Gesetze in allen wesentlichen Punkten nachgebildet; zum Teil deckt sich sogar der Wortlaut beider. Um so mehr mufs es verwundern, dafs unser Gesetz viele rechtliche Fragen von praktischer Bedeutung, die das deutsche ausdrücklich regelt, ganz unerörtert läfst, wodurch für die Praxis fühlbare Lücken entstanden. Beispielsweise sei hier hingewiesen auf Bestimmungen des deutschen Reichsgesetzes über die Verjährung der Kassenansprüche auf fällige Beiträge der Meister und der Unterstützungsansprüche der Arbeiter gegen die Kassen (§§ 55, 56), über die Berechnung der Fristen (§ 78 a), über das Verhältnis des Krankenversicherungs-Gesetzes zu den Bestimmungen des Art. 60 des Handelsgesetzbuches (§§ 1, 2), über die Fälle der Doppelversicherung (§ 26 a) und eines gleichzeitigen Dienstverhältnisses des Arbeiters bei zwei oder mehreren Unternehmern (§ 52), über die Flüssigmachung des Beerdigungskostenbeitrages (§ 20), über Sicherungsmafsregeln gegen unzuverlässige Arbeitgeber bezüglich der Abfuhr der Arbeiterbeiträge an die Kasse (§ 52 a), über die Wahl der im einzelnen Falle in Anspruch zu nehmenden Ärzte, Apotheker und Krankenanstalten (§ 54 a), über die Haftpflicht der geschäftsführenden Personen bei den Kassen (§ 42), über die Rechtshilfe der Kassen untereinander (§ 57 a) u. a. m.

In den Abänderungen der Normen des deutschen Reichsgesetzes war unsere Gesetzgebung namentlich dort, wo sie specialisierte Bestimmungen durch allgemeine ersetzte, wenig glücklich. Denn die dadurch bezweckte Vereinfachung wurde meist nicht erreicht, wohl aber Unklarheit und Rechtsunsicherheit geschaffen. Dies gilt besonders von der gesetzlichen Umschreibung der Versicherungspflicht. Zudem bezieht jenes Gesetz viel gröfsere Kreise der versicherungsbedürftigen Volksschichten unter seine Geltung ein als unseres.

Das deutsche Gesetz ist demnach umfangreicher und ausführlicher als unseres; es mufs auch als gründlicher und voraussichtiger bezeichnet werden.

Ein anderer auffallender Unterschied der beiden Gesetze liegt darin, dafs im Deutschen Reiche den zur Durchführung der Versicherung berufenen Verwaltungsbeamten ein bedeutend gröfseres Mafs von Freiheit, ein gröfserer Spielraum bei der zweckmäfsigen Anpassung der einzelnen Normen an die verschiedenartigen örtlichen und persönlichen Verhältnisse eingeräumt wurde als bei uns. Dies kommt namentlich zum Ausdrucke bezüglich der Erweiterung und Einschränkung der Versicherungspflicht auf einzelne Arten von Unternehmungen, bezüglich der Eximierung einzelner Personen oder Betriebe vom Versicherungszwange, bezüglich der Gewährung von Erleichterungen für die Arbeitgeber, bezüglich der Bestimmung von Ärzten, Apothekern und Heilanstalten, deren sich die Kassen bedienen müssen u. a. m.

Die Kassenorganisation hüben und drüben bietet ein sehr ähnliches Bild, nur daſs an Stelle der deutschen Gemeinde- und Ortskrankenkassen unsere Bezirkskrankenkassen getreten sind, welche sich trotz der groſsen Schwierigkeiten, mit denen sie als ganz neu geschaffene Institute zu kämpfen hatten, trefflich bewährt haben. Ja, ich möchte ihnen wegen ihrer von der Gemeindeverwaltung gänzlich unabhängigen Stellung den Vorzug vor jenen Kassen geben, obwohl sie nicht das Beneficium der unentgeltlichen Verwaltung und der Vorschuſspflicht der Gemeinden genieſsen.

Ein gewiſs nicht zu unterschätzender Vorzug unserer Krankenversicherung vor der deutschen liegt endlich in der bedeutenderen Gröſse der Unterstützungsleistungen unserer Kassen, sowohl was die Mindestdauer (20 Wochen gegen 13 Wochen und Einrechnung der Sonn- und Festtage), als auch was die Mindesthöhe derselben (60 % des Arbeitslohnes gegenüber 50 %) betrifft. Das ist ein Vorzug, der allerdings mit höheren Beiträgen der Arbeiter und ihrer Meister erkauft werden muſs, uns aber den hohen socialpolitischen Zielen des ganzen Gesetzeswerkes viel näher bringt.

So hätte ich nun den Rahmen für eine Erörterung gegeben, durch welche aus dem Gesichtswinkel des Praktikers die Wirkungen unseres Gesetzes über Arbeiter-Krankenversicherung in einigen seiner wichtigsten Punkte innerhalb des ersten Decenniums seiner Geltung geschildert werden soll.

II.

Die Abgrenzung der Versicherungspflicht.

1. Die Verweisung auf das Unfallversicherungsgesetz. — 2. Die gesetzlichen Begriffe „Arbeiter und Betriebsbeamte", „sonstige gewerbsmäſsig betriebene Unternehmung" und die Praxis. — 3. Die Hilfskräfte der Notare und Advokaten und die Versicherungspflicht. — 4. Sind Jünger der Kunst, sind Gefangenhaussträflinge versicherungspflichtig? — 5. Die Versicherungspflicht der im öffentlichen Dienste stehenden Personen, a) bei autonomen Behörden, b) im Staatsdienste. — 6. Die Einbeziehung der Land- und Forstwirtschaft in die Geltung des Krankenversicherungs-Gesetzes; a) praktische Schwierigkeiten, b) staatsrechtliche Bedenken. — 7. Die Hausindustrie. — 8. Die Einkommensgrenze für den Versicherungszwang. — 9. Befreiungserkenntnisse bezüglich der Versicherungspflicht. — 10. Der Umfang des Versicherungszwanges im deutschen Gesetz. — 11. Schluſsbetrachtungen de lege ferenda.

---

1. Einer der fühlbarsten Mängel unseres österreichischen Arbeiter-Krankenversicherungsgesetzes findet sich in den ersten beiden Paragraphen desselben, in denen diejenigen Personen bezeichnet werden sollen, auf welche sich die Zwangsversicherung erstreckt. Wenn die Gesetzgebung einen bestimmten Kreis von Personen besonderen socialpolitischen Normen unterwerfen will, so daſs es nicht in das Belieben des Einzelnen gestellt ist, in den Wirkungskreis dieser Bestimmungen einzutreten oder nicht; ja, wenn sogar die Nichtanwendung solcher Normen im einzelnen darunter einzubeziehenden Falle für andere Personen, welche zur Durchführung derselben mitberufen sind, wie in unserem Falle die Arbeitgeber, mit schweren Vermögensnachteilen bedroht ist, — so muſs es der Gesetzgebung in erster Linie darum zu thun sein, den Wirkungsbereich solcher Normen mit möglichster Klarheit, mit möglichstem Ausschlusse jedes Zweifels zu bezeichnen. Diese wichtige Aufgabe löst unser Gesetz in seinen beiden ersten Paragraphen in unzulänglicher Weise. Hier werden zunächst alle jene als krankenversicherungspflichtig erklärt, welche dem Gesetze vom 28. Dez. 1887 über die Unfallversicherung der Arbeiter unterliegen. Ist es schon an und für sich unpraktisch, sich bei Schaffung eines selbständigen Gesetzeswerkes die ausdrückliche Festsetzung wesent-

licher Bestimmungen durch bloſses Verweisen auf andere Gesetze zu ersparen, so ist dies im vorliegenden Falle um so bedenklicher, als die Unfallversichung und Krankenversicherung auf verschiedenen Voraussetzungen beruhen, verschiedene Zwecke verfolgen, verschiedene Durchführungseinrichtungen besitzen und in ihrer weiteren Entwicklung getrennte Wege nehmen dürften. Die einzige diskutable Begründung für diesen Vorgang ist die, daſs den unfallversicherungspflichtigen Personen durch die Einbeziehung unter das Krankenversicherungsgesetz während der ersten vier Wochen nach dem erfolgten Unfalle, während welcher Zeit die Unfallversicherung noch keine Bezüge gewährt, die Krankenunterstützung gesichert werden soll; diesen Zweck könnte man jedoch in anderer Weise, z. B. durch eine besondere Anordnung des Gesetzes, gewiſs ebenso gut erreichen.

Die Berufung auf die Bestimmungen des Unfallversicherungsgesetzes ist aber auch aus dem Grunde unzweckmäſsig, weil damit ja doch nicht der ganze Umfang der Krankenversicherungspflicht gegeben ist, sondern teils durch Ausnahmen (§ 3 alle land- und forstwirtschaftlichen Arbeiter und Betriebsbeamte), teils durch Angliederung anderer Gruppen von nur krankenversicherungspflichtigen Personen ergänzt werden muſs.

2. Die Form dieser Ergänzung, d. h. die Anführung der nicht unfall-, wohl aber krankenversicherungspflichtigen Personen ist an und für sich auch wieder eine wenig glückliche. Es werden hier genannt: „Arbeiter und Betriebsbeamte“ in einigen namentlich aufgeführten Erwerbsunternehmungen (Bergwerke auf vorbehaltene Mineralien, Eisenbahn- und Binnenschiffahrtsbetrieb) und „in einer unter die Gewerbeordnung fallenden“ (wieder die Berufung auf ein anderes Gesetz!) „oder einer sonstigen gewerbsmäſsig betriebenen Unternehmung“. Hierbei unterläſst es das Gesetz, abgesehen von der diesbezüglich belanglosen Bestimmung des Abs. 3 § 1, wonach unter den Begriff „Arbeiter oder Betriebsbeamter“ auch Lehrlinge, Volontäre, Praktikanten und ähnliche Personen mit niedrigem oder keinem Arbeitsverdienste einbezogen werden sollen, die für alle nachfolgenden Gesetzesbestimmungen so unendlich wichtigen Begriffe „Arbeiter“, „Betriebsbeamter“ und „gewerbsmäſsig betriebene Unternehmung“ auch nur annäherungsweise zu erklären. Ja es sagt nicht einmal, daſs sich die ersteren beiden Begriffe auch für das weibliche Geschlecht verstehen.

Sehen wir uns nun einmal die Bedeutung des Wortes „Arbeiter“ etwas näher an. Dieser Ausdruck hat in unserer Zeit einen mehrfachen, verschiedenartigen Sinn, der sich nach dem Gedankenkreise ändert, in welchem er gebraucht wird. In seiner allgemeinsten, altehrwürdigen Deutung ist „Arbeiter“ ein jeder, der seine körperlichen und geistigen Kräfte dauernd und zweckbewuſst einer nutzbringenden Thätigkeit zuwendet. Nach dieser natürlich-sittlichen Auffassung ist der Minister geradeso

„Arbeiter“ wie der Taglöhner, der Gelehrte ebenso wie der Schuhmachergeselle. — In der Entwicklung der Volkswirtschaftslehre hat sich das Wort „Arbeiter“ zu einer Art wissenschaftlichen Begriff verdichtet; seine Deutung beschränkt sich hier auf das Gebiet der produktiven Erwerbsthätigkeiten, er wird hier zumeist als einer der drei Hauptfaktoren produktiven Lebens, den beiden anderen, Kapital und Unternehmertum, gegenübergestellt. Darnach wird der Arbeiter charakterisiert durch den Dienstvertrag, durch die Unselbstständigkeit seiner Thätigkeit und durch die Form seines Einkommens, des Arbeitslohnes. — Die grofse Masse der Menschen aber unterscheidet nicht nach wissenschaftlichen, sondern nach äufseren, sinnlichen Merkmalen, und diese begründen einen Unterschied zwischen geistiger und körperlicher, zwischen Kopf- und Muskelarbeit. Die Menge hat sich bis heute noch nicht daran gewöhnt, die erstere Art von Thätigkeit als „Arbeit“ zu bezeichnen, teils weil diese nicht in einer für die Allgemeinheit gleich erkennbaren Weise als Kraftanstrengung in Erscheinung tritt, teils weil sie als etwas Vornehmeres, höher Stehendes betrachtet wird. So verbindet der gemeine Mann, für welchen ja in erster Linie das Krankenversicherungsgesetz erlassen wurde, mit dem Worte „Arbeit“ den Begriff körperlicher, mechanischer Thätigkeit zum Zwecke des Erwerbes. — Seitdem sich in der unteren, besitzlosen Bevölkerungsklasse ein Solidaritätsgefühl und ein Klassenbewufstsein entwickelt hat, welches deren Zugehörige zu gemeinsamem, geschlossenem Auftreten zum Zwecke der Verbesserung ihrer Lage unter zielbewufsten Führern anspornt, gleichgültig ob der einzelne Genosse seine Kräfte einem produktiven oder unproduktiven Erwerbszweige widmet, ob sein Beruf nur Muskel- oder auch geistige Kraftanstrengung verlangt, seitdem hat das Wort „Arbeiter“, „Arbeiterschaft“, „Arbeiterklasse“ auch einen politischen Beigeschmack erhalten. Dieser grofse Kreis von Menschen weist in seiner Zusammensetzung die gröfsten Verschiedenheiten in Bezug auf Bildung, Beruf, wirtschaftliche und gesellschaftliche Stellung auf und wird hauptsächlich durch die gemeinsame Unzufriedenheit mit der bestehenden Gesellschaftsordnung und durch das gemeinsame Streben nach deren Änderung zusammengehalten. —

Dem Gesagten zufolge eignet sich wohl keine Bezeichnung weniger, um eine bestimmte Klasse von Personen zu umgrenzen, denen man specielle Pflichten auferlegen, besondere Rechte zugestehen will, als das noch dazu ohne nähere Erklärung gebrauchte Wort „Arbeiter“.

Ähnlich verhält es sich mit der Bezeichnung „Betriebsbeamter“. Was wird heute nicht alles unter dem Ausdrucke „Beamter“ verstanden und wie wenig ist der Zusatz „Betrieb“ geeignet, einen klaren Begriff von zweifelloser Deutung zu geben! Zielt „Betrieb“ nur auf industrielle und gewerbliche Unternehmen ab, oder giebt es auch künstlerische, wissenschaftliche, Schulbetriebe u. s. w.? Die Bezeichnung „Betriebsbeamter“ erscheint als ein neuer terminus technicus im Gesetze, der gerade deshalb einer genauen gesetzlichen Umschreibung dringend bedurft hätte.

Es ist naheliegend, die Gewerbeordnung in die Hand zu nehmen, um zu sehen, ob darin nicht eine gesetzliche Begriffsbestimmung der Worte „Arbeiter“ und „Betriebsbeamte“ zu finden sei. Der Versuch ist jedoch vergebens. Denn die Definition des „Hilfsarbeiters“ im § 73 ist für unsere Zwecke nicht brauchbar, zunächst, weil sich dieser Ausdruck mit unseren Bezeichnungen nicht deckt, und dann, weil sie im Hinblicke auf § 1 des Krankenversicherungsgesetzes viel zu enge Grenzen zieht.

Unser Gesetz giebt insofern eine gewisse Begrenzung für die beiden obigen Bezeichnungen, als unter seine Wirksamkeit nur jene Arbeiter und Betriebsbeamte einbezogen sein sollen, welche in den im § 1 näher bezeichneten Betrieben und Unternehmungen beschäftigt sind. Als letztere sind außer den unfallversicherungspflichtigen Betrieben speciell Bergwerke auf vorbehaltene Mineralien und Eisenbahn- und Binnenschiffahrtsbetriebe angeführt und diesen alle „unter die Gewerbeordnung fallenden oder sonst gewerbsmäßig betriebenen Unternehmungen“ an die Seite gestellt. Der letztere Ausdruck entbehrt wieder der für die praktische Handhabung des Gesetzes so notwendigen Klarheit und Unzweideutigkeit. Die einen glaubten im Ausdrucke „gewerbsmäßig betrieben“ die Merkmale der dauernden, auf Gewinn berechneten Ausnützung von Kapital und Arbeit suchen zu sollen. So z. B. eine Ministerialentscheidung vom 10. September 1889 Z. 17 302: „Gewerbsmäßige Unternehmungen, d. h. solche, welche nach Art der Gewerbe zu Erwerbszwecken betrieben werden.“ — „Gewerbsmäßig ist ein Betrieb, wenn aus demselben ein Gewerbe gemacht, der Betrieb also zu Zwecken des Erwerbes als unmittelbare Einnahmsquelle für nötige Dauer betrieben wird.“ (Aus einer Entscheidung des deutschen Reichsversicherungsamtes aus den achtziger Jahren.) — Andere wollten unter dieser Bezeichnung nur die einem Gewerbebetriebe ähnliche Form verstanden wissen, in welcher eine Unternehmung auch ohne Erwerbsabsicht durchgeführt wird. So heißt es in einer Entscheidung des Verwaltungsgerichtshofes vom 2. Juli 1897 Z. 3682: „Der hier gebrauchte Ausdruck ‘gewerbsmäßig betriebene Unternehmung’ darf, und zwar insbesondere mit Rücksicht auf den Zweck des Krankenversicherungsgesetzes nicht mit dem Begriff ‘gewerblich, als auf unmittelbaren Gewinn berechnete Unternehmung’ verwechselt werden. Denn in Beziehung auf die Hilfsbedürftigkeit des in einem Unternehmen beschäftigten Arbeiters im Krankheitsfalle ist es ganz gleichgültig, ob das Unternehmen auf Gewinn abzielt oder nicht, sobald dasselbe nur überhaupt nach Art der gewerblichen Unternehmen eingerichtet ist.“ — Die Anführung der Hilfsbedürftigkeit als entscheidendes Merkmal der gesetzlichen Versicherungspflicht erscheint mir, nebenbei bemerkt, völlig verfehlt; denn einerseits ist davon im ganzen Gesetze nirgends die Rede, andrerseits ist in dem Berichte des Gewerbeausschusses des Abgeordnetenhauses über den Gesetzentwurf ausdrücklich hervorgehoben, dafs letzterer teils aus grundsätzlichen, teils aus praktischen Gründen nicht alle Arbeiter unter seine Wirksamkeit einbeziehen könne, bei welchen eine Hilfsbedürftigkeit im Krankheitsfalle eintritt.

Um nun eine Interpretation der bisher besprochenen unklaren Ausdrucksweise des § 1 unseres Gesetzes zu finden, welche dem wirklichen Willen des Gesetzgebers möglichst nahe kommt, giebt es meines Erachtens nur ein Mittel: das Studium der Gesetzentwürfe, der Motive dazu, der darüber ausgearbeiteten Ausschufsberichte und der bezüglichen Verhandlungen im Reichsrate. In diesen Quellen wurde wiederholt ausgesprochen, dafs die österreichische Gesetzgebung für ihr Geltungsgebiet dasjenige kraft bindender Normen schaffen wollte, was im Westen Europas und insbesondere in England die festgegliederten, weitverzweigten freien Vereinigungen der Arbeiter (trades unions und friendly societies) zum Zwecke der gegenseitigen Versicherung für alle erdenklichen Fälle aus eigener Kraft geschaffen. Diese Associationen wurden aber durch die industrielle und gewerbliche Arbeiterschaft gebildet, und wo bei uns das Wohl dieser Arbeiterklasse aus eigener Initiative der Beteiligten nicht genügend gewahrt erscheint, wollte unsere Gesetzgebung fördernd und ergänzend eingreifen. Im gleichen Sinne stellen die Motive zum Regierungsentwurfe den von der Geltung des Gesetzes vorläufig ausgeschlossenen Arbeitern der Land- und Forstwirtschaft ausdrücklich die der Versicherung zunächst bedürftige „industrielle Bevölkerung“ gegenüber.

Ein anderer Anhaltspunkt für die Interpretation findet sich in dem Berichte des oben bezeichneten Gewerbeausschusses, wo es heifst: „Aufser den der Unfallversicherungspflicht unterliegenden Arbeitern umfafst der Krankenversicherungszwang noch sehr weite Arbeiterschichten, insbesondere das ganze Kleingewerbe und auch sonstige gewerbliche Arbeiter der verschiedensten Art, wogegen dasselbe auf die land- und forstwirtschaftlichen Arbeiter, insoferne sie nicht schon infolge des Unfallgesetzes gegen Krankheit versichert werden müssen, für die nächste Zukunft keine Anwendung finden soll.“

Diese Gegenüberstellung der nicht krankenversicherungspflichtigen land- und forstwirtschaftlichen Betriebe und der krankenversicherungspflichtigen industriellen und gewerblichen Unternehmungen charakterisiert die bezügliche Auffassung des Gesetzgebers.

Endlich kann in Betracht gezogen werden, dafs im Laufe der Beratungen im Abgeordnetenhause über das Gesetz von verschiedenen Seiten auf die Wünsche „der Arbeiter“ und „der Arbeiterschaft“ und auf deren ausdrückliche Proteste und Petitionen gegen einzelne Teile des Gesetzentwurfes (z. B. gegen die Errichtung von Betriebskrankenkassen) hingewiesen wurde und dafs hier zweifellos die in Vereinen organisierte industrielle und gewerbliche Arbeiterschaft gemeint war.

Aus diesen Erwägungen drängt sich mir die Überzeugung auf, dafs die Schöpfer unseres Krankenversicherungsgesetzes unter den Ausdrücken: „Arbeiter und Betriebsbeamte in gewerbsmäfsig betriebenen Unternehmungen" jene Klasse von Personen verstanden wissen wollten, welche in der Industrie und im Gewerbe gegen Lohn beschäftigt und im wirtschaftlichen Gegensatze zum Unternehmertume und Kapitalismus im Krankeitsfalle der Gefahr der Verelendung ausgesetzt sind.

Ob nicht weitere Kreise versicherungsbedürftiger Personen in das Gesetz hätten einbezogen werden sollen, war und ist meines Erachtens nur eine Frage de lege ferenda, nicht aber eine Sache der Durchführung des gegebenen Gesetzes.

Wie fand sich nun die Praxis mit den bisher besprochenen gesetzlichen Begriffen zurecht? Eine klare Grenze für die Versicherungspflicht gab es nicht. Die durch das Gesetz neu erstandenen Bezirkskrankenkassen, denen ipso jure alle versicherungspflichtigen „Arbeiter und Betriebsbeamte" angehören, welche von ihren Arbeitgebern nicht ordnungsmäfsig bei einer der Kassen des § 11 versichert worden sind, hatten natürlich ein Interesse daran, die obigen Bezeichnungen in denkbar weitestem Sinne auszulegen. Denn sie bedurften ja zur finanziellen Sicherung ihres Bestandes möglichst vieler Mitglieder und ihnen kamen die Strafgelder, Beitragsnachzahlungen und Krankenkostenersätze derjenigen Unternehmer trefflich zugute, welche, abgesehen von den Fällen schuldhafter Versäumnis, infolge einer weniger weitgehenden Gesetzesauslegung ihre Angestellten nicht für krankenversicherungspflichtig hielten und deshalb nach Ansicht der Bezirkskassen straffällig wurden. So wurden schon in den ersten Jahren der Wirksamkeit des Gesetzes vor die politischen Behörden zahllose Streitigkeiten über den Umfang der Versicherungspflicht gebracht. Hier trat nun die Erscheinung zutage, dafs die unteren Instanzen, mehr der Billigkeit Rechnung tragend, sich vielfach auf den Standpunkt stellten, dafs das Gesetz im grofsen und ganzen nur Industrie, Handel und Gewerbe umfasse, und die Unternehmer solcher Betriebe, deren Versicherungspflicht sich aus dem Gesetze nur mittelst einer weitgehenden oder gezwungenen Interpretation ableiten liefs, vor den rücksichtslosen Forderungen der Bezirkskassen in Schutz nahmen. Nicht so die oberste Instanz und noch viel weniger der Verwaltungsgerichtshof. Hier machte man sich, augenscheinlich um den socialpolitischen Tendenzen des Gesetzes eine möglichst durchgreifende Wirkung zu verleihen, die denkbar weiteste Auslegung der Versicherungspflicht zum Principe, und alles, was sich nur irgend unter die Begriffe „Arbeiter und Betriebsbeamte" und „gewerbsmäfsig betriebenes Unternehmen" bringen liefs, wurde zur Versicherung herangezogen. Die Folgen einer solchen Praxis müssen in mehrfacher Hinsicht als bedenklich bezeichnet werden. Einmal wurde hierdurch der gesetzliche Begriff der Versicherungspflicht noch ungreifbarer, noch unklarer, als er es ohnehin schon war. Weiter kam und kommt durch die gezwungene, mehr oder weniger willkürliche Gesetzesauslegung, auch wenn sie aus den trefflichsten Beweggründen entspringt, die Gesetzesautorität, das Rechtsgefühl und die Rechtssicherheit in der Bevölkerung zuschaden; endlich aber wurden durch die betreffenden Entscheidungen wiederholt so eminent schwere Vermögensnachteile für ahnungslose, im guten Glauben ihres Rechtes befindliche Unternehmer herbeigeführt, dafs diese, namentlich wenn sie den kleinen Leuten angehörten, vor wirtschaftliche Katastrophen gestellt wurden.

3. Zur Beleuchtung obiger Ausführungen seien einige Beispiele angeführt.

Unter jene Beschäftigungen, über deren Versicherungspflicht der Kampf der Meinungen am heifsesten entbrannte, gehören vor allem die Kanzleien der Advokaten und Notare. Anfänglich dachte kein Mensch daran, das Personal derselben unter die versicherungspflichtigen Arbeiter und Betriebsbeamten einzureihen. Erst infolge wiederholter, durch die Bezirkskrankenkassen provocierter Entscheidungen des Verwaltungsgerichtshofes sahen sich Advokaten und Notare nach heifser Gegenwehr gezwungen, alle bei ihnen beschäftigten Personen ohne Rücksicht auf deren Verschiedenheit in geistiger, wirtschaftlicher und gesellschaftlicher Hinsicht zu versichern. Was für Leute treffen wir in unseren Advokaturskanzleien an? Zunächst finden wir dort Konzipienten, akademisch gebildete Personen, welche sich nach Absolvierung ihrer juridischen Studien zur Advokatur oder zu anderen Lebensberufen, für welche die praktischen Kenntnisse eines Rechtsanwaltes eine erwünschte oder notwendige Voraussetzung sind, vorbereiten. Viele von diesen sind auf das ihnen ausbezahlte Honorar mehr oder minder angewiesen; für viele aber, deren Lebensunterhalt sichergestellt ist, bildet dieses Honorar nicht den Zweck ihrer Thätigkeit, sondern nur einen angenehmen Zuschufs zu ihrem sonstigen Einkommen. Selten aber wird ein Konzipient oder Advokaturskandidat, auch wenn er der Versicherung unterworfen wurde, im Krankheitsfalle die Krankenkasse in Anspruch nehmen, weil er sich von einem, oft von der Studentenzeit her befreundeten Hausarzt behandeln läfst, weil ihm der Verkehr mit der Krankenkasse und ihren Organen unsympathisch ist und er in der Regel auch nicht auf die Leistungen der Kasse ansteht. Er gehört eben einer ganz und gar anderen Gesellschaftsklasse an als jene Leute, welche er an den Schaltern und in den Lokalen der Krankenkassen antrifft. — In den bezeichneten Kanzleien finden wir ferner Schreiber und Hilfsbeamte, meist halbstudierte

Leute, die in einer grofsen Zahl von Fällen ihren Unterhalt nicht ausschliefslich in der Kanzleiarbeit finden, sondern entweder nebenbei in einem öffentlichen Amte mit Anspruch auf Ruhegehalt angestellt und dort nur einen Teil des Tages beschäftigt sind, oder als Pensionisten durch ihre Pension für den Fall der Erwerbsunfähigkeit eine Sicherung haben. Natürlich giebt es auch Advokaturs- und Notariatsbeamte, welche betreffs ihres Unterhaltes lediglich auf die vom Principal gewährten Bezüge angewiesen sind. — Keine dieser Personen aber zählt sich in der Regel dem Stande der „Arbeiter oder Betriebsbeamten" zu, da sie von diesen, wenigstens nach landläufigen Begriffen, ihre geistige Ausbildung, ihre Berufsthätigkeit, das eigenartige Vertrauensverhältnis zum Principal und zumeist auch ihre wirtschaftliche und gesellschaftliche Stellung deutlich trennt. — Endlich werden zur Reinigung und Beheizung der Kanzleien Personen des Dienstbotenstandes verwendet, welche zumeist auch dem Hausstande des Advokaten oder Notars angehören.

Um die Krankenversicherungspflicht aller dieser Personen gesetzlich zu begründen, genügte nach der Ansicht des Verwaltungsgerichtshofes der Beweis, dafs die Advokatur und das Notariat „gewerbsmäfsig betriebene Unternehmungen" seien. Derselbe wurde in der Form folgender, juristisch zwar fein durchdachten, aber doch nicht einwandfreien Deduktion gegeben: Der Artikel IV des Einführungspatentes zur Gewerbeordnung bezieht unter die Geltung der letzteren alle gewerbsmäfsig betriebenen Beschäftigungen ein, zählt dann aber im Art. V sechzehn besondere Arten von Beschäftigungen und Unternehmungen auf, welche den Bestimmungen der Gewerbeordnung nicht unterliegen sollen. Unter diesen sind z. B. genannt: die Land- und Forstwirtschaft, der Bergbau, die litterarische Thätigkeit, Heilkunde, Privatunterricht, öffentliche Belustigungen u. s. w. Auch die Geschäfte der Advokaten, Notare und Handelsmäkler sind dort angeführt. Der Verwaltungsgerichtshof deduziert nun: „In Art. IV ist die allgemeine Regel bezüglich aller gewerbsmäfsig betriebenen Beschäftigungen ausgesprochen und zugleich ausdrücklich anerkannt, dafs die im folgenden Art. V aufgeführten „Beschäftigungen und Unternehmungen" Ausnahmen[1] von dieser Regel bilden. Damit ist die Folgerung gegeben, dafs, wenn der Art. V nicht bestände, alle in demselben sub a bis q aufgeführten Beschäftigungen und Unternehmungen unter die Regel des Art. IV fallen würden, worin die gesetzliche Anerkennung gelegen ist, dafs auch die im Art. V aufgenommenen Beschäftigungen an sich gewerbsmäfsig betriebene Beschäftigungen darstellen, indem dieselben sonst überhaupt nicht unter die Regel des Art. IV fallen würden, sonach kein Grund sein würde, bezüglich derselben eine

[1] Im bezüglichen Patente heifst es nicht „Ausnahmen" sondern „Beschränkungen"!

Ausnahme zu statuieren. Somit ist aus dem bezogenen kaiserlichen Patente zu ersehen, dafs die im Art. V enthaltenen Beschäftigungen und Unternehmungen vom Standpunkte der Gewerbegesetzgebung als solche angesehen werden müssen, welche gewerbsmäfsig betrieben werden, und nachdem in der lit. f dieses Artikels „die Geschäfte der Advokaten und Notare" ausdrücklich angeführt erscheinen, so kann mit vollem Grunde an der Annahme festgehalten werden, dafs das Notariat und die Advokatur vom Standpunkte der Gewerbegesetzgebung als gewerbsmäfsig betriebene (wenn auch ausnahmsweise der Gewerbeordnung nicht unterliegende) Beschäftigungen oder Unternehmungen zu betrachten sind.

Indem nun das Krankenversicherungsgesetz (welches unbestritten der Gewerbegesetzgebung angehört) in dem zweiten Alinea seines § 1 die Versicherungspflicht auch für die Arbeiter und Betriebsbeamten von gewerbsmäfsig betriebenen Unternehmungen im allgemeinen aufstellt und darunter ausdrücklich sowohl die unter die Gewerbeordnung fallenden, als auch die „sonstigen" begreift, so müssen unter den ersteren die im Art. IV, unter den „sonstigen gewerbsmäfsig betriebenen Unternehmungen" aber (insoweit das Krankenversicherungsgesetz nicht selbst eine Ausnahme hiervon aufstellt) in erster Linie die im Art. V des citierten kaiserlichen Patentes bezeichneten Beschäftigungen und Unternehmungen verstanden werden, woraus sich ergiebt, dafs die Beschäftigung der Advokaten und Notare allerdings nach § 1 Alinea 2 des Krankenversicherungsgesetzes zu jenen zählen, „bezüglich deren die Versicherungspflicht der dort beschäftigten Arbeiter und Betriebsbeamten einzutreten hat". So der Verwaltungsgerichtshof in einer grofsen Zahl von Entscheidungen. Wegen ihrer principiellen und weittragenden Bedeutung mufs etwas näher auf dieselben eingegangen werden.

Zunächst drängt sich einem beim Lesen obiger Beweisführung der Gedanke auf, dafs ein Gesetz, welches für die breiten Massen der Bevölkerung gegeben ist und diese zur Mitwirkung an seiner Durchführung heranzieht, der notwendigen Klarheit und Gemeinverständlichkeit entbehrt, wenn solch feingeklügelte juristische Deduktionen zur Erläuterung seiner wichtigsten Bestimmungen notwendig sind. Derartigen Erwägungen ist der gemeine Mann unzugänglich, an dessen gesunden Hausverstand das Gesetz doch appelliert, wenn es die Unterlassung der Anmeldung seiner versicherungspflichtigen Arbeiter mit schweren Straffolgen bedroht. Es erscheint daher hart und unbillig, wenn auf Grund solcher Interpretationen nicht nur gegen Advokaten und Notare, sondern auch gegen viele andere im bezogenen Art. V bezeichnete Personen Erkenntnisse auf Nachzahlungen von Beiträgen, auf strafweise Eintreibung von Krankenkostenersätzen u. s. w. erkannt wurde.

Nun aber zu der gegenständlichen Begründung selbst! — Diese bezeichnet als einzig denkbare Erklärung für die Anführung von Beschäftigungen und Unternehmungen im mehrcitierten Art. V, welche nicht unter die Geltung der Gewerbeordnung fallen sollen, die Absicht des Gesetzgebers, von der Regel des Art. IV Ausnahmen zu machen. Liest man den Art. V aufmerksam durch, so drängt sich einem bei der dort vorgenommenen Aufzählung von Erwerbszweigen, welche so gar nichts mit dem volkswirtschaftlichen, verwaltungsrechtlichen und landläufigen Gebrauche des Wortes „Gewerbe" zu thun haben, wie z. B. die Landwirtschaft, die Forstwirtschaft, die litterarische Thätigkeit, die Ausübung der schönen Künste, der ärztliche Beruf u. s. w., die Überzeugung auf, daſs der Gesetzgeber hier unmöglich Beschäftigungen, die ihrer Natur nach etwa dem Gewerbe zugehören, „ausnahmsweise" von der Geltung der Gewerbeordnung konnte ausnehmen wollen, sondern daſs es ihm vielmehr darum zu thun war, für das Wirkungsgebiet seines neuen Gesetzes gewisse äuſserlich erkennbare Grenzen aufzustellen und etwa auftauchende Zweifel durch authentische Interpretation von vornherein auszuschlieſsen. Hindeutungen auf diese Auffassung sind schon darin zu finden, daſs Art. IV von „gewerbsmäſsig betriebenen Beschäftigungen" spricht, der Art. V jedoch von „Beschäftigungen und Unternehmungen" ohne den Beisatz „gewerbsmäſsig"; und daſs ferner der erstere Artikel nicht den Ausdruck „Ausnahmen" gebraucht, wie obige Verwaltungsgerichtshofentscheidung ungenau citiert, sondern das Wort „Beschränkungen" (von „Schranke" d. i. soviel wie „Grenze"). —

Daſs aber auch die Verfasser des Krankenversicherungsgesetzes die Auffassung des Verwaltungsgerichtshofes durchaus nicht geteilt haben, scheint mir aus folgendem Umstande hervorzugehen. Im zweiten Absatze des § 2 unseres Gesetzes werden unmittelbar nach den Worten „in einer unter die Gewerbeordnung fallenden oder einer sonstigen gewerbsmäſsig betriebenen Unternehmung" die „Eisenbahn- und Binnenschiffahrtsbetriebe" als versicherungspflichtige Betriebe noch ausdrücklich aufgezählt. Die beiden letzteren Betriebe stehen aber auch im Art. V des Einführungspatentes zur Gewerbeordnung unter den von der Geltung der letzteren unberührten Beschäftigungen und Unternehmungen. Wenn nun der Gesetzgeber unter die Bezeichnung „oder einer sonstigen gewerbsmäſsig betriebenen Unternehmung" alle Erwerbszweige des Art. V inbegriffen haben wollte, wozu greift er dann zwei dieser Erwerbszweige besonders heraus und führt sie noch ausdrücklich neben den „sonstigen gewerbsmäſsig betriebenen Unternehmungen" an? Das läſst als argumentum a contrario wohl den entgegengesetzten Schluſs zu!

Aber meine Bedenken sind noch nicht erschöpft. Die gegenständliche Entscheidung gründet sich auf der angeblich „unbestrittenen“ Annahme, dafs das Krankenversicherungsgesetz der Gewerbegesetzgebung angehöre. Diese Unbestrittenheit möchte ich doch bezweifeln. Schon die gesetzliche Möglichkeit, dafs sich jedermann freiwillig nach den Bestimmungen dieses Gesetzes versichern kann, dafs nach den Motiven, nach den Berichten und Verhandlungen im Abgeordnetenhause die ganze Land- und Forstwirtschaft principiell unter das Gesetz gehört und lediglich aus einigen staatsrechtlichen und praktischen Gründen für einige Zeit von der Wirkung des Gesetzes ausgenommen wurde, geben demjenigen, welcher die grofsen socialpolitischen Gesichtspunkte des ganzen Gesetzeswerkes sich noch nicht zu eigen gemacht hat, einen Fingerzeig, dafs dieses auf viel, viel breiteren Grundlagen als auf der des Gewerbewesens aufgebaut ist und sein mufs.

Und endlich: sehen wir einmal ganz ab von der Frage, ob die Erwerbszweige des mehrbezogenen Art. V unter die Bezeichnung „gewerbsmäfsig betriebene Unternehmungen“ gehören oder nicht. Mit der Entscheidung dieser Frage ist ja noch gar nicht gesagt, dafs auch alle in diesen Erwerbszweigen angestellten und beschäftigten Personen „Arbeiter“ oder „Betriebsbeamte“ sind. Ist der Assistent eines Arztes ein „Arbeiter“ oder „Betriebsbeamter“? Ist der erste Tenor eines Theaterunternehmens in der Residenzstadt ein „Arbeiter“ oder „Betriebsbeamter“? Ist der mit einem Zeitungsunternehmen in Verbindung stehende, vielleicht hervorragende Schriftsteller ein „Arbeiter“ oder „Betriebsbeamter“? Das sind Kardinalfragen, welche das Gesetz leider unbeantwortet läfst und über welche die oberste Verwaltungsbehörde und der Verwaltungsgerichtshof, indem sie sich auf den Standpunkt der socialpolitisch wünschenswerten, möglichsten Ausdehnung des Versicherungswesens stellten, hinweggingen.

Ein interessantes Seitenstück zu der bisher in Behandlung gezogenen Entscheidung des Verwaltungsgerichtshofes ist eine andere vom 5. September 1896 über die Versicherungspflicht des Notariates, welche ebenfalls wiederholt der Rechtsprechung als Grundlage diente. Dort heifst es: „Wenn auch die Notariatsordnung vom 25. Juli 1871 das Notariat als ein Amt bezeichnet und der Notar kraft dieses Amtes zur Vornahme bestimmter Amtshandlungen mit der Wirkung behördlicher Akte autorisiert ist, so kommt diese Prärogative doch nur dem Notar für seine Person und in Bezug auf die ihm vom Gesetze übertragenen Amtshandlungen, nicht aber den von ihm aufgenommenen Hilfsarbeitern zu und es kann somit die Notariatskanzlei als ein ‘Amt’ nicht bezeichnet werden.“ Daraufhin wird auch die Notariatskanzlei unter den Begriff „gewerbsmäfsig betriebenes Unternehmen“ gestellt und werden sämtliche Angestellte des Notars, ohne die Frage näher zu untersuchen, ob diese auch unter die Begriffe „Arbeiter“ und „Betriebsbeamte“ subsumiert werden können, als versicherungspflichtig erklärt und die Notare zur Nachzahlung der von der Geltungskraft des Gesetzes an berechneten Krankenversicherungsbeiträge für alle ihre Beamten verurteilt.

4. So sehen wir infolge der Unklarheit und Unbestimmtheit der gesetzlichen Ausdrücke bei Feststellung der Versicherungspflicht in der Praxis ein Tasten und Suchen nach dem richtigen Wege, welches oft zu ganz kuriosen Ergebnissen führt. Ich möchte zur Ergänzung des bereits Gesagten noch einige hierhergehörige Beispiele anziehen.

Während die reichsdeutsche Gesetzgebung und Praxis sich auf den den Zwecken des Gesetzes und der Durchführungsmöglichkeit desselben entsprechenden Standpunkt stellen, daſs auf die Jünger der Kunst der Versicherungszwang nicht ausgedehnt werden könne, sind von unserer österreichischen Praxis auch solche Personen als „Arbeiter und Betriebsbeamte in gewerbsmäſsig betriebenen Unternehmen" wiederholt der Krankenversicherungspflicht unterzogen und deren Brotgeber ob nicht rechtzeitiger Anmeldung derselben bei einer Kasse für straffällig erklärt worden. So z. B. eine Ministerialentscheidung vom 18. Dezember 1889: „Die bei der Ausübung der schönen Künste Beschäftigten unterliegen der Krankenversicherungspflicht dann, wenn sich die betreffende Unternehmung als eine gewerbsmäſsig betriebene darstellt." Nach einem Erkenntnis des Verwaltungsgerichtshofes vom 19. Juni 1891 Z. 2188 sind auch die Künstler einer gewerbsmäſsig betriebenen Theaterunternehmung versicherungspflichtig; auch dann, wenn sie eine Gage von vielen tausend Kronen beziehen! Daſs das Gesetz auf solche Personen gewiſs nicht abgezielt war, weil diese der Gesetzeswohlthat nicht bedürfen, ist wohl zweifellos.

In einer Ministerialverordnung aus dem Ende der achtziger Jahre wurde ausgesprochen, daſs die in Strafhäusern, Zwangsarbeits- und Korrektionsanstalten festgehaltenen Sträflinge als Arbeiter im Sinne des Unfallversicherungs- und daher auch des Krankenversicherungsgesetzes deshalb nicht anzusehen seien, weil das Moment der freien Wahl der Arbeitsverrichtung fehlt und es auch vom Standpunkte der Standesehre der Arbeiterschaft bedenklich wäre, Sträflinge ohne weiteres als in die Kategorie der Lohnarbeiter gehörig zu bezeichnen. — Zu welcher Deutung der Bezeichnung „Arbeiter" im Sinne der Versicherungsgesetze versteigt sich hier die Verwaltungsbehörde! — Nimmt ein auf längere Zeit abgeschlossener Dienstvertrag dem gewöhnlichen Arbeiter nicht auch die „freie Wahl der Arbeitsverrichtung"? Und was hat das Unfall- und das Krankenversicherungsgesetz mit der Aufführung des einzelnen Arbeiters zu thun! Ihr Zweck ist sicherlich nicht die Pflege der Standesehre unter den Arbeitern, nicht die Erteilung von Belohnungen für braves Verhalten, sondern lediglich die Abhilfe eines socialen Notstandes unter den besitzlosen, arbeitenden und der Gefahr der Verelendung ausgesetzten Menschen. Die natürliche Erklärung der Nichteinbeziehung der Strafhäusler unter das Gesetz liegt doch viel näher: diese Personen müssen im Krankheitsfalle von staatswegen verpflegt werden und bedürfen infolge des ihnen gewährten Zwangsunterhaltes auch keines Krankengeldes. Ja, infolge ihrer Verschliefsung sind sie gar nicht in der Lage, die Krankenkasse in Anspruch zu nehmen.

Dem gegenüber erinnere ich mich an einen Fall aus meiner Praxis, wo ein Schuhwarenfabrikant, welcher auf Grund eines mit der Strafhausverwaltung abgeschlossenen Vertrages den gröfsten Teil seiner Schuhmacherarbeiten durch Sträflinge herstellen liefs, deshalb bestraft und zur Nachzahlung von Krankenversicherungsbeiträgen im Ausmafse von mehreren hundert Gulden verurteilt wurde, weil derselbe diese Sträflinge bei keiner Krankenkasse angemeldet hatte. Auf den Einwand, dafs ein etwa erkrankter Sträfling unbedingt in das Strafhauslazarett gehöre und der Leistungen der Krankenkasse weder bedürfe, noch die Möglichkeit habe, sie in Anspruch zu nehmen, wurde keine Rücksicht genommen.

5. Einer besonderen Erörterung bedarf noch die Krankenversicherung der in öffentlichen Diensten stehenden Personen. Die Versicherungspflicht derselben hängt nach unserem Gesetze von zwei Vorfragen ab: 1. Ist der Betreffende in einem gewerbsmäfsig betriebenen Unternehmen einer öffentlichen Körperschaft thätig? 2. Ist er mit festem Gehalt angestellt? Damit die Versicherungspflicht eintritt, mufs im gegebenen Falle die erste Frage mit ja, die zweite mit nein zu beantworten sein. Demgemäfs nimmt § 2 von der Versicherungspflicht alle Bediensteten aus, welche in einem nicht gewerbsmäfsig betriebenen Unternehmen des Staates, eines Landes, eines Bezirkes, einer Gemeinde oder eines öffentlichen Fondes beschäftigt, oder welche in irgend einem Betriebe obiger Körperschaften mit festem Gehalte angestellt sind. Sehen wir uns nach einer gesetzlichen Erklärung der hier entscheidenden Ausdrücke: „fester Gehalt“ und „Anstellung“ um, so finden wir keine Antwort und die Praxis ist wieder auf die Interpretationskunst angewiesen.

Der § 2 ist zweifellos der Absicht des Gesetzgebers entsprungen, der Krankenversicherungspflicht dort eine Schranke zu setzen, wo das Bedürfnis nach derselben fehlt, wo nämlich Arbeitspersonen an eine öffentliche (und daher leistungssichere) Körperschaft im Falle ihrer Erkrankung derartige Ansprüche auf Fortbezug ihrer Gehalte haben, dafs sie dadurch den Krankenkassenmitgliedern bezüglich der Höhe und Dauer der Unterstützungen gleichgestellt erscheinen. Der Verwaltungsgerichtshof hat es auch in einem Erkenntnisse vom 1. Juli 1892 unternommen, eine ausführliche Interpretation obiger Ausdrücke zu geben und glaubte hierbei die im Gesetze erfolgte Gegenüberstellung von „Lohn“ und „Gehalt“ einerseits (§§ 4, 5) und von „Arbeiter“ und „Betriebsbeamter“ andrerseits (§§ 1, 3 u. s. w.)

als Anhaltspunkte benützen zu sollen. Er sagt: „Es wird unter Gehalt jede Entlohnung verstanden werden müssen, welche nicht nach bestimmten Einzelleistungen (Stücklohn) oder in kurzen Zeitabschnitten (Tag-, Wochenlohn) zur Zahlung gelangt. Unter ‘festem’ Gehalt aber wird im Unterschiede von den von Fall zu Fall variablen Bezügen, jeder im vorhinein nach gewissen Zeitabschnitten festgesetzte und darum sich wiederholende, für eine längere Dauer in Aussicht genommene Genuſs der im Dienste befindlichen Personen zu verstehen sein. — Was aber den Ausdruck ‘angestellt’ anbelangt, so ist hierin kein besonderes Requisit für die Art der Bedienstung gelegen, sondern es muſs jede Bedienstung gegen ‘festen Gehalt’ als eine ‘Anstellung’ betrachtet werden und es kann von der Anstellung im allgemeinen nur noch weiter gefordert werden, daſs das Dienstverhältnis im Falle der Erkrankung des Bediensteten nicht sofort löslich ist.“ Zu einer weitergehenden, genaueren Interpretation bietet das Gesetz leider keine Handhabe, obwohl es dringend wünschenswert und auch gewiſs im Sinne des Gesetzgebers wäre, wenn man die Bedingung beifügen könnte, daſs die Bezüge derart angestellter Personen im Krankheitsfalle sowohl in ihrer Höhe als auch in ihrer Zeitdauer den Minimalleistungen der gesetzlichen Kassen entsprechen müſsten.

a) Werfen wir nun einen Blick auf die einschlägigen Dienstverhältnisse bei den öffentlichen Körperschaften und Fonden und zwar zunächst auf die Stadtverwaltungen, welche unter den Gemeindeverwaltungen in Arbeiterfragen wohl in erster Linie in Betracht kommen. Diese Kommunen, namentlich die gröſseren, sind mit Rücksicht auf ihre umfangreiche Amtierung, auf die groſse Zahl der von ihnen durchzuführenden öffentlichen Arbeiten und Bauten und auf mancherlei von ihnen betriebene industrielle und Verkehrsunternehmungen gezwungen, eine groſse Zahl von Arbeitern gegen Taglohn zu beschäftigen. Was die Industrie- und Verkehrsunternehmungen betrifft, wie z. B. Gas- und Elektricitätswerke, Stadtbahnen und sonstige Verkehrsanstalten, Bierbrauereien, Wasserleitungen, Fäkalienverwertungsanstalten u. s. w., so stellt sich jeder solche Betrieb als ein für sich abgeschlossenes Ganzes dar, als dessen Unternehmer die Gemeinde mehr in ihrer privatrechtlichen Eigenschaft, als in ihrer öffentlichrechtlichen Gestalt erscheint. Die Behandlung solcher Betriebe nach dem Krankenversicherungsgesetze wird keine wesentlichen Schwierigkeiten bieten; die Versicherungspflicht der dabei beschäftigten Arbeiter ist wohl zweifellos. Anders ist es mit den Gemeindebediensteten „ohne festen Gehalt“, welche bei der Amtierung und eigentlichen Gemeindeverwaltung mitwirken und die Durchführung der vielen im unmittelbaren öffentlichen Interesse vorzunehmenden Arbeiten besorgen. Hier kommt die Versicherungspflicht zunächst deshalb in Frage, weil es an einer Erwerbsabsicht des Unternehmers, also an dem Begriffe des „Gewerbsmäſsigen“

fehlt; aber selbst wenn man, wie der Verwaltungsgerichtshof, in dem gesetzlichen Ausdrucke „gewerbsmäſsig“ nur den Hinweis auf die äuſsere Form des Betriebes erblickt, so müſste man vielfach die Versicherungspflicht der bei Betrieben der obigen Art verwendeten Arbeiter und Beamten leugnen. Bezüglich der bei der Gemeindeamtierung (Gemeindesekretariat, Stadtrat, Stadtbuchhaltung, Stadtbauamt, Stadtkasse u. s. w.) bestellten Tagschreiber und Diener gilt zweifelsohne dasselbe, wie für solche bei Staatsämtern angestellte Personen. Darüber später. Bezüglich der das öffentliche Interesse unmittelbar betreffenden Arbeiten der Gemeinde aber kommen noch andere Momente als das der mangelnden Erwerbsabsicht in Betracht. — Zu diesen Arbeiten gehören insbesondere: die Herstellung und Erhaltung von Straſsen, Kanälen, Brücken, öffentlichen städtischen Gebäuden, Straſsenreinigung und ähnliches. Bei der Besorgung dieser Agenden spielen oft auch Zwecke der Armenversorgung mit; denn einerseits werden hiebei der Armenversorgung anheimgefallene, aber noch teilweilse arbeitsfähige Personen zu Verrichtungen herangezogen; bei solchen mangelt, da sie in Gemeindepflege stehen, meist das Bedürfnis nach gesetzmäſsiger Krankenversicherung; andrerseits sehen sich die Stadtverwaltungen, namentlich zu den arbeitslosen Jahreszeiten, in den Wintermonaten, genötigt, sogenannte Notstandsarbeiten vorzunehmen, um dem Elende und dem Verbrechen unter dem massenhaft in ihrem Gebiete zusammengeströmten Proletariate durch Arbeitsgelegenheit wenigstens teilweise zu steuern. Denn die Arbeitslosen können nicht alle abgeschoben werden. Zu solchen Arbeiten gehören beispielsweise Abtragungen alter Gebäude und Mauern, Terrainausgleichungen, die Abfuhr von Schneemassen u. dgl. mehr. Die Menge und der fortwährende Wechsel solcher Personen in der Arbeit ist sehr groſs, eine genaue Kontrolle und ordnungsmäſsige An- und Abmeldung derselben bei einer Krankenkasse äuſserst schwierig, oft geradezu unmöglich. Kann man und soll man hier die Gemeindeverwaltungen zur Krankenversicherung auf Grund des Gesetzes zwingen? Die Frage wurde bald bejaht, bald verneint; sich auf den starren Standpunkt der Versicherungspflicht stellen, heiſst in solchen Fällen meist, das socialpolitische Wirken der Gemeinde für die arbeitslosen Massen erschweren oder unterbinden. Den politischen Behörden ist leider in unserem Krankenversicherungsgesetz zu wenig freies Verfügungsrecht eingeräumt, um hier das Gesetz den jeweiligen Verhältnissen anzupassen und seine Härten zu mildern. Im deutschen Krankenversicherungsgesetz ist diese Schwierigkeit durch die bedingte Versicherungspflicht der Kommunalbediensteten (§ 2 Zl. 2) gelöst. Am besten helfen sich unsere Gemeindeverwaltungen in solchen Fällen dadurch, daſs sie für ihre Arbeiter eigene Krankenkassen mit der Bestimmung gründen, daſs der bloſse Eintritt in die Beschäftigung bei der Kommune die Kassenmitgliedschaft zur Folge hat.

Das über die Kommuneverwaltung Gesagte gilt mutatis mutandis auch für die Betriebe der Bezirke und der einzelnen Kronländer (Provinzialverbände).

b) Während nach allem bisher Angeführten bei den Entscheidungen der obersten Verwaltungsbehörde und des Verwaltungsgerichtshofes eine Neigung zur extensiven Interpretation des Krankenversicherungsgesetzes zu bemerken war, mufste das Gegenteil bezüglich der staatlichen Betriebe auffallen, obschon man hätte erwarten sollen, dafs die Staatsverwaltung, welche berufen ist, das gegenständliche Gesetz und zwar unter gewifs grofsen Opfern der Erwerbsstände durchzuführen, mit gutem Beispiele vorangehen und an sich denselben strengen Mafsstab wie bei der Beurteilung jener anlegen würde. Bis vor kurzem liefs jedoch die Staatsverwaltung nur jene ihrer vielen, ohne festen Gehalt angestellten Bediensteten der Krankenversicherung teilhaftig werden, welche entweder in produktiven, mit ausgesprochener Erwerbsabsicht betriebenen Staatsunternehmungen (z. B. Tabakfabriken, Bergbau) thätig waren, oder bei staatlichen Verkehrsanstalten (Eisenbahn, Dampfschiffahrt) Verwendung fanden, bei denen schon vor dem Inslebentreten des Krankenversicherungsgesetzes Betriebskrankenkassen bestanden. Sonst aber schlofs der Staat nicht nur in seinem Gesetze, sondern auch in seiner Verwaltung seine Bediensteten von der Wohlthat der Krankenversicherung aus.

Letzteres mufs insbesondere bezüglich der Post- und Telegraphenverwaltung hervorgehoben werden, ein Staatsbetrieb, welcher nach Ansicht des Verfassers zweifellos von Anfang an unter die Wirksamkeit des Krankenversicherungsgesetzes fiel. Es kann wohl kaum geleugnet werden, dafs dieses staatliche Unternehmen gewerbemäfsig und mit Gewinnabsicht betrieben wird und eine wichtige Einnahmsquelle des Staates darstellt. Die k. k. Post- und Telegraphenverwaltung geht täglich in geschäftsmäfsiger Weise mit Tausenden von Privatpersonen entgeltliche Verträge auf Beförderung von Gütern, Geldern, Briefen und Nachrichten ein, um daraus für die Staatskasse einen Gewinn zu erzielen. Das Unternehmen fällt daher ohne Zweifel unter § 1 Alin. 2 des Krankenversicherungsgesetzes und waren die dabei ohne festen Gehalt angestellten Arbeiter und Betriebsbeamten von Beginn der Gesetzeswirksamkeit an versicherungspflichtig. Die Beschäftigung dieser Personen (Aushilfstelegraphistinnen, Aushilfsmanipulanten, provisorische und Aushilfsdiener, Telegraphen- und Telephonarbeiter, Landbriefträger u. s. w.) kommt jener der Angestellten einer grofsen Handelsfirma gleich und ihr Versicherungsbedürfnis ebenso. Wie ungleich aber war die Behandlung dieser Leute bezüglich ihrer Versicherung, je nachdem sie bei einem ärarischen oder nichtärarischen Postamte bestellt waren! Eine Ministerialentscheidung vom Jahre 1892 erklärt: „Die von einem Postmeister und beziehungsweise Postexpedienten für den Post- und Telegraphendienst in einem nichtärarischen Postamte aufgenommenen Personen sind als krankenversicherungspflichtig anzusehen". Bezüglich der ärarischen Postämter aber stellte sich die Regierung auf den Standpunkt: „Die Hilfsbeamten der k. k. Ämter und Behörden gehören nicht zu den versicherungspflichtigen Personen und ist mit Rücksicht auf die taxative Aufzählung der im § 1 des Krankenversicherungsgesetzes bezeichneten Personen die Ausdehnung der Versicherungspflicht auf die Hilfsbeamten der k. k. Staatsbehörden und Ämter im Verordnungswege ausgeschlossen." (Entscheidung vom Jahre 1891.) — Interessant ist auch eine hieher gehörige Entscheidung des k. k. Verwaltungsgerichtshofes vom 28. September 1900 Zl. 6635, betreffend die Krankenversicherungspflicht der bei den Lokaltelegraphenanstalten in Wien nicht definitiv angestellten Staatsbediensteten. Hier wird der Begriff „Staatsanstalt zur Erfüllung von Verwaltungsaufgaben bezw. von Verwaltungspflichten des Staates" aufgestellt und die Bezeichnung der darunter willkürlich subsumierten Anstalten als gewerbsmäſsig betriebene Unternehmungen oder als Betriebe als eine begriffliche Unmöglichkeit erklärt. Wie willkürlich diese Unterstellung von Betrieben unter obigen Begriff ist, geht schon daraus hervor, daſs man dem als Verkehrseinrichtung dienenden Telephon den Charakter einer „Staatsanstalt zur Erfüllung von Verwaltungsaufgaben" dann wieder nimmt, wenn es zwar im Auftrage und auf Rechnung des Staates, aber von einem Subunternehmer betrieben wird.

Ein ähnlicher Widerspruch zeigt sich darin, daſs die Regierung die Angestellten der Maut- und Verzehrungssteuer nur dann für versicherungspflichtig erklärt, wenn diese Steuer verpachtet ist, im anderen Falle aber, wenn der Staat diese Steuer selbst verwaltet, seine Bediensteten als nicht versicherungspflichtig behandelt. In beiden Fällen üben diese Personen Funktionen staatlicher Steuerorgane ganz in derselben Weise aus; der Unterschied liegt nur darin, daſs im ersteren Falle der für den Staat eingehobene Steuergewinn nicht direkt, sondern auf dem Umwege durch die Tasche eines Pächters, der dann auch ein Risiko übernimmt, in den Staatssäckel flieſst. —

Im Gegensatze zu der sonstigen extensiven Interpretation des Gesetzes sind auch Ministerialentscheidungen (vom Jahre 1891 und 1892) bemerkenswert, welche erklären, daſs der von der Heeresverwaltung in eigener Regie geführte Betrieb eines Militärverpflegsmagazines kein versicherungspflichtiges Unternehmen ist. —

Zu den der Krankenfürsorge dringend bedürftigen Arbeitern gehört ferner auch das groſse Heer der Diurnisten in den verschiedenen staatlichen Ämtern. Sie sind nach dem Wortlaute des Gesetzes nicht unter die Zwangsversicherung einbezogen; der Staat sah sich aber auch nicht zu einer freiwilligen Versicherung derselben veranlaſst. Ihre Verwendung gleicht der in den Kanzleien der Advokaten, Notare, in Versicherungs- und anderen Privatanstalten verwendeten Personen, auf welche die Praxis den Versicherungszwang ausdehnte; ihre wirtschaftliche Stellung ist meist schlechter. Abgesehen davon, dafs ihre Arbeitskraft aus Ersparnisrücksichten sehr ausgenützt wird, ohne ihre Bezüge mit den Leistungen in Einklang zu bringen, ist ihnen auch ein Nebenverdienst meist unmöglich gemacht und ihnen kein Anspruch auf Kündigung gegeben, so dafs sie täglich gewärtig sein müssen, bei Nachlassen der Arbeitsmenge von heute auf morgen ihres Einkommens verlustig zu werden. — Wenn das Krankenversicherungsgesetz eine socialpolitische Mafsregel ersten Ranges sein soll, wenn durch dasselbe, wie es in dem Berichte des Gewerbeausschusses heifst, „die Verbesserung des Lohns der arbeitenden Klassen und die gründliche Heilung der socialen Schäden“ unternommen werden soll, dann mufs auch diese grofse Klasse von Arbeitern und Betriebsbeamten, die dem Staate und der Gesellschaft ein ganz gewaltiges Stück Arbeit leisten und für beide unentbehrlich sind, der Wohlthat des Krankenversicherungsgesetzes teilhaft gemacht werden.

Allmählich hat sich auch bei den mafsgebenden Stellen die Überzeugung Bahn gebrochen, dafs in der Vernachlässigung der staatlich ohne festen Gehalt angestellten Personen gegenüber den Bediensteten in Privatunternehmungen betreffs der Versorgung für den Krankheitsfall ein schweres Unrecht liege. Charakteristisch ist es, dafs diese Überzeugung zuerst im Bereiche der Post- und Telegraphenverwaltung zum Ausdrucke kam. In einem Erlasse des k. k. Handelsministeriums vom 17. März 1896 Zl. 11477 wird zunächst ausdrücklich anerkannt, dafs die beim Telegraphen- und Telephonbaue gegen Taggeld verwendeten Bediensteten im Sinne des § 1 Alin. 1 und 2 des Krankenversicherungsgesetzes als krankenversicherungspflichtig erscheinen. Es wird daher die Weisung gegeben, bis zur definitiven Regelung der Frage im einzelnen Erkrankungsfalle beim Ministerium Anträge auf Flüssigstellung der Minimalleistungen des Krankenversicherungsgesetzes zu stellen. — Ein vertraulicher Erlafs des k. k. Handelsministeriums vom 23. Mai 1899 No. 22726 ermächtigt die Post- und Telegraphendirektionen, die gegen Bezug des Taggeldes angestellten Personen für die Zeit der Waffenübungen, für die dienstfreien Sonn- und Feiertage und im Falle der durch Erkrankung bedingten Dienstesabwesenheit während der ersten vier Wochen im Fortbezuge des vollen Taggeldes zu belassen; von dieser Ermächtigung sei jedoch nicht notwendig in allen Fällen Gebrauch zu machen. —

Im Herbste des Jahres 1899 wurden sodann von seiten mehrerer Centralstellen an die unterstehenden Behörden gleichartige Weisungen erlassen, welche die Krankenfürsorge der ohne festen Gehalt Bediensteten im Auge haben; so die Erlässe des

Handelsministeriums vom 15. September 1899 No. 49114 und vom 28. November 1899 No. 55212, der Erlafs des Finanzministeriums vom 29. August 1899 Zl. 6878, die Verordnung des Justizministeriums vom 2. September 1899 No. 37 u. a. m. Hienach wurde angeordnet, dafs den Diurnisten (bei der Post- und Telegraphenverwaltung auch den aushilfsweise verwendeten Post- und Telegraphenexpeditoren, Schreibkräften, Dienern und Aushilfskräften) im Falle einer durch Krankheit verursachten Dienstesabwesenheit bis zur Maximaldauer von drei Monaten der Fortbezug der Löhnungen und Taggelder belassen werden solle.

Endlich wurde durch den § 16 des Gesetzes vom 26. Dezember 1899, R.G.Bl. No. 255, betreffend die Regelung der Bezüge der in die Kategorie der Dienerschaft gehörigen aktiven Staatsdiener, die Wirksamkeit des Krankenversicherungsgezetzes auf einen Teil der ohne festen Gehalt angestellten Staatsbediensteten ausgedehnt. Hiernach sind die aus Staatsmitteln entlohnten provisorischen und Aushilfsdiener im Sinne des Krankenversicherungsgesetzes vom 30. März 1888 für den Krankheitsfall zu versichern, doch kann diese Versicherung entfallen, wenn diesen Personen die Mindestleistungen im Sinne der §§ 6 und 8 des bezogenen Gesetzes gewährt werden.

So kurz diese gesetzliche Ergänzung unserer geltenden Arbeiterkrankenversicherung ist (sie besteht aus einem einzigen Paragraphen), so interessant ist sie in mehrfacher Beziehung, zumal, wenn man sie in der Beleuchtung der Durchführungsverordnung des Gesamtministeriums vom 5. Februar 1900, R.G.Bl. No. 23, und der mit dieser sich deckenden Verordnungen der einzelnen Centralstellen betrachtet. Zunächst ist festzustellen, dafs sich dieses neue Gesetz, welches mit 1. Januar 1900 in Kraft zu treten hatte, nur auf einen Teil der der Krankenversicherung bedürftigen Staatsbediensteten bezieht, nämlich, wie die Durchführungsverordnung genauer ausführt, nur auf die bei staatlichen Behörden, Ämtern, Anstalten und Betrieben beschäftigten Staatsbediensteten, welche der Kategorie der Dienerschaft angehören und keine ständigen Bezüge haben. Die einzelnen Centralstellen wiesen daher die unterstellten Behörden an, nur die provisorischen und Aushilfsdiener, nicht aber die nur zu einzelnen Verrichtungen aufgenommenen Personen, namentlich auch nicht die Diurnisten zu versichern. Für diese soll die bereits früher angeordnete Fortzahlung der Taggelder durch drei Monate (das sind dreizehn Wochen) im Krankeitsfalle weiter geübt werden. —

Die gesetzlich neu angeordnete Versicherung der provisorischen und Aushilfsdiener kann ferner dann entfallen, wenn dieselben bereits auf einem anderen Wege als auf dem der Versicherung die in den §§ 6 u. 8 des Krankenversicherungsgesetzes vorgeschriebenen Mindestleistungen im Krankheitsfalle erhalten. Diese Bestimmung steht im Widerspruche mit dem § 4 des

Krankenversicherungsgesetzes und hebt dessen Wirksamkeit für die in die Versicherung neu einbezogenen Personen auf. Denn bezüglich dieser wird die Befugnis der politischen Behörde erster Instanz aufser Kraft gesetzt, wonach dieselbe im einzelnen Falle mit Zustimmung des zu Versichernden und nach Untersuchung der Sachlage allein von der Versicherungspflicht befreien kann, wenn die Unterstützungsleistungen der Krankenkassen in anderer Weise sichergestellt sind. An die Stelle der politischen Behörde tritt hier das freie Ermessen jedes einzelnen staatlichen Amtsvorstandes, was denn doch etwas bedenklich erscheint, zumal der zu Versichernde nicht einmal um seine Einwilligung befragt zu werden braucht. — Die Durchführungsverordnung des Gesamtministeriums ordnet weiter an, dafs die Versicherung der Staatsbediensteten, soweit dieselben nicht etwa schon einer staatlichen Betriebskrankenkasse angehören, nur bei den Bezirkskrankenkassen zu erfolgen hat, eine Bestimmung, welche zwar diesen Kassen zugute kommt, jedoch für den Arbeiter sowie für dessen Chef jede etwa den besonderen Verhältnissen des Ortes oder der Personen Rechnung tragende Einflufsnahme auf die Wahl der Versicherungsanstalt von vornherein ausschliefst. Da hiedurch aufserdem die Freizügigkeit des Bediensteten beeinträchtigt wird, so setzt diese Durchführungsbestimmung ebenso wie die oben besprochene Gesetzesbestimmung den versicherten Staatsbediensteten gegenüber anderen versicherungspflichtigen Arbeitern in einen gewissen Nachteil.

Demgegenüber macht eine andere Anordnung des Gesamtministeriums den versicherten Staatsbediensteten ein wertvolles Zugeständnis: die Übernahme sämtlicher Krankenkassenbeiträge, auch die der Versicherten, auf die Staatskasse. So menschenfreundlich dieses Vorgehen erscheint, so wäre mir doch an Stelle dieser, die Principien der Gegenseitigkeit der Versicherung und der Selbsthilfe der Arbeiterschaft durchbrechenden Bestimmungen die uneingeschränkte Einbeziehung aller ohne festen Gehalt angestellten Staatsdiener, namentlich auch der Diurnisten unter das Krankenversicherungsgesetz vom Standpunkte der socialpolitischen Zwecke desselben lieber gewesen. So trägt das neue Gesetz doch den Stempel der Unvollkommenheit an sich.

Es möge mir bezüglich der Krankenversicherung der in öffentlichen Diensten stehenden Personen ein vergleichender Blick auf die bezüglichen Verhältnisse im Deutschen Reiche gestattet sein. Im deutschen Gesetze entspricht dem § 2 unseres Gesetzes, wonach alle Bediensteten, welche in einem Betriebe des Staates, eines Landes, eines Bezirkes, einer Gemeinde oder eines öffentlichen Fonds mit festem Gehalte angestellt sind, der Versicherungspflicht grundsätzlich entzogen erscheinen, die zweckmäfsigere Anordnung des § 3. Dieser nimmt alle Personen des Soldatenstandes, sowie solche in Betrieben oder im Dienste des Reiches, eines Einzelstaates desselben oder eines Kommunalverbandes beschäftigten Personen von der Versicherungspflicht im allgemeinen aus, welche gegenüber diesen Korporationen in Krankheitsfällen Anspruch auf Fortzahlung ihrer Bezüge durch die für die Unterstützungsleistungen der Krankenkassen vorgeschriebene Mindestdauer haben. Im übrigen erklärt das deutsche Gesetz in seinem § 1 die im gesamten Betriebe der Post- und Telegraphenverwaltungen, sowie in den Betrieben der Marine- und Heeresverwaltungen gegen Gehalt oder Lohn beschäftigten Personen für unbedingt versicherungspflichtig, die in den Kommunalbetrieben und im Kommunaldienste, sowie in Betrieben oder im Dienste des Reiches oder einzelner Staaten desselben beschäftigten Personen aber, insoweit sie nach § 1 nicht schon der unbedingten Versicherung unterzogen wurden, für bedingt versicherungspflichtig. Die Bedingung besteht in der statutarischen Bestimmung eines Kommunalverbandes, bezw. in einer entsprechenden Verfügung des Reichskanzlers oder der Centralbehörde eines Einzelstaates.

6. Eine Beschränkung der Wohlthat des Krankenversicherungsgesetzes von weittragender Bedeutung liegt in der im § 3 ausgesprochenen Ausschliefsung der gesamten Land- und Forstwirtschaft. Bei einer Erörterung der Grenzen unseres Gesetzes ist es unerläfslich, auf diesen Punkt näher einzugehen und insbesondere auf die Ursachen dieser Ausschliefsung hinzuweisen. Dieselben liegen, wie aus den Protokollen des Abgeordnetenhauses hervorgeht, teils in Bedenken staatsrechtlicher Natur, teils in der Scheu vor der schwierigen praktischen Durchführung dieses Teiles der Arbeiterversicherung.

Schon im Gesetzentwurfe der Regierung war eine definitive Entscheidung bezüglich der Krankenversicherungspflicht der in land- und forstwirtschaftlichen Betrieben beschäftigten Arbeiter nicht getroffen. Angesichts der grofsen Schwierigkeiten, welche der Durchführung der obligatorischen Krankenversicherung auf dem Lande gegenüberstehen und deren zweckmäfsige Überwindung bei der Verschiedenheit der in Betracht kommenden Verhältnisse vielfache, zeitraubende Erhebungen und Beratungen nötig macht, wollte man das Zustandekommen unseres Gesetzes durch das Eingehen auf diese Fragen nicht weiter verzögern und dasselbe zunächst wenigstens für die industrielle Bevölkerung in Wirksamkeit treten lassen. Die gesetzliche Regelung der land- und forstwirtschaftlichen Arbeiterversicherung sollte der „nächsten Zukunft“ vorbehalten sein. Inzwischen sei ja für die erkrankten Arbeiter dieser Art noch vielfach durch Pflege in der Familie des Arbeitgebers und durch sonstige Aushilfen des letzteren (insbesondere nach den Bestimmungen der Gesindeordnungen, Winzerordnungen u. dgl.) vorgesorgt. — Da sich die Regierung aber nicht verhehlte, dafs auch hier baldigste Hilfe not thue, so sollte nach dem Regierungsentwurfe das Ministerium des Innern ermächtigt werden, bezüglich dieser Arbeiter nach den durch die Sachlage gebotenen Einvernehmungen Entscheidungen zu treffen, durch welche in einzelnen Ländern und Landesteilen auch die land- und forstwirtschaftlichen Arbeiter der Versicherungspflicht unterworfen würden. Solche Entscheidungen sollten aber ihrer Natur nach nur administrative Versuche sein, welche ein hinreichendes Material für eine den eigenartigen Verhältnissen der österreichischen Landwirtschaft angepaſste endgültige gesetzliche Regelung dieser Frage liefern sollten, ohne daſs die gesamte Landwirtschaft auf dem Verwaltungswege in die Versicherungspflicht einbezogen werden könne.

Demgemäſs hatte der § 2 des Regierungsentwurfes folgenden Wortlaut:

„Der Minister des Innern ist im Einvernehmen mit den übrigen beteiligten Ministerien berechtigt, in einzelnen Ländern oder Landesteilen die in land- und forstwirtschaftlichen Betrieben beschäftigten Arbeiter und Betriebsbeamten, letztere mit dem in § 1 bezeichneten Jahresverdienste, soweit diese Personen nicht bereits nach § 1 versicherungspflichtig sind, der Versicherungspflicht im Sinne dieses Gesetzes zu unterwerfen.

Vor der Entscheidung sind der betreffende Landeskulturrath oder, wo ein solcher nicht besteht, ein oder mehrere land- oder forstwirtschaftliche Vereine einzuvernehmen und ist das Gutachten des betreffenden Landesausschusses einzuholen."

Diesem Regierungsvorschlage wurde, ich möchte hinzufügen „leider", von keiner der beiden Seiten des Abgeordnetenhauses zugestimmt. Die Minorität wollte trotz der unleugbaren Durchführungsschwierigkeiten die Land- und Forstwirtschaft sogleich mit unter das Gesetz einbezogen wissen, die Majorität wollte aus principiellen Gründen der Regierung eine so „unerhörte Vollmacht" und damit ein so weitgehendes Vertrauen in Dingen, die von rechtswegen der Gesetzgebung unterliegen, nicht einräumen, zumal dieselbe hiedurch auch „mit den Landesgesetzgebungen in unlösbaren Konflikt" käme. Vielmehr sollte dieser ganze Teil der Versicherungsfrage der Landesgesetzgebung im Sinne des dann auch thatsächlich zum Beschlusse erhobenen § 3 des Gesetzes überantwortet werden, da diese viel eher imstande sei, mit den verschiedenartigen Schwierigkeiten, als da sind: die am Lande noch groſsenteils herrschende Naturalwirtschaft, die Abgrenzung der jeweiligen Arbeitgeber- und Arbeitnehmerklasse, die vielfache Verwendung unständiger Taglöhner, der Mangel an Landärzten u. s. w., fertig zu werden. Hiebei wurde auch noch eine staatsrechtliche Frage, betreffend die Kompetenz des Reichsrates und der Landtage aufgerollt. —

a) Um die im Gegenstande zu überwindenden Schwierigkeiten in das rechte Licht zu rücken, kann ich es mir nicht versagen, mit einigen Worten noch auf die bezüglichen Verhandlungen im Abgeordnetenhause einzugehen, bei welchen sich namentlich der Abgeordnete Dr. Baernreither und Ministerialrat Dr. Steinbach durch ihre lichtvollen Darlegungen grofse Verdienste erwarben. Daselbst wurde folgendes ausgeführt: Während auf dem Lande im Gebiete der Centralalpen im grofsen und ganzen noch die alte deutsche Ansiedlungsform der Einzelhöfe vorherrscht, überwiegt in den deutsch-slavischen Ländern nördlich der Donau die Ansiedlung in Dörfern. Diese Verschiedenheit wirkt naturgemäfs auf die gesamten landwirtschaftlichen Verhältnisse, insbesondere aber auf die landwirtschaftliche Arbeiterfrage zurück. In den Alpenländern liegt das Schwergewicht der letzteren im Dienstbotenwesen, weil hier die überwiegende Mehrzahl aller Arbeitskräfte mit ihrem Arbeitgeber im gemeinsamen Haushalte lebt und daher zu ihm im Verhältnisse von Dienstboten steht. In den deutsch-slavischen Ländern aber mufs man drei Klassen von landwirtschaftlichen Arbeitern von einander unterscheiden: die als Knechte und Mägde bei den Grundbesitzern dauernd in Verwendung genommenen Dienstboten, ferner die sogen. „Häusler“, das sind kleine Besitzer, deren Grundbesitz nicht ausreicht, um den Eigentümer und dessen Familie zu ernähren, und die deshalb darauf angewiesen sind, sich als landwirtschaftliche Taglöhner bei gröfseren Landwirten einen Nebenverdienst zu schaffen; endlich die eigentlichen landwirtschaftlichen Lohnarbeiter, welche kein Grundeigentum besitzen, sondern unständig durch das Land ziehen, sich bald hier, bald dort dem Landwirte verdingen und zu diesem in einem ähnlichen Verhältnisse stehen, wie die Fabriksarbeiter zu ihrem Fabriksherrn.

Von diesen verschiedenen Arbeiterklassen machen die Häusler wegen ihrer Doppeleigenschaft als Landwirte und Arbeiter und wegen ihrer nur zeitweisen Lohnarbeit, die umherziehenden Lohnarbeiter aber wegen ihrer Unständigkeit der Krankenversicherung besondere Schwierigkeiten.

Ein anderes Bedenken gegen die Versicherung in der Landwirtschaft liegt darin, dafs die Krankenkassen, wie sie nach dem vorliegenden Gesetze organisiert sind, sich auf zu grofse Territorien erstrecken müfsten, um die zum rentablen Bestande nötige Zahl von Mitgliedern zu bekommen, wodurch wieder die Verwaltung und insbesondere die Überwachung der Kranken sehr erschwert, wenn nicht undurchführbar würde. Im Deutschen Reiche wurde die Sache durch die Einrichtung der von den Kommunalbehörden unentgeltlich verwalteten Gemeinde- und Ortskrankenkassen wesentlich erleichtert. Zudem räumt dort das Gesetz vom 5. Mai 1886, betreffend die Unfall- und Krankenversicherung der in land- und forstwirtschaftlichen Betrieben beschäftigten Personen, den Verwaltungsbehörden weitgehende Befugnisse zur Erleichterung der Versicherungspflicht und Anpassung derselben an den einzelnen Fall ein.

Auch die in den einzelnen österreichischen Provinzen sehr verschiedene Höhe des durchschnittlichen Taglohnes, welcher ja die Grundlage für unsere ganze geltende Krankenversicherung bildet, macht bei der Land- und Forstwirtschaft die Versicherungsfrage sehr verwickelt. Insbesondere ist zu bedenken, daſs der Lohn und die sonstigen Bezüge des Arbeiters hier durchaus nicht sein einziges Einkommen bilden und daher viel zu gering wären, um darauf seine Versorgung für den Krankheitsfall zu gründen; daſs dieser Lohn sich vielmehr oft nur als eine Ergänzung zu Naturalbezügen, zum Einkommen aus eigenem Grundbesitz und aus der Hausindustrie darstellt.

Endlich macht eine Regelung der Krankenversicherung auf dem Lande eine vorgängige, gewiſs nicht leichte Auseinandersetzung mit den Armengesetzen der einzelnen Provinzen notwendig. Da die land- und forstwirtschaftlichen Arbeiter der verschiedenen Arten meist mittellos sind, so fallen sie mit dem Zeitpunkt ihrer Erkrankung, insofern sie nicht als Dienstboten auf Grund besonderer Bestimmungen einzelner Dienstbotenordnungen von ihren Arbeitgebern eine Zeit lang verpflegt werden müssen, sogleich der Armenpflege anheim, und ist diesbezüglich in einer Reihe von Landesarmengesetzen Vorsorge getroffen. Wenn nun statt dessen die Krankenversorgung dieser Personen von eigenen Krankenkassen übernommen würde, deren Aufwand ja durch Beiträge der Versicherten und der Arbeitgeber zu decken ist, so würde dadurch ein groſser Teil der Armenversorgungspflicht vom Landesverbande und von den Gemeinden auf die Krankenkassen und dadurch auf deren meist sehr arme Mitglieder überwälzt, den gegenwärtig versorgungspflichtigen Gemeinden aber würden ungerechtfertigt weitgehende Versorgungspflichten abgenommen.

Dem letzteren Punkte gegenüber wurde ausgeführt, daſs die Armenversorgung ja immer erst dann eingreife, wenn thatsächlich schon eine gänzliche Verarmung der Unterstützung werbenden Person oder Familie eingetreten sei, wenn deren Ersparnisse aufgebraucht, deren Habseligkeiten verkauft oder verpfändet seien und die Betreffenden im tiefsten Elende ständen. Dies aber solle gerade durch die Krankenversicherung verhindert werden, indem sofort mit Beginn der Krankheit und der folgenden Erwerbslosigkeit die nötigsten Mittel zur Pflege und zum Unterhalte gewährt werden, so daſs der Besitz der Familie nicht angegriffen zu werden brauche. — Auch sei es nicht begründet, der Landesgesetzgebung die Regelung der Versicherung anheimzugeben, denn die zu Schwierigkeiten Anlaſs gebenden Verschiedenheiten der Verhältnisse gruppieren sich durchaus nicht nach einzelnen Provinzen, sondern träten ebenso innerhalb jeder einzelnen Provinz zu Tage.

b) Neben diesen Schwierigkeiten für die Durchführung der Krankenversicherung auf dem Lande, wurde aber auch noch, wie schon oben angedeutet, von einem Teil des Abgeordnetenhauses der staatsrechtliche Einwand erhoben, daſs die Regelung land- und forstwirtschaftlicher Verhältnisse und somit auch der Versicherung der land- und forstwirtschaftlichen Arbeiter der Kompetenz des Reichsrates durch das Staatsgrundgesetz entzogen und der Machtsphäre der Landtage zugewiesen sei.

§ 11 des Staatsgrundgesetzes vom 21. Dezember 1867 sagt nämlich, daſs der Wirkungskreis des Reichsrates alle Angelegenheiten umfasse, welche sich auf Rechte, Pflichten und Interessen beziehen, die allen im Reichsrate vertretenen Königreichen und Ländern gemeinschaftlich seien, und zählt dann mit den Worten „Es gehören daher zum Wirkungskreis des Reichsrates" unter den Buchstaben *a* bis *o* eine Reihe von solchen Angelegenheiten auf. § 12 sagt dann weiter: „Alle übrigen Gegenstände der Gesetzgebung, welche in diesem Gesetze dem Reichsrate nicht ausdrücklich vorbehalten sind, gehören in den Wirkungskreis der Landtage." ... In der Aufzählung des § 11 ist nun thatsächlich weder vom Versicherungswesen, noch von der Land- und Forstwirtschaft die Rede und darauf gestützt trat man im Abgeordnetenhause für die Verländerung der land- und forstwirtschaftlichen Krankenversicherung ein, während man die sonstige Zwangsversicherung als eine gewerbliche Angelegenheit (§ 11 lit. e obigen Staatsgrundgesetzes) betrachtete.

Um in dieser Streitfrage Stellung zu nehmen, muſs man sich zunächst darüber klar werden, ob die Aufzählung des § 11 des bez. Staatsgrundgesetzes eine taxative oder eine nur beispielsweise ist; ferner ob die obligatorische Arbeiterversicherung nicht doch ihrem Wesen nach eine untrennbar zusammenhängende, das gesamte Volks- und Staatsleben berührende und somit allen Kronländern Österreichs gemeinsame Angelegenheit sei, welche allerdings auf verschiedene, der Landesetzgebung zur Regelung vorbehaltene Verhältnisse eine natürliche Rückwirkung übe; oder ob diese Versicherung lediglich eine interne Angelegenheit einzelner Berufsstände sei; endlich, wenn man die Einheit der gesamten Arbeiterversicherung bejaht, ob sie nicht doch unter einen der im § 11 taxativ oder exemplifikativ angeführten Punkte subsumiert werden könne.

Über die Art der Aufzählung des mehrbezeichneten § 11, ob taxativ oder exemplifikativ, läſst sich streiten. Dr. v. Mühlfeld hat für letztere Ansicht eine grammatikalische Interpretation gegeben, deren Logik eine gewisse überzeugende Kraft besitzt. Er sagte: die taxative Aufzählung muſs sich auf die Aufzählung einzelner Fälle beschränken; sobald aber ein Gesetz an die Spitze einen allgemeinen Grundsatz stellt und dann einzelne Fälle mit dem Worte „daher" aufzählt, so stellt ein so konstruiertes Gesetz diese folgenden Fälle nicht taxativ hin, sondern als Folgerungen dieses allgemeinen Satzes. Es sind daher die Aufzählungen des § 11 des Staatsgrundgesetzes vom 21. Dezember 1867 lit. *a* bis *o* nichts anderes als die Hauptfolgesätze aus dem Grundsatze, welchen der erste Absatz des § 11 enthält. —

Demgemäfs müfste nun untersucht werden, ob die Arbeiter-Krankenversicherung, und zwar auch die land- und forstwirtschaftliche, ihrem Wesen nach „sich auf Rechte, Pflichten und Interessen" bezieht, „die allen im Reichsrate vertretenen Königreichen und Ländern gemeinschaftlich sind"; — also sich unter den ersten Absatz des § 11 subsumieren läfst. —

Der Zweck der Arbeiterversicherung ist die Erhaltung eines für den Bestand von Volk und Staat der Jetztzeit unentbehrlichen Faktors, der Arbeiterschaft, welche durch die Entwicklung des modernen Produktionswesens in eine wirtschaftliche Notlage gekommen ist. Durch ihre Verelendung und Entartung wird der Bestand und die gesunde Weiterentwicklung von Volk und Staat bedroht, wobei es ganz gleichgültig ist, welchem Zweige der Produktion der einzelne Arbeiter angehört, weil die einzelnen Produktionszweige von einander abhängig sind und das Arbeiterelement zwischen ihnen fortwährend fluktuiert. — Als ein Mittel zur Heilung des bezeichneten socialen Übels wurde die Arbeiterversicherung gesetzlich eingeführt. Dieses Mittel kann naturgemäfs für Volk und Staat nur dann von durchgreifendem Erfolge sein, wenn es auf die gesamte Arbeiterschaft in allen ihren Teilen und im ganzen Staatsgebiete Anwendung findet, es unterliegt daher wohl keinem Zweifel, dafs sowohl das Recht wie auch die Pflicht zur Heilung dieser socialen Schäden, wie auch das Interesse daran, dafs diese Heilung eine allgemeine und vollkommene sei, allen im Reichsrate vertretenen Königreichen und Ländern gemeinschaftlich ist. Es wurde demnach auch, ausgehend von dem Principe der Allgemeinheit der Arbeiterversicherung, sowohl in den Motiven zum Gesetze, als auch im Berichte des Gewerbeausschusses ausdrücklich betont, dafs die Ausscheidung der land- und forstwirtschaftlichen Arbeiter von der Geltung des Gesetzes keine grundsätzliche, sondern nur eine vorübergehende sei und nur darin ihre Begründung finde, dafs man wegen der damals noch nicht überwundenen Schwierigkeiten der Durchführung der Zwangsversicherung auf dem Lande das Zustandekommen des Krankenversicherungsgesetzes überhaupt nicht aufgehalten wissen wollte.

Eine nach Provinzen verschiedene Regelung der Arbeiterversicherung würde nicht nur die bezweckte Wirkung in Frage stellen, sondern auch von bedenklichen Folgen sein, weil dadurch in verschiedenem Mafse eine Verteuerung der Produktionskosten und infolgedessen eine Verschiebung der Konkurrenzfähigkeit der einzelnen Länder herbeigeführt würde; auch die Freizügigkeit der Arbeiter, welche innerhalb des staatlichen Wirtschaftsgebietes gerade heute einer möglichst weitgehenden Förderung bedarf, würde durch die Verländerung auch nur eines Teiles des Arbeiterversicherungswesens unterbunden werden. Überdies läſst sich eine obligatorische Klassenversicherung gar nicht durchführen und weiterentwickeln ohne eine centrale staatliche Statistik, ohne eingehende Staatsaufsicht, ohne Mitwirkung der staatlichen Verwaltungsorgane; sie bedingt ja auch einen allgemeinen Ausschluſs der Exequierbarkeit der Krankenbezüge, eine allgemeine Stempel- und Gebührenfreiheit und macht einen Zusammenschluſs der Kassen nicht nur zu Landesverbänden, sondern auch über die Grenzen der Provinz hinaus, ja zu Reichsverbänden, insbesondere zu Zwecken der gegenseitigen Rückversicherung und gemeinsamer Kapitalsgebarung höchst wünschenswert. Socialpolitik läſst sich überhaupt nicht länderweise, sondern nur von staatswegen betreiben und man muſs dem Abgeordneten Dr. Baireuther von Herzen zustimmen, wenn er sagt: „Die ganze socialpolitische Gesetzgebung ist eine Kulturaufgabe und von der Erfüllung derselben wird die zukünftige Gestalt, vielleicht das Glück und die Ruhe der Staaten abhängen. Die Entscheidung solcher weltgeschichtlicher Fragen kann man doch unmöglich den einzelnen Landesverwaltungen überlassen. Im Gegenteil, es ist die allgemeine Tendenz in allen Kulturstaaten zur internationalen Regelung der groſsen, socialpolitischen und insbesondere der Arbeiterfragen."

Ist diese Überzeugung einmal durchgedrungen, so muſs sich auch die staatsrechtliche Formel für die Reichskompetenz zur Arbeiterversicherung finden lassen. Steht man auf dem Standpunkte, daſs die Aufzählung des § 11 des Staatsgrundgesetzes vom 21. Dezember 1867 eine beispielsweise und nicht eine taxative sei, so ist die Kompetenzfrage gelöst, denn die Arbeiterversicherung fällt dann zweifellos unter den ersten Absatz des allgemeinen Inhaltes dieses Paragraphen. Steht man aber auf dem Standpunkt, daſs die bezeichnete Aufzählung eine taxative sei, so scheint die theoretische Lösung unserer Frage allerdings schwieriger. Aber das Studium der dem Zustandekommen obigen Verfassungsgesetzes vorausgegangenen Beratungen führt zu einem ganz überraschenden Ergebnisse. In der Sitzung des Abgeordnetenhauses vom 15. Oktober 1867 wurde direkt der Antrag gestellt, das Versicherungswesen ausdrücklich im § 11 als eine Agende der Reichsgesetzgebung anzuführen. Hierauf führte der Berichterstatter Dr. v. Kaiserfeld folgendes aus: „Ich habe zu erklären, daſs in Bezug auf das Versicherungswesen dieser Gegenstand wohl auch im Ausschusse zur Sprache gekommen ist und daſs damit, daſs es nicht aufgenommen ist, nicht die Absicht verbunden war, daſs dieser Gegenstand den Landtagen zugewiesen werde; im Gegenteil! man hat das Versicherungswesen nicht aufgenommen, weil man fand, daſs es bereits in der Handels- und in der Civilgesetzgebung inbegriffen ist." Mit dieser Erklärung gab sich der gesetzgebende Körper zufrieden und damit ist eine authentische Interpretation geschaffen, welche die gesamte Arbeiterversicherung, einschliefslich der land- und forstwirtschaftlichen Arbeiter, unter Buchstabe *k*) des in Rede stehenden § 11 einbezieht. —

Nach obigen Ausführungen ist es einer der gröfsten Fehler unseres Krankenversicherungsgesetzes, dafs es in seinem § 3, entgegen den Bestimmungen des Regierungsentwurfes und den lichtvollen Ausführungen der Minoritätsberichterstatter die Regelung der land- und forstwirtschaftlichen Arbeiterversicherung der Landesgesetzgebung überläfst. Der schlagendste Beweis hiefür ist wohl der, dafs in den vollen elf Jahren seit Erlafs des Gesetzes keine einzige Landesvertretung daran gegangen ist, in der Sache irgend etwas zu thun Die Landtage haben geschwiegen, die Landwirte haben sich nicht gerührt; ihre Arbeiter besitzen keine Organisation, um ihre Versicherung selbst in die Hand zu nehmen. Und doch gab und giebt das vielfache unmittelbare Ineinandergreifen von Land- und Forstwirtschaft und Industrie den geeignetsten Anlafs, um auch im Wirkungskreise der ersteren, namentlich insofern es sich um Grofsbetriebe handelt, den Versicherungszwang einzuführen. Betrachten wir einmal jenen Teil der Industrie, der sich in das bäuerliche Gewand der sogenannten land- und forstwirtschaftlichen Nebenbetriebe kleidet. Hier handelt es sich darum, dafs der Landwirt die Verarbeitung seiner agrarischen und forstlichen Rohprodukte selbst in die Hand nimmt, statt den daraus entspringenden Gewinn eigenen industriellen Unternehmungen und Zwischenhändlern zu überlassen. Der Landwirt errichtet auf seinem Grundbesitze fabriksmäfsige oder gewerbemäfsige Betriebe, welche sich ihrem Wesen nach von selbständigen Industrien kaum unterscheiden; z. B. Branntweinbrennereien, Brauereien, Ziegeleien, Mühlenbetriebe (Mehl-, Öl-, Walkmühlen), Stärkebereitung, Sägewerke, Cellulosefabriken u. s. w. — Diese Betriebe dienen selten lediglich dazu, um nur den Hausbedarf des Landwirtes und seines Personals zu decken; meist gehen die Erzeugnisse nach auswärts, sei es auch nur als „zufälliger Überschufs“. Solche Unternehmungen wurden auch wiederholt von der politischen Behörde als über den Rahmen der eigentlichen Landwirtschaft hinausgehend und unter die Industrie gehörig behandelt und die Arbeiter unter das Krankenversicherungsgesetz einbezogen. Man half sich hiebei mit der Unterscheidung zwischen geringerem und gröfserem Betriebsumfange, mit dem Unterschiede, ob die Produkte in überwiegender Menge nur den Hausbedarf decken sollten oder zum gewerbsmäfsigen Verkaufe bestimmt waren, ob der industrielle Nebenbetrieb eine untergeordnete Rolle im Verhältnisse zur ganzen Gutswirtschaft spielt oder einen wesentlichen Bestandteil derselben ausmacht. — Doch all diese Unterscheidungen sind höchst unsicher und subjektiv, zumal sich im Gesetze dafür nicht der geringste Anhaltspunkt findet.

Eine andere innige Berührung zwischen Land- und Forstwirtschaft einerseits und Industrie andrerseits ist dort bemerkbar, wo industrielle Unternehmungen zur billigeren und unabhängigen Beschaffung der für ihre Betriebe nötigen Rohstoffe, Grund und Boden erwerben und denselben selbst anbauen und bewirtschaften; z. B. der Anbau von Rübenfeldern durch Zuckerfabriken, der Betrieb von Forstwirtschaft durch Cellulosefabriken, der Anbau von Hopfen und Gerste durch Brauereien u. s. w. Hier haben wir es zweifelsohne mit wirklicher- Land- und Forstwirtschaft zu thun; das Abhängigkeitsverhältnis derselben zu einem bestimmten industriellen Unternehmen ändert an dem Charakter des land- oder forstwirtschaftlichen Betriebes selbst und seiner Arbeiter nichts. Dennoch wurden auch solche Nebenbetriebe unter Hinweis darauf, daſs sie nur die Bedeutung einer „Materialbeschaffung“ oder „Bevorrätigung“ für das betreffende industrielle Unternehmen hätten, unter die Versicherungspflicht einbezogen. Auch hier nehmen wir wieder die Schwierigkeit der einheitlichen und gerechten Abgrenzung des Versicherungszwanges und den empfindlichen Mangel an gesetzlichen Anhaltspunkten dafür wahr.

Es scheint mir, daſs diese industriellen Nebenbetriebe der Landwirtschaft und diese landwirtschaftlichen Nebenbetriebe der Industrie als die natürlichen Brücken dienen könnten, um die Wohlthaten der Krankenversicherung auch dem notleidenden Arbeiterstande auf dem flachen Lande bringen zu können. Damit würde auch ein Schritt weiter zur Beseitigung eines anderen bedenklichen socialen Übelstandes gemacht werden, des Arbeitermangels auf dem Lande und dem überhand nehmenden Zuzug der Arbeitskräfte vom Lande in die groſsen Städte. —

7. Der letzte Absatz des § 3 unseres Gesetzes behandelt noch eine groſse Gruppe von Arbeitern: die der Hausindustrie. Indem das Gesetz die freiwillige Versicherung dieser Personen gestattet, spricht es indirekt aus, daſs dieselben nicht unter seinen § 1 gehören, sondern auſserhalb der obligatorischen Arbeiterversicherung stehen. Da aber der bezeichnete Teil des Arbeitsstandes sich auch mit der gewerbsmäſsigen Herstellung oder Bearbeitung industrieller Erzeugnisse beschäftigt, wie die Personen des § 1, so ist bei dessen Absonderung aus der groſsen Klasse der letzteren eine möglichst genaue gesetzliche Begriffsbestimmung der „Hausindustrie“ unbedingt geboten. § 3 giebt eine solche, jedoch mit wenig Glück. Er heiſst dort:

„Auch solche Unternehmer, in deren Auftrag und für deren Rechnung selbständige Arbeiter in eigenen Betriebsstätten persönlich oder unter Mitwirkung der Angehörigen des eigenen Hausstandes, jedoch ohne anderweitige Hilfsarbeiter mit der Herstellung oder Bearbeitung industrieller Erzeugnisse beschäftigt sind (Hausindustrie), sind berechtigt, mit diesen Arbeitern unter Zustimmung derselben der Krankenversicherung in der in diesem Gesetze vorgesehenen Weise beizutreten." —

Um die Sonderstellung dieser Personen recht zu verstehen, habe ich mich in den Quellen zu dem Gesetze umgesehen. Merkwürdigerweise fand ich weder in den Motiven, noch im Berichte des Gewerbeausschusses des Abgeordnetenhauses, noch in den stenographischen Protokollen des letzteren irgend einen Anhaltspunkt. Der heiſse Meinungskampf im Abgeordnetenhause über die Frage der Einbeziehung der Land- und Forstwirtschaft unter die Zwangsversicherung scheint die Gemüter so sehr in Anspruch genommen zu haben, daſs man es übersah, den letzten Absatz des § 3 einer eingehenden Kritik zu unterziehen.

Sehen wir uns diese Gesetzesstelle einmal in der Beleuchtung der Praxis an. Da § 3 die Hausindustrie nicht ausdrücklich von der Versicherungspflicht ausschlieſst, wohl aber anordnet, daſs eine freiwillige Krankenversicherung der Hausindustriearbeiter stattfinden kann, so muſs man annehmen, daſs das Gesetz bei diesen Personen den Mangel der die Versicherungspflicht begründenden Eigenschaften voraussetzt, hier also solche Personen im Auge hat, welche dem Begriffe nach nicht unter die Bestimmungen des § 1 („Arbeiter in einer gewerbsmäſsig betriebenen Unternehmung") fallen. Das Gesetz führt in seinem § 3 aber nicht „selbständige Gewerbetreibende", sondern nur „selbständige Arbeiter" an, welche mit einem Unternehmer in Verbindung stehen und ohne anderweitige Hilfsarbeiter als etwa nur ihre Familienglieder sich mit der Herstellung oder Bearbeitung industrieller Erzeugnisse in ihren eigenen Betriebsstätten beschäftigen. Demgemäſs kann man sich unter dieser Art von Leuten nur solche vorstellen, welche sich nicht in den Dienst jeder beliebigen Kunde stellen, nicht an die Öffentlichkeit behufs Gewinnung eines möglichst ausgedehnten Kundenkreises herantreten, sondern lediglich als Lieferanten für einen bestimmten oder einige wenige bestimmte Händler oder Fabrikanten arbeiten. Ihr rechtliches Verhältnis zu diesen ist kein Dienst- oder Arbeitsverhältnis im Sinne des § 73 der Gewerbeordnung, sondern das einer Werkverdingung (locatio, conductio operis) des zweiten Falles des § 1151 des Allgemeinen bürgerlichen Gesetzbuches, oder es ist im Sinne des § 1158 desselben Gesetzbuches durch den Abschluſs von Lieferungs- (Kauf-) Verträgen gegeben. Eine Übergangsform zwischen diesem uneigentlichen Hausindustriearbeiter und dem eigentlichen industriellen Lohnarbeiter bildet der „Accordarbeiter", welcher noch unter den § 73 der Gewerbeordnung fällt. Derselbe stellt eine gemietete Arbeitskraft des Unternehmers, oft mit Kündigungsanspruch vor, der in der Betriebsstätte des letzteren arbeitet, dem alle Arbeiterschutzbestimmungen des VI. Abschnittes der Gewerbeordnung zugute kommen und dessen Wirken von der Gewerbebehörde zu überwachen und zu schützen ist; nur wird sein Lohn nicht nach der Zeit, sondern nach dem Stücke bemessen. — Bei der ungeheuren Verschiedenheit der modernen Produktionsthätigkeit läſst sich naturgemäſs eine scharfe Unterscheidung zwischen den bezeichneten drei Arten von Arbeitsverhältnissen nicht machen.

Ich habe in meiner Praxis wiederholt mit Hausindustriearbeitern, wie sie der letzte Absatz des § 3 des Krankenversicherungsgesetzes unrichtig beschreibt, zu thun gehabt. Sie kommen namentlich als Lieferanten für Kleider- und Wäschekonfektionsgeschäfte und Schuhwarenniederlagen vor und werden richtiger als „Sitzgesellen" oder „Heimarbeiter" bezeichnet. Ich habe gefunden, daſs dies die bedauernswertesten und rechtlosesten Mitglieder des industriellen und gewerblichen Arbeiterstandes sind. Sie werden vom Unternehmer am meisten ausgenützt und dabei entschlägt sich der letztere ihnen gegenüber mangels eines ordentlichen Arbeitsverhältnisses aller jener Verpflichtungen und Leistungen, welche ihm nach den Bestimmungen der Gewerbeordnung und der Arbeiterschutzgesetze gegenüber den „Hilfsarbeitern" obliegen würden: er braucht keine den gesundheitlichen Anforderungen entsprechende Werkstätte beizustellen, er braucht sich an keine Maximalarbeitszeit zu halten, keine Arbeitspausen, keine Sonn- und Feiertagsruhe zu gewähren, ist an keine Kündigung gebunden, braucht sich um kein Arbeitsbuch zu kümmern, braucht keine Arbeitsordnung aufzustellen u. s. w. — Nach § 3 unseres Gesetzes ist er auch der Pflicht enthoben, diese Arbeiter, welche oft in kleinen, ungesunden Wohnungen mit ihren Familienmitgliedern an den kärglich bezahlten Industrieartikeln vom frühen Morgen bis in die späte Nacht hinein arbeiten, für den Krankheitsfall zu versichern! Demzufolge ist wohl auch der geradezu leidenschaftliche Kampf der Arbeiterschaft gegen das Sitzgesellenwesen begreiflich und man kann denjenigen nicht unrecht geben, welche den Ausschluſs dieser, meines Erachtens unrichtig als Hausindustriearbeiter bezeichneten Personen von den Wohlthaten der obligatorischen Arbeiterkrankenversicherung als eine groſse Ungerechtigkeit bezeichnen. — Wenn es sich nur irgendwie begründen läſst, schränkt daher die Praxis diesen gesetzlichen Begriff der Hausindustrie ein und erklärt auch die sogen. Sitzgesellen als versicherungspflichtige Hilfsarbeiter. Doch dies ist nur ein Notbehelf gegen unzweckmäſsige Gesetzesbestimmungen. Ein Erkenntnis des Verwaltungsgerichtshofes vom 30. November 1892 sagt z. B.: „Arbeiter, welche von der Firma das Arbeitsmaterial und die zur Herstellung der jeweiligen Arbeit erforderlichen Webergeschirre erhalten, das fertiggestellte Fabrikat an die Firma abliefern, also nicht selbständig auf den Markt bringen, für ihre Arbeit von der Firma einen im voraus bestimmten Accordlohn beziehen, ausnahmslos für diese Firma arbeiten, so zwar, daſs wenn sie ihre Thätigkeit anderswo verwerten würden, deren Entlassung von der Firma erfolgen würde, sind als Arbeiter im Sinne des zweites Absatzes des § 1 des Krankenversicherungsgesetzes zu betrachten, als solche aber für den Krankheitsfall versicherungspflichtig."

Dem praktischen Leben weitaus mehr entsprechend ist die Begriffsbestimmung der Hausindustrie im deutschen Krankenversicherungsgesetze. Dort heifst es im § 2 unter Zahl 4:

„Selbständige Gewerbetreibende, welche in eigenen Betriebsstätten im Auftrage und für Rechnung anderer Gewerbetreibender mit der Herstellung und Bearbeitung gewerblicher Erzeugnisse beschäftigt werden (Hausindustrie), und zwar auch für den Fall, dafs sie die Roh- und Hülfsstoffe selbst beschaffen, und auch für die Zeit, während welcher sie vorübergehend für eigene Rechnung arbeiten."

Also nicht „selbständige Arbeiter", sondern „selbständige Gewerbetreibende" sind hienach als die Träger der Hausindustrie bezeichnet. Für solche Gewerbetreibende wäre die Bestimmung des § 3 unseres Gesetzes eher begreiflich und mehr gerechtfertigt. Das deutsche Gesetz aber erklärt auch diese Personen, sowie deren Familienangehörigen, welche ohne Abschliefsung eines Arbeitsvertrages in der Hausindustrie mitwirken, als bedingt versicherungspflichtig.

8. Um die gesetzliche Umschreibung der versicherungspflichtigen Personen nach allen Richtungen hin vom Standpunkte des Praktikers aus zu beleuchten, ist es noch nötig, zwei Stellen des gegenständlichen Gesetzes zu besprechen: den dritten Absatz des § 34 und den § 4.

Das Krankenversicherungsgesetz hat den ausgesprochenen Zweck, eine bestimmte Klasse von Personen gegen die Gefahr zu versichern, dafs sie durch die im Falle der Erkrankung eintretende Erwerbslosigkeit mit ihrer Familie in wirtschaftliche Not geraten. Erreicht soll dieser Zweck werden mittelst der gegenseitigen Versicherung unter gleichzeitiger Besteuerung des an der Erhaltung eines gesunden und auch wirtschaftlich kräftigen Arbeiterstandes interessierten Unternehmertumes. Wo nun die oben angedeutete Gefahr der wirtschaftlichen Not als Folge der Erkrankung aufhört, da hört auch der Zweck der Versicherung auf und da soll auch letztere selbst aufhören. Von dieser logischen Folgerung ausgehend, hatte der Regierungsentwurf zu unsersem Gesetze im § 1 bezüglich der ebenfalls zu versichernden Betriebsbeamten eine Einkommensgrenze (800 fl.) angesetzt und angenommen, dafs bei einem Einkommen darüber hinaus der Zwangsversicherung der Zweck fehle und sich daher ein Versicherungszwang nicht rechtfertigen lasse. Diese Grenze scheint nun allerdings etwas nieder angesetzt. Doch man begnügte sich im Abgeordnetenhause nicht damit, sie höher hinaufzurücken, sondern man entfernte jede Grenze und ordnete im § 34 Abs. 3 lediglich an, dafs Betriebsbeamte mit einem 1200 fl. übersteigenden Jahreseinkommen aufser den sonst dem Versicherten nach Prozenten vom Lohne auferlegten Beiträgen auch noch die steuerähnlichen Zuschüsse des Unternehmers zur Krankenkasse aus ihrem eigenen Einkommen bezahlen müssen. Diese Bestimmung erscheint nicht nur unlogisch, sondern im Hinblicke auf den Umstand, dafs Personen mit höherem Einkommen sich in Erkrankungsfällen nicht leicht der ihnen unbequemen und mit ihrer gesellschaftlichen Stellung in Widerspruch stehenden Unterstützung der Krankenkassen bedienen werden, als eine äquivalentlose und ungerechte Doppelbesteuerung. Da diese Leute auch nicht Unternehmer sind, so ist es unerfindlich, mit welcher Begründung das Gesetz ihnen Lasten auferlegt, welche lediglich dem Arbeitgeber als solchem zukommen. Für sie als Angestellte kann auch das Interesse an einem gesunden und zufriedenen Arbeiterstande als Rechtfertigung solcher Besteuerung nicht gelten. Man kann wohl schwerlich annehmen, dafs die Kassen auf die Beiträge dieser höher bezahlten Betriebsbeamten anstehen, und so hat denn diese Bestimmung in Wirklichkeit nur den einen Erfolg gehabt, die Betriebsbeamten der bezeichneten Art gegen das Gesetz einzunehmen, sie zum Widerstande gegen dasselbe herauszufordern und den mit der Durchführung des Gesetzes betrauten Verwaltungsbeamten die ohnehin mühevolle Arbeit zwecklos zu erschweren. Wo der sociale Übelstand aufhört, der durch die Zwangsversicherung beseitigt werden soll, da soll auch der Versicherungszwang aufhören, sonst läuft die Einhebung von Beiträgen auf eine ungerechtfertigte Besteuerung hinaus und die Wohlthat des Gesetzes wird zur Plage, seine Durchführung zur Chikane. Das deutsche Krankenversicherungsgesetz hat hier wieder den richtigeren Weg gefunden. Es setzt nicht nur für die Zwangsversicherung, sondern auch für die freiwillige eine unüberschreitbare Einkommensgrenze jährlicher 2000 Mark fest.

9. Aus meinen bisherigen Ausführungen erhellt, dafs nach unserem Krankenversicherungsgesetz auf eine Unzahl der verschiedenartigsten Fälle dasselbe Princip des Versicherungszwanges anzuwenden ist. In den Normen zur Durchführung eines solchen Principes kann das Gesetz bei der unübersehbaren Mannigfaltigkeit der Lebensverhältnisse auf die Eigenart des einzelnen Falles keine Rücksicht nehmen, sondern mufs sich darauf beschränken, seine leitenden Gedanken in möglichst klaren, plastischen Formen anzuordnen und die Mittel und Wege zur Verwirklichung derselben in grofsen Zügen festzustellen. Eine zu grofse Kasuistik ist meist das Zeichen eines mifslungenen Gesetzes. Die sinngemäfse Anwendung desselben im einzelnen Falle mufs den zu seiner Durchführung berufenen Personen, in unserem Falle den Verwaltungsbeamten, innerhalb eines gewissen Spielraumes überlassen werden und in diese mufs man das Vertrauen setzen, dafs sie den Geist des Gesetzes zu erfassen imstande sind und die nötige Tüchtigkeit und Unbestechlichkeit haben, um den Willen

des Gesetzgebers zu verwirklichen. Wo dieses Vertrauen fehlt, ist das schönste und beste Gesetz wertlos.

Zu dieser Reflexion sah ich mich veranlaſst, weil bei den Verhandlungen im Abgeordnetenhause über unser Gesetz wiederholt Zweifel darüber laut wurden, ob denn unser politischer Beamtenkörper wohl die nötige Eignung für die Verwirklichung der vom Gesetze umschlossenen, hochbedeutsamen socialpolitischen Idee besitze, und weil dieser Zweifel, wie mich dünkt, in gewisser Hinsicht auch in der Fassung des Gesetzes zum Ausdrucke gekommen ist. Zunächst war es die grundsätzliche Ablehnung des Vorschlages der Regierung, die Durchführung der Zwangsversicherung auf dem Lande vorläufig und versuchsweise dem staatlichen Verwaltungsapparate zu überlassen. — Schlieſslich wird doch nichts anderes übrig bleiben, als daſs man, um auch die land- und forstwirtschaftlichen Arbeiter der Wohlthat der obligatorischen Krankenversicherung teilhaft werden zu lassen, ein Rahmengesetz erläſst und den Verwaltungsbeamten eine weitgehende diskretionäre Gewalt zur Schaffung und Handhabung der nötigen Einzelvorschriften und Einrichtungen überträgt. Nur so wird ein Anschmiegen an die wechselnden Lebensverhältnisse möglich.

Aber in noch einer anderen Weise drückt sich das Miſstrauen der Gesetzgebung gegen die Verwaltungsorgane aus. Überblickt man die groſse Mannigfaltigkeit der Lebensformen, in welche unser Gesetz regelnd eingreifen soll, ohne daſs es auf die Einzelheiten derselben Rücksicht nehmen kann, so möchte man vor allem erwarten, daſs den mit seiner Durchführung betrauten Beamten, namentlich in der Frage der Einbeziehung einzelner Personen und Betriebe unter die Wirksamkeit des Gesetzes, ein gewisses Verfügungsrecht gesetzlich eingeräumt werde. Es müſste möglich sein, Personen, welche formell unter die Bestimmungen des Gesetzes gehören, die aber infolge ihrer eigentümlichen Berufsart von den Wohlthaten desselben keinen Gebrauch machen können oder mit Rücksicht auf ihre Vermögensverhältnisse und gesellschaftliche Stellung eine Versicherung nicht nötig haben und nicht wollen, von der Versicherungspflicht auszunehmen. Andrerseits ist, wie ich früher darzulegen versuchte, die Versicherungspflicht einzelner Unternehmungen sehr zweifelhaft. Wenn hier der Verwaltungsbeamte vor die Notwendigkeit gestellt ist, eine Entscheidung zu treffen, so muſs er nach dem heutigen Stande des Gesetzes entweder ein solches Unternehmen für immer als nicht versicherungspflichtig erklären, oder aber aussprechen, daſs dieser Betrieb vom Beginn seines Bestandes bezw. der Geltung des Gesetzes an unter das letztere zu subsumieren gewesen wäre; dies aber hätte wieder zur Folge, daſs der Betriebsunternehmer wegen Unterlassung der rechtzeitigen Anmeldung seines Personals bei einer Kasse als straffällig und nachzahlungspflichtig erklärt werden müſste. Ja es wäre möglich, daſs er auch noch auf Grund des § 32 zum Ersatze von Krankenkosten herangezogen würde. Darin aber liegt eine grofse Härte, zumal mit Rücksicht auf die unsichere gesetzliche Umgrenzung der Versicherungspflicht. Das Bedürfnis der Praxis geht daher in solchen Fällen dahin, dafs den Verwaltungsbeamten das gesetzliche Recht eingeräumt wird, ein Erkenntnis mit konstitutiver Wirkung über die Versicherungspflicht eines Unternehmens fällen zu können, so dafs letzteres nur für die Zukunft versicherungspflichtig wird.

Ein bescheidener Rest des besprochenen Verfügungsrechtes findet sich in § 4 des Gesetzes, aber selbst dieser Rest wird noch durch die Spruchpraxis des Verwaltungsgerichtshofes verkümmert. Dem Beamten wird hier die Befugnis eingeräumt, Personen, welche im Krankheitsfalle mindestens für 20 Wochen auf Verpflegung und ärztliche Behandlung in der Familie des Arbeitgebers oder auf Fortzahlung des Gehaltes oder Lohnes Anspruch haben, mit ihrer Zustimmung nach Untersuchung der Sachlage von der Versicherungspflicht zu befreien. Schon diese Kautelen lassen es erkennen, dafs hier der Gesetzgeber der Verwaltungsbehörde ein freies Verfügungsrecht einräumen wollte, gegen dessen Gebrauch höchstens dem beteiligten Arbeitgeber oder Arbeitnehmer ein Beschwerderecht zugestanden werden kann. Der Verwaltungsgerichtshof räumt aber hier auch der Bezirkskrankenkasse ein Rekursrecht ein (s. Entscheidungen vom 8. Juli 1892, vom 26. April 1894). Eine Legitimation hiezu ist meines Erachtens nirgends im Gesetze zu finden; aus dem Umstande aber eine solche abzuleiten, dafs die Bezirkskrankenkasse durch ein Befreiungserkenntnis ein Mitglied verlieren könnte, erscheint im Hinblick auf die Freizügigkeit der Versicherten völlig haltlos. Denn die betreffende versicherungspflichtige Person, welche von der ersten Instanz befreit wird, kann im Falle der Aufhebung dieses Befreiungserkenntnisses ohne weiteres aus der Bezirkskrankenkasse austreten und bei einer anderen Krankenkasse des § 11 des Krankenversicherungsgesetzes angemeldet werden.

Dem Gesagten zufolge ist also dem Verwaltungsbeamten die nötige Bewegungsfreiheit nicht eingeräumt, um die Unvollkommenheit des Gesetzes bezüglich der Abgrenzung der Versicherungspflicht zu ergänzen.

10. Bevor ich zur Schlufsbetrachtung komme, sei es mir gestattet, vergleichsweise die Bestimmungen des reichsdeutschen Krankenversicherungsgesetzes bezüglich des Umfanges der Versicherungspflicht heranzuziehen. Dieselben sind eingehender und vorbedachter abgefafst als im österreichischen Gesetze und entbehren zu ihrem Vorteile allgemeiner, unbestimmter Klassenbezeichungen. Ich glaube diese Bestimmungen am übersichtlichsten zu geben, wenn ich sie schematisch darstelle:

I. Unbedingt krankenversicherungspflichtig sind:

Personen, welche gegen Gehalt oder Lohn (also mit Arbeitsvertrag) beschäftigt werden:

1. in Bergwerken, Salinen, Aufbereitungsanstalten, Brüchen und Gruben, in Fabriken und Hüttenwerken, = Industrie
   beim Eisenbahn-, Binnenschiffahrts- und Baggereibetriebe, = Verkehr
   auf Werften und bei Bauten, = Baugewerbe
2. im Handelsgewerbe, im Handwerk und in sonstigen stehenden Gewerbebetrieben,
3. in dem Geschäftsbetriebe der Anwälte, Notare, Gerichtsvollzieher, der Krankenkassen, Berufsgenossenschaften und Versicherungsanstalten,

(zu 1.–3.: Lohn- od. Gehaltsgrenze 2000 Mark jährlich.)

4. in Betrieben mit ständiger Verwendung von Elementarkräften (unfallversicherungspflichtige Betriebe),
5. im gesamten Betriebe der Post- und Telegraphenverwaltungen,
6. in den Betrieben der Marine- und Heeresverwaltungen.

Ausgenommen von dieser Versicherungspflicht sind:

1. Gehilfen und Lehrlinge in Apotheken (§ 1),
2. Unständige Arbeiter (deren Beschäftigung infolge der Natur der Sache oder infolge des Arbeitsvertrages kürzer als eine Woche dauert),
3. die Besatzung von Seeschiffen (Vorsorge durch die Seemannsordnung vom 27. Dezember 1872),
4. Handelsgehilfen und Lehrlinge, welche im Sinne des Art. 60 des Handelsgesetzbuches für den Krankheitsfall Anspruch auf Fortbezug ihres Gehaltes haben,
5. in Kommunalbetrieben oder Kommunaldiensten beschäftigte Personen (§§ 1 u. 2 Zl. 2),
6. Personen des Soldatenstandes (§ 3),
7. im Betriebe oder Dienste des Reiches, eines Staates oder Kommunalverbandes beschäftigte Personen, welche im Krankheitsfalle auf Fortzahlung ihrer Bezüge oder der durch die Krankenkassen gewährten Leistungen durch mindestens 13 Wochen haben (§ 3).

II. Bedingt krankenversicherungspflichtig sind:

A. (bedingt durch den Erlafs eines bezüglichen Landesgesetzes) die gegen Gehalt oder Lohn beschäftigten Personen in der Land- und Forstwirtschaft (Gesetz vom 5. Mai 1886, R.G.Bl. 132).

B. (bedingt durch die statutarischen Bestimmungen einer Gemeinde oder eines weiteren Kommunalverbandes für deren Bezirk oder für Teile desselben):

1. unständige Arbeiter der oben unter den Ausnahmen Zl. 2 bezeichneten Art,
2. in Kommunalbetrieben oder im Kommunaldienste beschäftigte Personen, — Gehaltsgrenze 2000 Mark jährlich.
3. Familienangehörige eines Betriebsunternehmers, deren Mitarbeit sich nich nicht auf einen Arbeitsvertrag gründet,
4. selbständige Gewerbetreibende, welche in eigenen Betriebsstätten im Auftrage und für Rechnung anderer Gewerbetreibender mit der Herstellung oder Bearbeitung gewerblicher Erzeugnisse beschäftigt werden (Hausindustrie), — Hausindustrie.
5. Handelsgehilfen und Lehrlinge trotz der Vorsorge nach Art. 60 des Handelsgesetzbuches,
6. Arbeiter und Betriebsbeamte der Land- und Forstwirtschaft, sofern deren Versicherungspflicht nicht schon durch ein Landesgesetz ausgesprochen wurde.

C. (bedingt durch Verfügung des Reichskanzlers oder der betreffenden Staatscentralbehörden):

Die in Betrieben oder im Dienste des Reiches oder eines Staates beschäftigten Personen, welche nicht unbedingt krankenversicherungspflichtig sind. — Gehaltsgrenze 2000 Mark jährlich.

Ausgenommen von der bedingten Versicherungspflicht

sind wie oben die im Betriebe oder Dienste des Reiches, eines Staates oder Kommunalverbandes beschäftigten Personen, welche im Krankheitsfalle auf Fortzahlung ihrer Bezüge u. s. w. Anspruch haben.

III. Zu befreien sind von der Krankenversicherungspflicht:

a. auf eigenen Antrag:

1. Personen, welche infolge von Verletzungen, Gebrechen, chronischen Krankheiten oder Alter nur teilweise oder nur zeitweise erwerbsfähig sind, — wenn der unterstützungspflichtige Armenverband zustimmt; — Regelung des Verhältnisses zwischen Krankenversicherung und Armenversorgung.
2. an sich unbedingt oder bedingt Versicherungspflichtige, welche aber gegen ihren Arbeitgeber im Krankheitsfalle einen Rechtsanspruch auf eine den

mindesten Kassenleistungen gleichkommende Unterstützung haben, sofern und solange die Leistungsfähigkeit des Arbeitgebers gesichert ist — solange das betreffende Arbeitsverhältnis dauert. — Auch muſs in diesem Falle der Arbeitgeber der Befreiung zustimmen;

b. auf Antrag des Arbeitgebers:

1. Lehrlinge, denen durch den leistungsfähigen Arbeitgeber für den Krankheitsfall während des Lehrverhältnisses freie Kur und Verpflegung in einem Krankenhause durch mindestens 13 Wochen gesichert ist;
2. Personen, welche vorübergehend in durch Wohlthätigkeit gegründeten Beschäftigungsanstalten aufgenommen sind, unter denselben Voraussetzungen wie unter lit. b, Zl. 1.

Regelung d. Verhältnisses zw. Kranken-vers. u. Armenversorgung.

IV. Personen, welche der Krankenversicherungspflicht nicht unterliegen,

können sich freiwillig versichern; dieses Recht steht jedoch nicht allen von der Versicherungspflicht unberührten Personen, sondern nur solchen zu, deren Gesamteinkommen 2000 Mark jährlich nicht überschreitet; ferner ist dieses Recht auch meist noch von statutarischen Bestimmungen eingeschränkt. Insbesondere aber gehören hieher Dienstboten und solche Nichtversicherungspflichtige, welche in Betrieben oder Unternehmungen beschäftigt sind, deren sonstige Bedienstete einer Krankenkasse (Orts-, Betriebs-, Baukrankenkassen) zugewiesen werden müssen.

Diese Zusammenstellung giebt einen Überblick über das reichgegliederte System, in welchem die reichsdeutsche Gesetzgebung die Bestimmungen über den Umfang der Krankenversicherung zum Ausdruck gebracht hat.

Bei der Umschreibung der Zwangsversicherung bildet hier die Festsetzung der unbedingt versicherungspflichtigen Betriebe den Kern der bezüglichen Bestimmungen. Die aufgezählten Betriebsarten zerfallen in folgende Gruppen:

Industrie, Verkehrsanstalten und Baugewerbe,
Handel und Gewerbe,
die Geschäfte der Advokaten, Notare und anderer, weder dem Handel, noch dem Verkehr, noch dem Gewerbe angehörender, aber doch in das wirtschaftliche Leben der Bevölkerung eingreifender Unternehmungen,
alle mit Unfallsgefahr ständig verbundenen Betriebe,
der gesamte Betrieb der Post und Telegraphie,
die Betriebe der Marine- und Heeresverwaltung.

Hierbei wird kein Unterschied gemacht, ob diese Unternehmungen mit oder ohne Erwerbsabsicht, gewerbsmäfsig oder nach Art der Gewerbe oder vorübergehend, ob sie vom Staate, von anderen öffentlichen Korporationen oder von Privaten betrieben werden. Vielmehr scheint bei der Festsetzung dieser wie aller anderen Normen des deutschen Gesetzes die Frage nach dem Versicherungs b e d ü r f n i s als Leitstern vorangeleuchtet zu haben.

Daher sind auch von der unbedingten Versicherungspflicht alle jene Personen ausgeschieden, für welche entweder im Erkrankungsfalle in anderer hinreichender und gesicherter Weise gesorgt ist (z. B. im Apothekerwesen, durch die Seemannsordnung, durch das Handelsgesetzbuch, durch Beamtenstatuten des Reiches, eines Staates oder der Kommunalverbände, durch die Militärverwaltung), oder welche wegen der Verschiedenheit der örtlichen Verhältnisse nicht unter die allgemeine Zwangsversicherung sich stellen lassen, sondern bezüglich deren das den besonderen Verhältnissen sich anpassende Verfügungsrecht der Verwaltungsbehörden eingreift (z. B. die unständigen Arbeiter, die Personen der Hausindustrie, die Gemeindebediensteten).

So ist denn als unentbehrliche Ergänzung zu den Normen über die unbedingte Versicherungspflicht durch die Bezeichnung von b e d i n g t v e r s i c h e r u n g s p f l i c h t i g e n B e t r i e b e n und ferner durch die M ö g l i c h k e i t d e r B e f r e i u n g von der Versicherungspflicht im einzelnen Falle der Verwaltungsbehörde ein weites Feld erspriefslicher Thätigkeit eröffnet, durch welche sie, bald die Wirkungen des Gesetzes erweiternd, bald sie aufhebend, die Anwendung desselben den örtlichen und persönlichen Verhältnissen anpassen kann. Der bedingten Versicherungspflicht unterliegen: die u n s t ä n d i g e n A r b e i t e r, die G e m e i n d e b e d i e n s t e t e n, die Personen d e r H a u s i n d u s t r i e, die H a n d e l s a n g e s t e l l t e n, insofern sie schon nach § 60 des Handelsgesetzbuchs auf 6wöchentliche Fortzahlung des Gehaltes Anspruch haben, und die L a n d - u n d F o r s t w i r t s c h a f t; endlich die nicht unbedingt versicherungspflichtigen R e i c h s - u n d S t a a t s b e d i e n s t e t e n. Auch hier gilt wieder die Einkommensgrenze von 2000 Mark jährlich.

Auf diese Weise sind nach dem deutschen Gesetze die Hausindustrie, die Land- und Forstwirtschaft und die ohne Pensions- und Kündigungsanspruch bestellten Staatsdiener (Diurnisten, Figuranten u. s. w. u. s. w.) bedingungsweise unter die obligatorische Krankenversicherung einbezogen.

Es erübrigt noch, einiges über die Krankenversicherung der l a n d - u n d f o r s t w i r t s c h a f t l i c h e n Arbeiter und Betriebsbeamten im Deutschen Reiche zu sagen; mafsgebend hiefür ist aufser dem Krankenversicherungsgesetz vom 15. Juli 1883 und seiner Novelle vom 10. April 1892 das bezüglich der Unfall- und Krankenversicherung der bei den land- und forstwirtschaftlichen Betrieben beschäftigten Personen erschienene Gesetz vom 5. Mai

1886. Hiernach unterliegen letztere nicht unbedingt, sondern nur dann der Krankenversicherungspflicht, wenn dies durch statutarische Bestimmung eines Kommunalverbandes (Gemeinde, Bezirk) für dessen örtlichen Umkreis oder durch ein Landesgesetz für das Gebiet des betreffenden Landes festgesetzt wird; im ersteren Falle ist die Genehmigung der höheren Verwaltungsbehörde zur Gültigkeit der diesbezüglichen Anordnung erforderlich. Wird auf solche Weise die Unterwerfung der land- und forstwirtschaftlichen Arbeiter und Betriebsbeamten unter die Krankenversicherungspflicht ausgesprochen, so kommt auf sie das allgemeine Krankenversicherungsgesetz vom 15. Juli 1883 mit einigen Änderungen zur Anwendung. Um die Durchführung des Gesetzes den eigenartigen ländlichen Verhältnissen anzupassen, sind die zuständigen Kassenverwaltungen angewiesen, unter gewissen Voraussetzungen Befreiungserkenntnisse bezüglich der Versicherungspflicht einzelner zu fällen, wogegen den betroffenen Parteien der Beschwerdeweg bei den politischen Behörden eingeräumt ist. Das Befreiungserkenntnis erfolgt nur auf Antrag des Arbeitgebers und nur auf die Dauer des betreffenden Arbeitsvertrages und hat zur nachweislichen Voraussetzung, daſs der zu befreiende Arbeiter im Falle seiner Erkrankung seinem Arbeitgeber gegenüber einen Rechtsanspruch auf eine solche Unterstützung hat, welche der Zeit und dem Umfange nach den gesetzlichen Kassenleistungen mindestens gleichkommt. Eine zweite Voraussetzung der Befreiung ist die gesicherte Leistungsfähigkeit des Arbeitgebers, deren nachträglicher Mangel die Aufhebung der Befreiung zur Folge hat. Werden die vom Brotgeber übernommenen Krankenunterstützungen nicht rechtzeitig und ordnungsmäſsig gewährt, so tritt sofort ipso jure die Unterstützungspflicht der Kasse ein, welche dann das Recht eines Ersatzanspruches an den säumigen Unternehmer hat.

Die Versicherungsbefreiung kann unter Zustimmung des unterstützungspflichtigen Armenverbandes ferner ausgesprochen werden, wenn der forst- oder landwirtschaftliche Arbeiter infolge von Verletzungen, Gebrechen, chronischen Krankheiten oder Alter nur teilweise oder zeitweise erwerbsfähig ist. —

Wertvolle Erleichterungen sind für die Durchführung der Krankenversicherung auf dem flachen Lande auch bezüglich der Bezahlung der Kassenbeiträge den Landwirten eingeräumt. Es können nämlich diese Beiträge gegen gleichzeitigen Wegfall des von der Kasse an den Erkrankten sonst zu leistenden Krankengeldes herabgemindert werden, wenn der Arbeitsvertrag zwischen dem beteiligten Arbeiter und Arbeitgeber mindestens für die Dauer eines Jahres abgeschlossen wurde und der Versicherte das Recht hat, vom Brotherrn für diese Zeitdauer Naturalleistungen mindestens im dreihundertfachen Werte des gesetzlichen täglichen Krankengeldes zu verlangen, oder aber für den Krankentag ein Krankengeld in barem oder in Naturalleistungen in der gesetzlichen Mindesthöhe zu beziehen. Derartige Bezugsrechte müssen für mindestens 13 Krankenwochen zugesichert sein. — Auch im Falle solcher Erleichterungen tritt bei mangelhafter Erfüllung der vom Arbeitgeber übernommenen Unterstützungspflicht die Gewährung der vollen gesetzlichen Krankenbeihilfe durch die Kasse ein und hat letztere auch hier wieder einen Ersatzanspruch gegen den säumigen Unternehmer.

Endlich ist noch auf eine Bestimmung der deutschen Krankenversicherung bezüglich der unständigen land- und forstwirtschaflichen Arbeiter (der wandernden Tagelöhner und der Häusler) hinzuweisen. Durch statutarische Bestimmungen eines Kommunalverbandes für seinen Bezirk oder für Teile desselben können nämlich Personen, welche innerhalb des betreffenden Bezirkes wohnen und, ohne zu einem bestimmten Arbeitgeber in einem dauernden Arbeitsverhältnisse zu stehen, vorwiegend in land- und forstwirtschaftlichen Betrieben dieses Bezirks gegen Lohn beschäftigt sind, auch für diejenige Zeit, in welcher eine Beschäftigung gegen Lohn nicht stattfindet, der Krankenversicherungspflicht unterworfen werden; sie können demnach, solange sie nicht zu einer die Versicherungspflicht begründenden Beschäftigung in einem anderen Erwerbszweige übergehen oder einer Betriebskrankenkasse als Mitglieder beitreten, in diesem Bezirke zur Versicherung herangezogen werden. Hierbei vermiſst man allerdings eine gesetzliche Bestimmung darüber, wer für solche unständige Arbeiter während der Zeit, in welcher eine Beschäftigung gegen Lohn nicht stattfindet, die sonst dem Arbeitgeber auferlegten Kassenbeiträge zu bezahlen hat.

So sucht also das deutsche Krankenversicherungsgesetz den Eigentümlichkeiten der ländlichen Naturalwirtschaft durch Gewährung von Befreiungen und Erleichterungen in der Versicherungspflicht, und den Schwierigkeiten der Versicherung unständiger Arbeiter und der sogen. Häusler durch die eben erörterten Verfügungen Rechnung zu tragen.

11. Ich komme zum Schluſsworte mit der Frage: von welchen Gesichtspunkten aus wären wünschenswerte Änderungen unseres österreichischen Krankenversicherungsgesetzes bezüglich der Regelung des Umfanges der Zwangsversicherung ins Auge zu fassen? Zunächst müſste die ungenaue Ausdrucksweise in den §§ 1 bis 3 beseitigt werden. Statt der Berufung auf Bestimmungen anderer Gesetze, statt des Gebrauches unbestimmter und nicht definierter Kollektivbezeichnungen wie „Arbeiter und Betriebsbeamte“ oder „sonstige gewerbsmäſsig betriebene Unternehmungen“ wären die unter die Versicherungspflicht einzubeziehenden Berufsarten gruppenweise anzuführen und die Versicherungspflicht der dort beschäftigten Personen durch Hinweis auf deren Dienst- bezw. Abhängigkeitsverhältnisse gegenüber einem Unternehmer unter gleichzeitiger Festsetzung einer be-

stimmten Einkommensgrenze zu kennzeichnen. Bei der Auswahl der unbedingt unter das Gesetz einzubeziehenden Berufsarten müfste man sich in erster Linie von dem Versicherungsbedürfnisse der darin verwendeten Personen leiten lassen, ohne auf die Erwerbsabsicht des Unternehmers oder die Form des Betriebes zu viel Gewicht zu legen. Insbesondere wären auch die im Krankheitsfalle gar nicht oder nicht hinreichend versorgten Staatsbediensteten hier einzubeziehen. Eine Erweiterung der Versicherungspflicht würde unvermeidlich sein.

Für jene Fälle, wo die Einreihung eines konkreten Unternehmens unter eine als versicherungspflichtig angeführte Berufsart zweifelhaft oder anfechtbar wäre, empfiehlt es sich, der politischen Behörde die Befugnis einzuräumen, im ordentlichen Instanzenwege ein nur für die Zukunft geltendes Erkenntnis auf Einbeziehung in die Versicherungspflicht ohne rückwirkende Kraft zu fällen. Der Verwaltungsbehörde sollte man überhaupt durch die Möglichkeit von Befreiungserkenntnissen, welche anzufechten lediglich die betroffenen Arbeitgeber und -nehmer legitimiert wären, einen gewissen Spielraum geben, um auf örtliche und subjektive Verhältnisse billige Rücksicht nehmen zu können. Durch Befreiung von Personen, welche an und für sich schon der Armenversorgung anheimgefallen, aber noch teilweise oder zeitweise arbeitsfähig sind, könnte auf dem Verwaltungswege eine Auseinandersetzung zwischen Armenversorgung und Krankenversicherung durchgeführt werden. Auch die Einführung einer b e d i n g t e n Versicherungspflicht, d. h. einer solchen, die erst infolge einer von der politischen Behörde erster Instanz innerhalb ihres örtlichen Wirkungskreises für gewisse Betriebe erlassenen allgemeinen Verfügung, oder für eine Provinz oder Teile derselben auf Grund eines Landesgesetzes einzutreten hätte, könnte wohl in Betracht gezogen werden. Auf diese Weise wäre es möglich, insbesondere die Versicherung der nicht schon unbedingt dem Gesetze unterworfenen Bediensteten der Gemeinden und Bezirke, der Unternehmer und Arbeiter der Hausindustrie (letztere müfste anders definiert werden, als es bisher in unserem Gesetze geschehen!), der Dienstboten und auch der Arbeiter der Land- und Forstwirtschaft durchzuführen, sofern man es nicht vorzöge, diese Gruppe von zweifellos versicherungsbedürftigen Personen als unbedingt versicherungspflichtig zu erklären.

Um den nicht zu leugnenden Schwierigkeiten der Krankenversicherung auf dem flachen Lande beizukommen, ist es meines Erachtens unerläfslich, der mit der Durchführung betrauten politischen Behörde ein entsprechendes freies Verfügungsrecht bezüglich der Befreiung einzelner Personen und Betriebe von der Versicherungspflicht, bezüglich der Gewährung von Erleichterungen in den Beitragsleistungen der Landwirte nach Muster der deutschen Gesetzesbestimmungen und bezüglich der Festsetzung erhöhter Krankengelder an Stelle des Anspruches auf Beistellung eines Arztes und der Medikamente einzuräumen.

Gegenüber der Bestimmung des Art. 60 des Handelsgesetzbuchs müſste in unserem Gesetze ausdrücklich Stellung genommen werden. Auch wäre in Erwägung zu ziehen, ob gewissen Personen unter bestimmten Voraussetzungen nicht ein Recht auf die Befreiung von der Versicherungspflicht in ähnlicher Weise wie im deutschen Gesetze einzuräumen wäre.

Fassen wir die wünschenswerten Änderungen unseres Arbeiterkrankenversicherungsgesetzes bezüglich der Bestimmung der unter seine Wirkung einzubeziehenden Personen zum Schlusse kurz zuzusammen: Präcisierung und Ausdehnung der Versicherungspflicht bei gleichzeitiger Einteilung derselben in eine unbedingte und eine bedingte; wesentliche Erweiterung des Verfügungsrechtes der politischen Behörde und Ermächtigung derselben zur Fällung von Erkenntnissen mit konstitutiver Wirkung.

III.

Die Lasten und Rechte der Arbeitgeber.

1. Einleitung und Übersicht. — 2. Die Beitragspflicht (Höhe, Beginn, Dauer, Charakter der Beiträge). — 3. Der Arbeitgeber als durchführendes Organ der Krankenversicherung (An- und Abmeldung der Arbeiter, Einhebung und Abfuhr der Arbeiterbeiträge). — 4. Die Haftpflicht (Nachzahlung von Beiträgen, Ordnungsstrafen, Krankenkostenersatz, mehrseitiges gleichzeitiges Lohnverhältnis einzelner Arbeiter). — 5. Verjährungsfragen, Zuweisung von Strafgeldern. — 6. Rechte der Arbeitgeber, Sonderstellung der Betriebs- und Baukassen. — 7. Schlufsbetrachtung.

---

1. Überblicken wir die Staaten, welche heute eine Arbeiterversicherung haben, so können wir zwei verschiedene Formen, in denen dieselbe zur Durchführung gekommen ist, deutlich unterscheiden. Entweder wuchs die Versicherung aus der kraftvollen Selbsthilfe des Arbeiterstandes ohne Mitwirkung des Staates oder des Unternehmertums heraus, wie in England und Frankreich, oder sie wurde von der Staatsgewalt, welche sich einer vormundschaftlichen Pflicht gegenüber der wirtschaftlich schwächsten Gesellschaftsklasse bewufst ward, gesetzlich geschaffen. Im ersteren Falle fehlt der Versicherungszwang und tritt an dessen Stelle der Appell an die Intelligenz der Arbeiter. Der Grundsatz der Gegenseitigkeit, nach welchem jeder Versicherer zugleich Versicherter ist, erscheint hier strenge durchgeführt. Die Kasseneinrichtungen schmiegen sich den individuellen Bedürfnissen der Arbeiterschaft enge an, und jedes Kassenmitglied bringt die erforderlichen Opfer nicht nur zur Sicherung seiner persönlichen Existenz, sondern auch in dem stolzen Bewufstsein, hierdurch die Selbständigkeit und Unabhängigkeit seines Standes zu fördern. — Anders im zweiten Falle. Was hier die Arbeiterschaft aus eigener Kraft zu schaffen nicht vermochte, führt die Staatsgewalt mittelst allgemein verbindlicher Normen zwangsweise ein. Dieser Vorgang hat den Vorzug der Allgemeinheit; die Wohlthat der Versicherung erstreckt sich auch auf jene, welche, sei es aus Mangel

an Einsicht, sei es aus Armut, sei es infolge fehlender Organisation unter ihren Berufsgenossen einer freiwilligen Versicherung nicht teilhaft werden würden. Aber das Einschreiten des Staates hat auch Schattenseiten. Die gesetzlichen Einrichtungen sind schwerfälliger; es fehlt ihnen das grofse Anpassungsvermögen der vertragsmäfsig frei geschaffenen Anstalten. Die zwangsweise Durchführung erheischt einen kostspieligen Apparat; das Zwangsgesetz kann den versicherten Personen die Beiträge nicht mit derselben Höhe bemessen, wie es die Opferwilligkeit der Arbeiter bei der freien Versicherung thut. Alle diese Umstände bewirken es, dafs die staatliche Zwangsversicherung bei der Bestreitung der erforderlichen Kosten das Auslangen mit den Beiträgen der Arbeiter nicht finden kann; die strikte Durchführung des Grundsatzes der Gegenseitigkeit wird unmöglich; es mufs noch eine andere Einnahmequelle erschlossen werden. Das Nächstliegende wäre nun wohl, dafs der Staat in seine eigene Tasche greifen würde. Das hat aber seine Bedenken; einerseits scheut man sich vor einer ins ungewisse wachsenden Belastung der Staatsmittel, andererseits käme letztere auf eine neue Besteuerung der gesamten Bevölkerung und damit in erster Linie wieder der breiten Masse der Minder- und Unbemittelten hinaus. Es erscheint daher zweckmässiger und gerechter, jenen Stand zum Tragen der Versicherungskosten mit heranzuziehen, welcher das nächste Interesse an einer gesunden, leistungsfähigen und zufriedenen Arbeiterschaft hat: das Unternehmertum. Dieser Standpunkt findet auch in dem vielfach vorhandenen Mifsverhältnis zwischen Unternehmergewinn und Arbeitslohn und in dem Umstande seine Rechtfertigung, dafs die Unternehmer sich im Konkurrenzkampfe zu einer mehr oder minder rücksichtslosen Ausnutzung ihrer Arbeitskräfte veranlafst sehen.

Die Inanspruchnahme der Betriebsinhaber besteht jedoch nicht nur im Beitragszwang. Die Arbeiterschaft, welche der Versicherungspflicht unterworfen werden soll, ist infolge ihrer grofsen Beweglichkeit und Veränderlichkeit ein schwer zu fassendes Element; der einzige sichere Angriffspunkt derselben ist der Arbeits- oder Dienstvertrag. Aus diesem Umstande geht die Notwendigkeit hervor, die Dienstgeber zu Durchführungsorganen der staatlichen Zwangsversicherung zu machen und ihnen aufser der Beitragspflicht auch noch eine Vermittlerrolle zwischen ihren Arbeitern und der Versicherungsanstalt zu übertragen. Damit gewinnt ihr Verhältnis zur gesetzlichen Arbeiterversicherung einen gewissen öffentlich-rechtlichen Charakter, und es läfst sich, um die ganze Zwangsversicherung nicht durch lässiges Verhalten der Unternehmer illusorisch werden zu lassen, kaum vermeiden, dafs man diesen unentbehrlichen Mittelspersonen eine weitgehende Verantwortung, eine strenge Haftpflicht für die gewissenhafte Durchführung ihrer Vermittlungsaufgabe aufbürdet.

Bleiben diese Lasten der Arbeitgeber schon ohne materielles Äquivalent (denn an der Versicherung selbst haben letztere ja keinen Anteil), so entspricht es doch der Billigkeit, ihnen wenigstens einen gewissen Einfluſs auf die Kassenverwaltung einzuräumen, ihnen ein beschränktes Stimmrecht im Kassenvorstande, in der Generalversammlung der Kassenmitglieder zu verleihen. Hierdurch macht man gleichzeitig ihre meist überlegene Intelligenz und ihre geschäftsmännische Gewandtheit der Sache dienstbar.

Als man in Österreich daran ging, die Arbeiter-Krankenversicherung staatlich zu regeln, scheute man sich, das Gebäude des Gesetzes auf ganz neuen Grundlagen zu errichten. In der Ungewiſsheit über den Erfolg der neuen Normen wollte man so wenig als möglich an den schon bestehenden Versicherungseinrichtungen rütteln. Man lieſs daher die Ansätze zur freien, vertragsmäſsigen Krankenversicherung der Arbeiter, wie auch die von einzelnen Industriellen errichteten Betriebskassen fast ungeändert bestehen und beschränkte sich im wesentlichen darauf, das Mindestmaſs der den erkrankten Versicherten zu gewährenden Leistungen auch hier zu fordern und auf die Ausscheidung anderer Zwecke als die der Krankenversorgung aus dem Wirkungskreise dieser Kassen zu dringen. Dasselbe gilt auch bezüglich der Krankenkassen der gewerblichen Zwangsgenossenschaften, welche sich nach den Vorschriften der Gewerbenovelle vom 15. März 1883 gebildet hatten. Die Folge der weitgehenden Schonung schon bestehender Fürsorgeanstalten für erkrankte Arbeiter ist eine auffallende Verschiedenheit in der Durchführung der Krankenversicherung, insbesondere auch eine groſse Ungleichheit in der Belastung der Arbeitgeber bezüglich ihrer Beitrags- und ihrer Haftpflicht je nach den einzelnen Kassensystemen.

Sollen einem Erwerbsstande kraft Gesetzes besondere Pflichten und eine weitgehende Verantwortlichkeit für deren gewissenhafte Erfüllung auferlegt werden, so ist das erste Gebot, volle Klarheit über Beginn, Dauer, Art und Umfang solcher Verpflichtungen zu schaffen. Dieser Grundsatz gilt in hervorragendem Maſse für die obligatorische Krankenversicherung, durch welche das aus den heterogensten Elementen zusammengesetzte Unternehmertum zur werkthätigen Mitarbeit an einer social-politischen Staatsaufgabe herangezogen wird. Es ist gewiſs von Interesse, zu prüfen, nicht nur welche Lasten den Unternehmern durch unsere Krankenversicherungs-Gesetzgebung auferlegt wurden, sondern auch ob diese Lasten für die einzelnen Gruppen der Betriebsinhaber gleich oder verschieden bemessen sind, und ob die Normierung der Pflichten und Rechte des Unternehmertums mit der nötigen Klarheit erfolgte.

2. Die Höhe der regelmäſsigen Beiträge der Arbeitgeber zu den Kosten der Krankenversicherung ist bei Be-

zirks-, Betriebs-, Bau- und Genossenschafts-Krankenkassen im allgemeinen die gleiche: die Hälfte der Beiträge aller in einem Unternehmen beschäftigten Arbeiter oder ein Drittel der gesamten aus jedem Betriebe an die Krankenkassen wiederkehrend abzuführenden Beträge. Bei den Knappschaftskassen sind die Zuschüsse der Unternehmer und ihrer Bediensteten zu gleichen Teilen bemessen. Während wir es in all diesen Fällen mit gesetzlichen Zwangsleistungen der Dienstgeber zu thun haben, fehlen solche bei den Vereinskrankenkassen. Trotzdem werden diese als Mittel zur Erfüllung der Versicherungspflicht den anderen Krankenkassen gesetzlich gleichgestellt (§ 11 des Kr.Vers.-Ges.). Bei den Vereinskassen hängt die Beantwortung der Frage, ob und welche Zuschüsse der Arbeitgeber zu zahlen hat, von veränderlichen Satzungsbestimmungen und von der freien Vereinbarung ab. Es ist zweifellos, daſs hierdurch diesen Kassen in ihrer Konkurrenz mit den anderen Versicherungsanstalten, insbesondere auch den Bezirkskassen, zum Nachteil der bei ihnen versicherten Arbeiter ein erhebliches Übergewicht verliehen ist. Denn thatsächlich üben ja die Unternehmer das Recht der Wahl unter mehreren Kassen aus, und wird bei der Geltendmachung desselben die Höhe der Unternehmerbeiträge besonders ins Gewicht fallen. — Nach dem reichsdeutschen Versicherungsrechte haben die Vereins-(Hilfs-)Kassen dieselbe Sonderstellung.

Die Bemessung der Kassenbeiträge geschieht bei uns nach deutschem Muster in Prozenten des im Kassensprengel „üblichen Taglohnes“. Sie sind bei uns entsprechend dem gröſseren Ausmaſse der Unterstützungsleistungen der Kassen merklich höher als in Deutschland und betragen in der Regel 3 % des Lohnes; dort sind es unter gewöhnlichen Verhältnissen 1½ %, nur ausnahmsweise 2 %, wozu Genehmigung der höheren Verwaltungsbehörde gefordert wird. Das deutsche Gesetz gestattet auſserdem noch die Einhebung von Eintrittsgeldern auch von den versicherungspflichtigen Kassenmitgliedern und von Zusatzbeiträgen für die Versicherung der Familienangehörigen der Arbeiter. Österreich kennt leider die Ausdehnung der Gesetzeswohlthat auf die Familie des Arbeiters in dieser Form nicht. Eintrittsgelder aber dürfen bei uns nur bei freiwilliger, nie bei obligatorischer Versicherung gefordert werden, gewiſs ein Vorzug unseres Gesetzes, da das Eintrittsgeld von der Arbeiterschaft als eine unangenehme und unmotivierte Belästigung empfunden werden muſs und gerade jenen wirtschaftlich schwächsten Teil derselben trifft, der infolge wiederholten Arbeitsmangels die Versicherung am öftesten unterbrechen, bezw. die Kasse am öftesten wechseln muſs. An dieser Thatsache ändert auch die einschränkende Bestimmung des § 26 des deutschen Gesetzes nicht viel, wonach ein neuerliches Eintrittsgeld dann nicht gefordert werden soll, wenn zwischen dem Austritte aus einer Kasse und dem Eintritte in eine andere nur ein Zeitraum von 13 Wochen oder weniger liegt. Bei dem Umstande, als die Arbeitslöhne im Deutschen Reiche durchschnittlich merkbar höher sind als bei uns und unsere wirtschaftlichen Verhältnisse auch nicht entfernt einen Vergleich mit denen drüben aushalten, mufs es doch wunder nehmen, dafs wir unsern Arbeitern und Unternehmern höhere Beiträge vorschreiben, und ersteren höhere Krankengelder zusichern (mindestens 60 % statt 50), ja auch die Mindestdauer der Unterstützungspflicht weiter erstrecken (20 statt nur 13 Wochen), als es drüben geschieht. Dabei ist allerdings in Betracht zu ziehen, dafs wir noch keine Invaliden- und Altersversicherung der Arbeiter haben. Schon bei der Beratung unseres Krankenversicherungsgesetzes im Abgeordnetenhause wurde auf die notwendige Ausgestaltung unserer socialpolitischen Einrichtungen in diesem Sinne hingewiesen; ich möchte aber bezweifeln, dafs unser Unternehmertum und unsere Arbeiterschaft wenigstens in der nächsten Zeit eine weitere Belastung durch Beiträge zu neuen Versicherungsinstituten ertragen könnten, zumal ja auch die Forderungen der Unfallversicherung in Rechnung kommen. Es fragt sich daher, ob Beitragshöhe und Unterstützungsausmafs in Österreich im Hinblick auf die Weiterentwicklung der Arbeiterfürsorge (auch Witwen- und Waisenversicherung!) nicht etwas zu reichlich bemessen wurden.

Der Beginn der Beitragspflicht des einzelnen Arbeitgebers fällt mit dem Beginn der Mitgliedschaft seiner Bediensteten bei der Krankenkasse zusammen. In welchem Zeitpunkte beides eintritt, ist in unserem Krankenversicherungsgesetz, welches in seinen §§ 13 und 46 von dem „Eintritt in die Beschäftigung“ spricht, nicht mit der wünschenswerten Klarheit ausgedrückt. Es hat sich in der Praxis die Frage ergeben, ob mit obigem, wenig glücklichen Ausdrucke, welcher augenscheinlich aus dem deutschen Gesetze (§ 19) übernommen wurde, der Abschlufs des Lohn- oder Dienstvertrages, oder der Zeitpunkt, in welchem der Bedienstete seine Thätigkeit vertragsmäfsig beginnen soll, oder in welchem er sie wirklich begonnen hat, gemeint ist. Bei Dienstverhältnissen, welche dem Arbeiter die Wohnung im Hause des Dienstgebers gewähren, wie namentlich im Gast- und Bäckergewerbe, kommt bei der Interpretation auch noch jener Zeitpunkt in Frage, wo der Bedienstete in die Hausgemeinschaft seines Brotherrn übersiedelt. Die Feststellung des gesetzgeberischen Willens in diesem Punkte ist nach mehrfacher Richtung hin von Bedeutung: hinsichtlich der Bemessung der Kassenbeiträge, hinsichtlich der etwaigen strafbaren Versäumnis des Unternehmers, der Pflicht zum Krankenkostenersatz, und bezüglich der Unterstützungsansprüche des Arbeiters. Einige Beispiele mögen zur Veranschaulichung der verschiedenen Fälle dienen. a) Der Bäckermeister A schliefst mit dem arbeitslosen Gehilfen B am 24. Jänner einen Lohnvertrag ab, wonach letzterer am 1. Februar seinen Dienst bei ihm antreten soll; am 28. Jänner jedoch erkrankt B und wird in ein Spital gebracht, welch letzteres von der Bezirkskrankenkasse, in deren Sprengel sich die Bäckerei des A befindet, unter Hinweis auf das eingegangene Lohnverhältnis den Ersatz von Verpflegungskosten beansprucht. — b) Der Messerschmied C hat den D als Gehilfen aufgenommen. Als D am vereinbarten Tage in die Werkstatt kommt, um die Arbeit aufzunehmen, schickt der Meister ihn wieder fort, weil er ihm zu schwächlich für die zu leistende Arbeit dünkt. D, welcher gegen C klagt, erkrankt am zweiten Tage darauf und kommt ins Spital. Diesem weigert die Genossenschaftskrankenkasse der Messerschmiede den Ersatz der Verpflegskosten, obwohl sie alle ihre erkrankten Gehilfen vertragsmäſsig in dem betreffenden Krankenhause behandeln läſst, mit der Motivierung, daſs der Gehilfe D noch nicht in die Beschäftigung beim Messerschmied C eingetreten, noch nicht Angehöriger der Genossenschaft und daher auch noch nicht versicherungspflichtig geworden sei. — c) Der Gastwirt M hat sich eine Kellnerin gedungen, welche am 1. Februar ihre Thätigkeit im Geschäfte des M beginnen soll. Sie langt der Verabredung gemäſs am 31. Jänner im Hause des M an, bezieht ihre Schlafkammer, wird aber am Morgen des nächsten Tages, als sie aufstehen will, von Herzkrämpfen befallen, welche eine längere Arbeitsunfähigkeit und Spitalsbehandlung zur Folge haben. M meldete die Kellnerin erst am 18. Februar, nach deren Herstellung und nach Aufnahme des Dienstes, bei der Bezirkskrankenkasse an; letztere verlangt die Bestrafung des Gastwirts wegen verspäteter Anmeldung seiner Magd und fordert von ihm den Krankenkostenersatz nach § 32 des Krankenversicherungsgesetzes. — Die Entscheidungen, die in derartigen Fällen erflossen, faſsten bald die juristische Seite des Dienstverhältnisses ins Auge, bald bezeichneten sie den Beginn des thatsächlichen Abhängigkeitsverhältnisses des Arbeitnehmers zu seinem Brotherrn als das ausschlaggebende Moment, bald glaubte man den „Eintritt in die Beschäftigung“ nur in dem thatsächlichen Beginn der Arbeit sehen zu können. Zunächst, glaube ich, kann man den Zeitpunkt des bloſsen Vertragsabschlusses als maſsgebend in unserer Frage nicht ansehen. Zwischen ihm und der wirklichen Verwendung im Betriebe des Unternehmers liegt oft ein mehr oder minder groſser Zeitraum; währenddessen steht der Arbeiter sehr oft noch in einem anderen Dienstverhältnis, welches ihm ohnedies die Unterstützungen der Krankenkasse für den Krankheitsfall sichert. Auch wäre der neue Dienstgeber kaum in der Lage, während dieser Zeit vom Arbeiter die von diesem zu leistenden Beiträge einzuheben, um sie mit den Zuschüssen aus der eigenen Tasche an die Kasse abzuführen. Endlich läſst sich ja die wirtschaftliche und sociale Begründung der Inanspruchnahme des Arbeitgebers für die Durchführung der Krankenversicherung nur in der thatsächlichen Ausnützung der fremden Arbeitskraft finden, während die Versicherungsbedürftigkeit des Arbeiters allein diese Begründung nicht geben kann, zumal ja ein grofser, gewifs sehr versicherungsbedürftiger Teil der Arbeiterschaft gar nicht unter die Geltung unseres Gesetzes einbezogen ist.

Schwieriger sind schon die Fälle b und c zu entscheiden; liegt hier bereits ein „Eintreten in die Beschäftigung“ vor oder nicht? Dieser Ausdruck erscheint schon sprachlich nicht gerechtfertigt: man tritt nicht in eine Beschäftigung, sondern man beginnt dieselbe. Der sonderbare Sprachgebrauch legt die Vermutung nahe, dafs hier unter „Beschäftigung“ nicht lediglich eine bestimmte Bethätigung der Kräfte, sondern im weiteren Sinne jener Kreis von Verhältnissen und Beziehungen gemeint sei, welcher den Bediensteten infolge seiner Anstellung umgiebt. Auch die Billigkeit drängt nach dem Standpunkte, den Arbeiter von dem Augenblicke an der Versicherung teilhaft werden zu lassen, in welchem er sich vertragsmäfsig und arbeitswillig dem Unternehmer zur Verfügung stellt, sich in die neue Umgebung begiebt, auch wenn er durch ein unverschuldetes Hindernis, vielleicht sogar durch die rechtswidrige Weigerung des Dienstgebers an der Aufnahme der Arbeit gehindert werden sollte. Und doch läfst sich auch dieser Standpunkt aus dem Wortlaute des Gesetzes nicht rechtfertigen. Das ergiebt sich, wenn man die §§ 1 Abs. 2 und 31 heranzieht. Die erstere Gesetzesstelle macht die Versicherungspflicht der Arbeiter davon abhängig, dafs sie in gewissen Unternehmungen „beschäftigt sind“, die letztere verpflichtet die Arbeitgeber zur Anmeldung der bei ihnen beschäftigten versicherungspflichtigen Personen bei der Krankenkasse spätestens am dritten Tage „nach Beginn der Beschäftigung“. Der Zusammenhalt dieser Gesetzesstellen mit den §§ 13, 33 und 46 zwingt zur strengen Auslegung des Wortes „Beschäftigung“; nicht minder der Umstand, dafs diese Bezeichnung die Grundlage für weitgehende positive Pflichten der Arbeitgeber und der Krankenkassen, sowie für eine nicht geringe Verantwortlichkeit der ersteren abgiebt. Eine klarere Ausdrucksweise des Gesetzes bezüglich dieses Punktes erscheint jedenfalls wünschenswert, wobei zu erwägen wäre, ob nicht jene Arbeitgeber, welche den aufgenommenen Arbeitern vertragswidrig den Beginn der Arbeit weigern, der Versicherungspflicht vorläufig unterzogen werden sollen. —

Die Pflicht der Arbeitgeber zur Beitragsleistung an die Krankenkasse dauert laut § 33 unseres Gesetzes bis zu dem Zeitpunkte, in welchem nach Aufhören der Beschäftigung des Arbeiters dessen „vorschriftsmäfsige“ Abmeldung (§ 31) erfolgt ist. Die letztere hat spätestens am 3. Tage „nach Beendigung des Arbeitsverhältnisses“ zu geschehen. Auch hier erscheint es wieder zweifelhaft, ob mit dem Ausdrucke „Arbeitsverhältnis“ dessen juristische Seite, also der Dienstvertrag, oder die wirkliche Bethätigung des Vertragsinhalts gemeint sei. Die in den §§ 31 und 33 gebrauchte Redewendung „austreten“ bezw. „ausscheiden aus der Beschäftigung“, welche dem Ausdruck „Beendigung des Arbeitsverhältnisses“ gewissermaſsen gegenübergestellt wird, läſst mehr auf das erstere, der Vergleich mit § 82 der Gewerbeordnung, wo von der „bedungenen Dauer des Arbeitsverhältnisses“ gesprochen wird, mehr auf das letztere schlieſsen. Der Gesetzgeber dachte augenscheinlich nur an jene Fälle, in denen die Lösung des Dienstvertrages mit dem Aufhören der Beschäftigung zusammenfällt. Dies geschieht aber nicht immer; so nicht bei zeitweiliger Einstellung des Betriebes, z. B. eines Baues wegen schlechter Witterung, so auch in der Regel nicht bei Erkrankung des Arbeiters. In letzterem Falle hat nach § 77 der Gewerbeordnung die 14tägige Kündigungsfrist zu gelten, sofern nicht eine andere Vereinbarung ausdrücklich getroffen wurde; zur Entlassung ohne Kündigung wegen Krankheit des Arbeiters ist man im Sinne des § 82 lit. g desselben Gesetzes erst nach vierwöchentlicher unverschuldeter Arbeitsunfähigkeit desselben berechtigt.

Je nach der Interpretation obiger Gesetzesstellen entscheidet sich die Frage nach der Dauer der Beitragspflicht des Arbeitgebers. Die Praxis ist in diesem Punkte keine sichere. Bemerkenswert sind nachfolgende Ministerialentscheidungen: „Als Beschäftigung vom Standpunkte des Krankenversicherungsgesetzes muſs jenes Verhältnis angesehen werden, kraft dessen die eine Person, der Arbeitgeber, über die Arbeitskraft der anderen Person, des Arbeiters, auf Grund übereinstimmender Willenserklärung für sich zu verfügen thatsächlich in der Lage ist.“ In dieser Entscheidung fehlt zur vollen Klarstellung ein Wörtchen vor dem Ausdruck „Verhältnis“, nämlich entweder das Wort „rechtliche“ oder das Wort „faktische“. — „Gegen die Abmeldung eines Arbeiters bei der Bezirkskrankenkasse im Falle der Erkrankung (also auch während der Dauer der Krankheit) kann ein Anstand aus dem Krankenversicherungsgesetz nicht abgeleitet werden, vielmehr erscheint nach § 31 leg. cit. der Arbeitgeber zur Abmeldung berechtigt, wenn die thatsächliche Beschäftigung des Arbeiters aufhört. Es ist jedoch selbstverständlich, daſs durch diese Abmeldung das in betreff der Dauer, resp. der Kündigung der Arbeit zwischen dem Arbeitgeber und dem Arbeitnehmer bestehende Vertragsverhältnis, bezw. die in Ermangelung eines solchen Verhältnisses zur Anwendung gelangenden Bestimmungen über die Auflösung des Arbeitsverhältnisses nicht berührt werden.“ — Dagegen: „Bei Arbeitern, deren Verhältnis mit der Unternehmung dauernder Natur und von vornherein auf eine bestimmte Zeit nicht beschränkt ist, bedeutet die einfache Unterbrechung der Arbeit am Abend oder an Regentagen keineswegs eine Auflösung des Arbeitsverhältnisses und kann auch nicht die Grundlage für das Aufhören der Versicherungspflicht bilden.“ Die Unsicherheit der gesetzlichen Ausdrucksweise läſst die Frage offen, ob der Arbeitgeber auch während der Krankheit seines Bediensteten zu Kassenbeiträgen herangezogen werden kann. Das deutsche Gesetz negiert in klarer Weise (§ 54a) die Pflicht zur Beitragsleistung während der Erwerbsunfähigkeit des Arbeiters.

Uber den Charakter der Unternehmerbeiträge ist ausdrücklich im Gesetze nichts gesagt; es ist jedoch nicht daran zu zweifeln, dafs wir es hier mit öffentlichen Abgaben zu thun haben. Denn diese Leistungen sind gesetzlich erzwungene, ihrer Dauer und Höhe nach vom Willen des Verpflichteten unabhängig, geben keinerlei Berechtigung auf ein Äquivalent und finden ihre rechtliche Begründung lediglich in der Steuergewalt des Staates. Ihr Zweck ist die Durchführung einer modernen Staatsaufgabe. Der oberste Gerichtshof hat daher in einer Entscheidung vom 24. Oktober 1893 ausgesprochen: „Die seitens der Bezirkskrankenkasse auf Grund des Krankenversicherungs-Gesetzes den Arbeitgebern vorgeschriebenen Kassenbeiträge sind als öffentliche Abgaben, bezüglich deren Richtigkeit und Liquidität den Gerichten kein Recht zu entscheiden zusteht, zu betrachten, und da dieselben auf dem Betriebe selbst, also auch an allen hierzu gehörigen Maschinen und Vorrichtungen haften, mufs ihnen das gesetzliche Pfand- und Vorrangsrecht vor allen anderen, aus privatrechtlichen Titeln entstehenden Forderungen zuerkannt werden." Das Pfandprivileg, welches hier mittelst einer Rechtsdeduktion konstatiert wird, kann aus dem Wortlaute unseres Krankenversicherungsgesetzes nicht entnommen werden. Als eine andere Folge dieses Charakters der Unternehmerbeiträge mufs die Bestimmung des § 38 Kr.Vers.Ges. angesehen werden, nach welcher rückständige Versicherungsbeiträge im Verwaltungswege eingetrieben werden können. — Ein Finanz-Ministerialerlafs vom 2. Januar 1890 spricht demgemäfs aus, dafs die Einbringung dieser Beiträge gemäfs der Ministerialverordnung vom 20. April 1854 (R.G.Bl. Nr. 96) „im Geschäftskreise der politischen Verwaltung zu öffentlichen Zwecken" zu geschehen hat, und hierbei jene Exekutionsmittel anzuwenden sind, welche sonst für die Eintreibung der Rückstände an direkten Steuern platzgreifen. Auf diese Betonung des öffentlichen Charakters der Beiträge mufs weiter unten gelegentlich der Besprechung der Verjährungsfrage noch verwiesen werden.

Eine Befreiung des Arbeitgebers von der Beitragspflicht, z. B. zeitweilig wegen Mittellosigkeit, kennt unser Gesetz nicht, wohl aber das deutsche, wo solche Fälle durch statutarische Bestimmung vorgesehen werden können (§ 51).

3. Wie schon eingangs dargelegt wurde, läfst sich die Durchführung der Zwangsversicherung der Arbeiter kaum ohne Inanspruchnahme des Betriebsunternehmers als Durchführungs- und Kontrollorgan denken. Ihm obliegt die Aufgabe zur An- und Abmeldung der bei ihm bediensteten versicherungspflichtigen Personen, zur Einhebung der Arbeiterbeiträge mittelst Lohnabzügen und zur Abfuhr derselben

an die Krankenkasse. Diese Funktionen bringen für den Unternehmer die Notwendigkeit eines ständigen Verkehrs mit der Kasse und hierdurch eine nicht geringe Belastung seiner Arbeitskraft oder seines Geldbeutels mit sich. Bei grofsen Betrieben mit vielen Arbeitern wird unter Umständen ein eigener Beamter für die Besorgung aller Versicherungsangelegenheiten notwendig sein; der kleine Gewerbsmann, welcher nicht nur als Unternehmer, sondern zugleich als erster Arbeiter in seinem Geschäfte thätig ist, mufs die wiederholten Zeitversäumnisse, welche ihm der Verkehr mit der Krankenkasse auferlegt, schwer empfinden. — Besonders drückend gestaltet sich die An- und Abmeldepflicht bei Betrieben mit grofsem Arbeiterwechsel, der namentlich bei Saisongeschäften und bei Verwendung von ungelernten, unständigen Arbeitern (Taglöhnern) stattfindet. Nehmen wir beispielsweise an, dafs in einem Unternehmen durchschnittlich 10 solche Hilfskräfte beschäftigt werden, welche allwöchentlich wechseln, so ergiebt dies innerhalb eines Jahres die Zahl von über 1000 An- und Abmeldungen! Dies führt nicht nur zu einer übermäfsigen Belastung der Unternehmer, sondern hat auch eine bedenkliche Rückwirkung auf die Arbeiter im Gefolge; denn ein solcher Arbeitgeber wird die Zahl und Verwendung ungelernter, unständiger Hilfskräfte möglichst einschränken, wodurch gerade der ärmsten Arbeiterklasse Verdienstgelegenheiten genommen werden. Aus solchen Erwägungen entstand der § 37 Abs. 2 unseres Gesetzes, wonach Erleichterungen für die An- und Abmeldepflicht unständiger Arbeiter durch Statutenbestimmungen der Bezirkskrankenkassen gegeben werden sollen. Inkonsequenterweise enthält das Musterstatut für diese Kassen keinerlei Hindeutung auf die bezogene Gesetzesstelle, und in den Satzungen der einzelnen Bezirkskassen ist nur höchst selten eine diesbezügliche Norm zu finden. — Die Notwendigkeit, hier besondere Bestimmungen zu treffen, wurde auch vom Ministerium anerkannt, welches in einer Entscheidung vom 21. Februar 1891 sagt: „Es müssen vielmehr, insbesondere bei solchen Betrieben, in welchen die Heranziehung vorübergehend Beschäftigter regelmäfsig oder doch häufig vorkommt (wie z. B. bei Eisenbahnen zu Schneeschaufelungen u. s. w.), besondere Bestimmungen über die Versicherung dieser Arbeiterkategorie getroffen werden.“ — Um den Schwierigkeiten, welche sich naturgemäfs aus dem Verhältnisse solcher Personen zur Kasse in betreff der An- und Abmeldung, Beitragsleistung u. s. w. ergeben, nach Möglichkeit auszuweichen, kann bei den letzterwähnten Betrieben allenfalls die Einrichtung getroffen werden, dafs die im Laufe jedes Monats oder Quartals vorübergehend Beschäftigten am Schlusse desselben kollektiv lediglich mit ihrer aus den Lohnlisten sich ergebenden Anzahl und der an sie bezahlten Lohnsumme bei der Krankenkasse angemeldet werden und zugleich an dieselbe der entfallende Gesamtbeitrag abgeführt wird.

Im deutschen Gesetz ist eine praktische Lösung der geschilderten Schwierigkeiten dadurch angebahnt, dafs unständige Arbeiter nach § 1 dem unbedingten Versicherungszwange gar nicht unterliegen, sondern nur durch eigene Satzungsbestimmungen der Gemeinden unter die Geltung des Gesetzes einbezogen werden können.

Dem genauen Beobachter des Krankenversicherungswesens kann es nicht entgehen, dafs die Verteilung der geschilderten Lasten auf die einzelnen Gruppen von Betriebsunternehmern, je nachdem bei welcher Art von Krankenkasse sie ihre Leute versichern bezw. versichern müssen, eine sehr ungleiche ist. Bei Betriebs- (Fabriks-) und Bau-Krankenkassen wird gesetzlich keine An- und Abmeldung gefordert, weil ja die Arbeiter durch ihren blofsen Eintritt in den Betrieb anspruchsberechtigte Mitglieder der Kasse werden, und die finanziellen Nachteile, welche durch Hinterziehung von Kassenbeiträgen für die Kasse eintreten würden, infolge der besonderen Vorschufs- und Zuschufspflicht des Unternehmers doch wieder den letzteren träfen. Im Musterstatut für Betriebskassen ist im § 6 im Gegensatze zum Gesetze (§ 47), wo eine Beziehung auf § 31 fehlt, die An- und Abmeldung mit dreitägiger Frist gefordert. — Den Vereinskassen giebt ihre Vertragsfreiheit einen weiten Spielraum zur Gewährung zweckmäfsiger Erleichterungen bei der An- und Abmeldung der Arbeiter. Geniefst das bei einer solchen Anstalt versicherte Unternehmen einigermafsen Vertrauen, so geschehen diese Meldungen lediglich durch die nachträgliche monatliche Ausfüllung der Beitrags-Zahlungslisten, und die Kasse gewährt auch bei Erkrankungen von Bediensteten, welche in der Zwischenzeit in Arbeit getreten sind, gegen Interimsbestätigung des Dienstherrn die satzungsmäfsigen Unterstützungen. — Bei den genossenschaftlichen Krankenkassen, deren Verwaltung eine oft mehr als primitive ist, und bei denen der Einflufs der Gewerbeinhaber und die oft mangelhafte Befähigung der die Kassengeschäfte nebenbei führenden Meister oder Gehilfen sehr fühlbar werden, wird der Zwang auf Erfüllung der Meldepflicht meist sehr lässig ausgeübt, so dafs sich das Ministerium des Innern schon im Jahre 1891 veranlafst sah, mit Verordnung vom 10. Dezember, die unterstehenden politischen Behörden zu strenger Aufsicht und energischem Einschreiten aufzufordern. So trifft denn, abgesehen von den Bruderladen, die Last der Meldepflicht die den Bezirkskassen zugehörigen Unternehmer weitaus am schwersten, und das sind gerade die kleinen Leute, die täglich den schweren Konkurrenzkampf mit Industrie und Grofsbetrieb durchzufechten haben und weitgehender Schonung von seiten des Staates bedürfen. Für diese gesetzliche Erleichterungen zu schaffen, ist eine Forderung der Gerechtigkeit.

Eine Vertrauenssache ist die gesetzliche Beauftragung der Betriebsinhaber mit der Einhebung und Abfuhr der Arbeiterbeiträge. Dies kommt im deutschen Gesetze darin besonders zum Ausdruck, daſs für die Verletzung oder den Miſsbrauch dieses Vertrauens eine ganze Reihe, nach ihrer Schwere abgestufter Straffolgen angedroht ist: Ausschluſs vom aktiven und passiven Wahlrecht für die Kassenvertretung bei Rückständigkeit von Beiträgen (§ 38 Abs. 4); die Verhaltung zur jedesmaligen sofortigen Abfuhr der Lohnabzüge an die Kasse, wenn die Zahlungsunfähigkeit des Unternehmers festgestellt wurde (§ 53 Abs. 3); die Einhebung einer Mahngebühr im Beitreibungsverfahren (§ 55 Abs. 3); die widerrufliche Rücknahme der dem Arbeitgeber gesetzlich übertragenen Funktionen bei Säumigkeit und gleichzeitiger Zahlungsunfähigkeit desselben; in diesem Falle haben die Arbeiter ihre Beiträge unmittelbar bei der Kasse einzuzahlen, und ist der Arbeitgeber gesetzlich verpflichtet, sein Personal von der beschämenden Verfügung schriftlich zu verständigen und letztere auch in der Betriebsstätte öffentlich anzuschlagen (§ 52a); ferner die Verhängung von Geldstrafen bis zu 300 Mark oder entsprechender Haft bei vorsätzlich höheren Lohnabzügen, als es das Gesetz vorschreibt (§ 82); endlich die Bestrafung der dolosen, in gewinnsüchtiger oder mit Schadensabsicht vorgenommenen rechtswidrigen Verwendung von Arbeiterbeiträgen als ein besonderes Delikt mit Gefängnis, eventuell kumuliert mit einer Geldbuſse bis zu 3000 Mark und Verlust der bürgerlichen Ehrenrechte (§ 82b).

Das österreichische Gesetz stellt im § 68 nur für den allgemeinen Fall eine Strafbestimmung auf (Geldbuſse bis zu 200 fl. oder Arrest), als der Arbeitgeber seinen Angestellten bei der Lohnzahlung vorsätzlich höhere als die nach den Kassenstatuten zulässigen Beiträge in Anrechnung bringen sollte, und verweist bezüglich schwerer qualifizierter Vertrauensmiſsbräuche auf das Strafgesetzbuch. Dies erscheint mit Rücksicht auf den Umstand, als unser Strafgesetz schon stark veraltet ist und es sich in den vorliegenden Fällen doch um ganz eigenartige Delikte des modernsten Rechtslebens handelt, bei deren Subsumtion unter eine der strafbaren Handlungen unseres geltenden Strafensystems denn doch so manche Zweifel wach werden, gewiſs nicht zweckmäſsig.

4. Abgesehen von der erörterten Strafbarkeit ob unredlichen Gebarens legt das Krankenversicherungsgesetz dem Arbeitgeber auſserdem noch eine schwere Haftpflicht für die genaue Verrichtung der ihm gesetzlich übertragenen Vermittlungsthätigkeit (Anmeldung, Abmeldung, Einhebung und Abfuhr der Arbeiterbeiträge) auf. Es kommt darin die groſse Verantwortlichkeit des Unternehmertums zum Ausdruck, von dessen Gewissenhaftigkeit das Gelingen oder Miſslingen der ganzen Versicherung abhängt. Als gesetzliche Folgen der lässigen Erfüllung obiger Pflicht treten ein: der Zwang zur Nachzahlung von Versicherungsbeiträgen und die Auferlegung von Ordnungsstrafen (Geld oder Arrest) im Falle

unterlassener Anmeldung, die Pflicht zur Zahlung der Arbeiterbeiträge aus eigener Tasche, wenn die Lohnabzüge nicht rechtzeitig vorgenommen wurden, und zum Ersatze des gesamten Aufwandes der Bezirkskrankenkasse für einen erkrankten versicherungspflichtigen, aber vor der Erkrankung nicht angemeldeten Arbeiter.

Die Pflicht zur Nachzahlung von Versicherungsbeiträgen für nicht oder nicht rechtzeitig angemeldete Arbeiter ist zwar in unserem Gesetze nicht ausdrücklich ausgesprochen, läſst sich aber aus dem Wortlaute des § 33 im Zusammenhalt mit den §§ 13, Zl. 1 und 34 ableiten. Die erstbezogene Gesetzesstelle lautet: „Die Arbeitgeber sind verpflichtet, die vollen Beiträge, welche nach gesetzlicher oder statutarischer Vorschrift für die von ihnen beschäftigten versicherungspflichtigen Personen an die Kasse zu entrichten sind, zu den durch das Statut festgesetzten Zahlungsterminen einzuzahlen." — § 13, Zl. 1 bestimmt, daſs die im Sprengel einer Bezirkskrankenkasse beschäftigten versicherungspflichtigen Personen, welche nicht bei einer anderen, gesetzlich zulässigen Krankenkasse ausdrücklich versichert erscheinen, ipso jure durch den Eintritt in die Beschäftigung, ohne Rücksicht auf erfolgte oder nicht erfolgte Anmeldung Mitglieder der Bezirkskasse werden. — § 34 sagt, daſs von den statutenmäſsigen Beiträgen, welche für die im § 13 Zl. 1 genannten versicherungspflichtigen Mitglieder entfallen, zwei Drittel von dem Mitgliede und ein Drittel von dessen Arbeitgeber zu bestreiten sind.

Einen Kommentar zum Wortlaute und Zusammenhange obiger Gesetzesstellen hat der Verwaltungsgerichtshof wiederholt in seinen Erkenntnissen gegeben; so z. B. in einer Entscheidung vom 18. Dezember 1891 Zl. 4074: „Die auf dem Grundsate der Gegenseitigkeit beruhende Arbeiter-Krankenversicherung (§ 12) ist eine Zwangsversicherung, welche im Grunde des § 76 und der Verordnung des k. k. Ministerium des Innern vom 14. Juni 1889 (RGBl. Nr. 94) am 1. August 1889 begonnen hat, und deren Wesen darin gelegen ist, daſs einerseits jeder zu dieser Zeit bei einem versicherungspflichtigen Unternehmen beschäftigte Arbeiter, bezw. in der Folge jeder derartige Arbeiter von dem Tage an, an welchem er in die betreffende Beschäftigung eintritt, ohne weiteres Mitglied der Bezirkskrankenkasse mit allen Rechten und Verbindlichkeiten eines solchen ist (§ 13, Zl. 1, Alin. 2), und daſs anderseits infolgedessen die Bezirkskrankenkasse verpflichtet erscheint, jedem dieser Mitglieder im Falle einer Erkrankung oder des Todes die statutenmäſsig bestimmten Krankenunterstützungen und Beerdigungskosten (§ 6) zu leisten. — Allerdings legt der § 31 dem Arbeitgeber die Verpflichtung auf, die bei ihm beschäftigten versicherungspflichtigen Personen innerhalb einer gesetzlich fixierten Frist anzumelden; allein der Beginn der Mitgliedschaft tritt bei den versicherungspflichtigen Personen ganz unabhängig von dieser

Anmeldung ein, wie sich dies schon aus den bezogenen Gesetzesstellen, insbesondere aber ganz zweifellos aus der weiteren Anordnung des Gesetzes ergiebt, daſs der Anmeldungstag nur bei nicht versicherungspflichtigen Personen als Beginn der Mitgliedschaft zu gelten hat (§ 13 Zl. 4 Abs. 2). Nach § 25 sind die Mittel zur Bestreitung der von der Bezirkskrankenkasse nach Maſsgabe dieses Gesetzes zu gewährenden Leistungen u. s. w. durch Beiträge aufzubringen. Sobald die Höhe dieser Beiträge festgestellt ist, beginnt die Verpflichtung zu deren Zahlung, und werden von diesem Zeitpunkte an die Bezirkskrankenkassenbeiträge für die beitragspflichtigen Personen schuldige Leistungen. Aus der rechtlichen Natur einer schuldigen, fälligen Leistung folgt aber an sich mit Notwendigkeit die Verpflichtung zu ihrer Erfüllung, und soll unter gewissen Voraussetzungen diese Konsequenz nicht eintreten, so muſs die ausnahmsweise Befreiung von der Ableistung ausdrücklich statuiert sein. Eine solche ausdrückliche Befreiung von der Entrichtung der Beiträge für den Fall der Nichtanmeldung von Mitgliedern findet sich aber im Krankenversicherungsgesetze nicht. . . . . Es müssen demnach als Beitragspflichtige auch die nichtangemeldeten versicherungspflichtigen Arbeiter und die Arbeitgeber von nicht angemeldeten derlei Personen erkannt werden. Zur Einzahlung der auf die von ihnen beschäftigten versicherungspflichtigen Personen entfallenden Beiträge an die Bezirkskrankenkassen zu den statutenmäſsig festgesetzten Zahlungsterminen sind durch § 33 die Arbeitgeber verhalten, welchen der § 36 das entsprechende Lohnabzugsrecht einräumt. Die Bezirkskrankenkasse erscheint hierdurch berechtigt, von den Arbeitgebern die Einzahlung der vollen Beiträge, welche auch auf die bei ihnen beschäftigten nicht angemeldeten Mitglieder entfallen, anzufordern, bezw. deren Eintreibung von den Arbeitgebern im Verwaltungswege zu erlangen (§ 38). Diese Verbindlichkeit der Arbeitgeber zur Einzahlung (bezw. Einhebung) der Versicherungsbeiträge von den bei ihnen beschäftigten Personen kann selbstverständlich dadurch nicht aufgehoben werden, daſs der Arbeitgeber der ihm durch das Gesetz auferlegten Anmeldungspflicht nicht nachkommt."

Für welchen Zeitraum ist nun die Nachzahlung zu berechnen? Nach dem Wortlaute der §§ 33, 47, 57 des Krankenversicherungsgesetzes und des § 31 des Bruderladengesetzes bei den Bezirks-, Betriebs-, Bau- und Knappschaftskassen zweifelsohne vom Tage des Arbeitsantrittes bis zur nachträglichen ordnungsmäſsigen Anmeldung des betreffenden Arbeiters; wenn aber eine solche überhaupt nicht stattfand, bis zur vorgeschriebenen Abmeldung desselben. — Auf Grund solcher Normen kann man in der Praxis mangels der später zu besprechenden Verjährungsfristen zu ganz horrenden Ergebnissen kommen, wie z. B.: Der Schmiedemeister H lieſs sich am 18. Januar 1891 eine Fuhre Kohlen für seinen gewerblichen Bedarf kommen. Um das Abladen bei der einbrechenden Dunkelheit zu beschleunigen, nimmt er einen Menschen auf, den er auf der Strafse herumlungernd antrifft. Die Arbeit des Aushelfers dauerte etwa 2 Stunden und wurde mit 50 Kreuzern bezahlt. An eine Anmeldung dieser für den gewerblichen Betrieb des H allerdings, wenn auch nur durch wenige Stunden thätigen Person bei der Krankenkasse dachte der biedere Schmiedemeister gar nicht, weil er den Menschen ja nicht als seinen Hilfsarbeiter betrachtete. Nach $3^1/_2$ Jahren kommt die Bezirkskrankenkasse desselben Ortes durch Zufall in Kenntnis von der geschilderten vorübergehenden Verwendung des Hilfsarbeiters und verlangt nun von dem ahnungslosen Schmied die Nachzahlung von Beiträgen durch diese $3^1/_2$ Jahre in einer ganz beträchtlichen Gesamtsumme. Diese Forderung liefse sich nach dem Wortlaute des Gesetzes rechtfertigen, da letzteres keinen anderen Abschlufs der Beitrags- bezw. Nachzahlungspflicht kennt als die Abmeldung. — Aber selbst die Leitungen der Bezirkskassen empfinden das Ungeheuerliche solcher Konsequenzen und berechnen in derartigen Fällen die Beiträge nur bis zum Austritte des Arbeiters aus der Arbeit.

Besonders hart erscheint der Zwang zur Nachzahlung von Versicherungsbeiträgen dort, wo die Versicherungspflicht des Unternehmers eine zweifelhafte war und erst durch ein kunstvolles Erkenntnis des Verwaltungsgerichthofes nachträglich festgestellt wurde. Kleine Leute können hierdurch an den Rand des wirtschaftlichen Verderbens gebracht werden. Ein konstitutives Erkenntnis über die Versicherungspflicht eines Unternehmers giebt es ja leider nicht nach unserem Gesetze.

Anders wie bei den genannten Kassen steht es bei den nach der Gewerbeordnung zu beurteilenden Gehilfenkrankenkassen der Zwangsgenossenschaften. § 121 letzteren Gesetzes kennt nur eine Anmelde-, nicht aber eine Abmeldepflicht, und das für diese Kassen gegebene Normalstatut enthält keine Bestimmung, aus welcher die Beitragspflicht bis zur Abmeldung des Arbeiters gefolgert werden könnte. Bei den Betriebskassen ist ein solcher Nachzahlungszwang überhaupt ausgeschlossen. — Wir stehen also auch hier wieder vor einer nicht gerechtfertigten Ungleichheit in der Behandlung der Arbeitgeber. Harte Rechtskonsequenzen gleich der oben besprochenen wären vermieden, wenn sich das Gesetz über die Nachzahlungspflicht, ihre Voraussetzungen und Grenzen mit wenigen Worten klar aussprechen würde.

Zwei weitere nachteilige Folgen der lässigen Erfüllung der Anmeldepflicht treten für den Arbeitgeber durch die Verhängung von Ordnungsbufsen (§ 67) und durch dessen Heranziehung zum Ersatze der Kassenauslagen für erkrankte Versicherungspflichtige ein. Über die erstere Rechtsfolge läfst sich nicht viel sagen. Wir haben es hier mit der Strafsanktion einer von der politischen Behörde zu ahndenden Übertretung zu thun, deren Thatbestand in dem Eintritt einer versicherungspflichtigen Person in eine der im § 1 des Krankenversicherungsgesetzes angeführten Unternehmungen und in der schuldhaften Versäumnis der für die Anmeldung bei einer Kasse gesetzlich normierten Frist durch den Betriebsinhaber gegeben ist. Die Pflichtversäumnis des § 67 trägt zu klar den Charakter der „strafbaren Handlung“ oder besser der „strafbaren Unterlassung“ an sich, als dafs man hier von der in unserem Gesetze leider ebensowenig wie im deutschen (§ 81) ausdrücklich geforderten, aber doch das unerläfsliche Merkmal jedes Deliktes bildenden Voraussetzung des Verschuldens (Fahrlässigkeit oder böser Wille) absehen könnte.

Viel schwieriger liegt die Sache bezüglich der Rechtsfolge des § 32. Diese Gesetzesstelle lautet: „Arbeitgeber, welche ihrer Anmeldungspflicht nicht genügen, sind, unbeschadet der im § 67 bezeichneten Straffälligkeit, verpflichtet, der Kasse den gesamten Aufwand zu erstatten, welchen dieselbe auf Grund gesetzlicher oder statutarischer Vorschrift zur Unterstützung einer gar nicht oder erst nach der Erkrankung angemeldeten Person gemacht hat.“ Bevor man auf eine Erörterung der rechtlichen Folgen und praktischen Bedeutung dieser Norm eingehen kann, mufs man sich über den juristischen Charakter der Ersatzpflicht klar werden. Auf den ersten Blick hat man den Eindruck, als handle es sich hier um einen Schadensersatz; doch wenn man die Sache genauer untersucht, merkt man, dafs es an dem wichtigsten Erfordernis der Schadensersatzpflicht, dem Schaden selbst fehlt. Infolge des Rechtes der Kasse zur Nachforderung der Mitgliederbeiträge ist diese nämlich für den Fall, als sie einen nicht angemeldeten versicherungspflichtigen Arbeiter unterstützen mufs, finanziell in derselben Lage, als wenn die Anmeldung rechtzeitig erfolgt wäre; die pflichtwidrige Unterlassung des Arbeitgebers hat also weder Mehrausgaben noch Mindereinnahmen noch sonst irgend eine bei pflichtgemäfsem Verhalten nicht eintretende Belastung der Kasse zur Folge. Mit dem Schadensersatz ist es also nichts. Wie verhält es sich mit dem § 1358 des allg. bürgerl. Gesetzbuches in diesem Falle? Dort heifst es: „Wer die Schuld eines andern bezahlt, tritt in die Rechte des Gläubigers und ist befugt, von dem Schuldner den Ersatz der bezahlten Schuld zu fordern.“ Um den Anspruch der Krankenkasse gegen den säumigen Arbeitgeber auf Krankenkostenersatz von diesem Gesichtspunkte aus zu begründen, müfste die Kasse durch die Unterstützung eines nicht angemeldeten aber erkrankten Versicherungspflichtigen eine Schuld bezahlt haben, welche für sie überhaupt nicht oder doch nicht originär entstanden war, sondern zunächst den Arbeitgeber belastete. Auch davon kann in unserem Falle keine Rede sein. Denn zur Unterstützung seines erkrankten versicherungspflichtigen Arbeiters ist der Betriebsinhaber weder nach dem Krankenversicherungsgesetze, noch nach einem anderen Gesetze verpflichtet, auch dann nicht, wenn die vorgeschriebene Anmeldung bei der Kasse unterblieb. Das Recht auf Unterstützung gegen die Krankenkasse entsteht für den Versicherungspflichtigen vielmehr originär auf Grund gesetzlicher Vorschrift, infolge seiner Bethätigung als „Arbeiter oder Betriebsbeamter in einem gewerbsmäſsig betriebenen Unternehmen". Auch ein Anspruch des Arztes, des Apothekers oder des Krankenhauses für die Behandlung eines versicherungspflichtigen Arbeiters gegen den säumigen Betriebsinhaber läſst sich nicht konstruieren; es wird z. B. niemand einfallen, diesen Personen und Anstalten dann ein Forderungsrecht gegen einen solchen Arbeitgeber zuzugestehen, wenn die für den Verpflegten zuständige Kasse vor Bezahlung obiger Verpflegungskosten in Konkurs verfallen sollte. Aus denselben Erwägungen läſst sich der in Rede stehende Krankenkostenersatz auch nach § 1042 des allgemeinen bürgerlichen Gesetzbuches rechtlich nicht erklären: „Wer für einen anderen einen Aufwand macht, den dieser nach dem Gesetze selbst hätte machen müssen, hat das Recht, den Ersatz zu fordern." Es giebt keine gesetzliche Vorschrift, welche dem Betriebsinhaber die Verpflichtung auferlegte, im Falle der Erkrankung eines seiner Arbeiter für diesen einen Aufwand zu machen. — Der Kostenersatz des § 32 des Krankenversicherungsgesetzes kann endlich auch damit nicht motiviert werden, daſs der Bezirkskrankenkasse durch diese Gesetzesstelle eine Einnahmequelle erschlossen werden solle; denn die ausdrücklichen Gebote dieses Gesetzes in den §§ 31 und 67 bezwecken ja gerade, die Ursachen zu solchen Kostenersätzen möglichst auszuschlieſsen. Es bleibt also wohl kaum etwas anderes übrig, als die im § 32 dekretierte Kostenersatzpflicht als eine Zwangsmaſsregel anzusehen, welche die Arbeitgeber von einer Versäumung ihrer Anmeldepflicht abschrecken soll. Dieser Kostenersatz ist also eine Straffolge für die Übertretung des § 31, welche eventuell neben der Ordnungsstrafe des § 67 einzutreten hat. Der Gesetzgeber wollte dem nachlässigen Betriebsinhaber auſser der Ordnungsstrafe noch einen Denkzettel geben, um ihm seine Pflichten für die Zukunft besser einzuschärfen und andere vor gleicher Nachlässigkeit zu warnen. Der Strafcharakter des in § 32 angeordneten Kostenersatzes bedingt nun logisch den Nachweis des Verschuldens des Arbeitgebers. Es muſs also, damit im einzelnen Falle die Pflicht zum Ersatze der Krankenkosten an die Bezirkskrankenkasse ausgesprochen werden kann, zweifelsohne vorher die Straffälligkeit im Sinne der §§ 31 und 67 konstatiert werden. Wenn es selbst bei Anwendung der Vorsicht eines guten Hausvaters oder eines ordentlichen Kaufmannes nicht in der Macht des Betriebsinhabers lag, die Versäumnis der vorgeschriebenen Anmeldung zu vermeiden, so kann die Verwaltungsbehörde unmöglich nach dem Willen des Gesetzgebers handeln, wenn sie einem solchen Manne einen Denkzettel anhängt. Ein Beispiel! Die Fuhrknechte einer Brauerei sind von dieser beauftragt, das in einem Teich geschnittene

Eis in die Keller des Brauhauses zu führen. Um mit dem Aufladen des Eises schneller fertig zu werden, holt der Fuhrmann zu der Arbeit zwei ihm bekannte Tagelöhner, entlohnt dieselben, nachdem sie einen halben Tag geholfen haben, und verrechnet der Brauerei später diesen Lohnbetrag als Transportspesen. Die Leitung des Unternehmens erfährt von der Verwendung der beiden Personen nichts, kann sie also auch nicht bei einer Krankenkasse anmelden. Bald darauf erkrankt einer dieser Aushelfer, giebt im Krankenhause an, für die Brauerei X gearbeitet zu haben, und es wird letztere nun von der die Krankenkosten deckenden Bezirkskasse zum Ersatze herangezogen. — Der Verwaltungsgerichtshof wie auch das k. k. Ministerium des Innern haben sich in ihrer Spruchpraxis meist auf den Standpunkt gestellt, daſs die in Rede stehende Kostenersatzpflicht eine straffällige Versäumnis nicht zur Voraussetzung habe. So z. B. das Ministerium: „Der nach § 32 der Bezirkskrankenkasse gegen den Unternehmer zustehende Regreſsanspruch ist von dessen Straffälligkeit unabhängig und besteht auch dann, wenn Straffälligkeit nicht vorliegt." — In einer anderen Entscheidung vindiziert das Ministerium der Ersatzpflicht geradezu den Schadenersatzcharakter. Der Verwaltungsgerichtshof hilft sich mit der unklaren Begriffsbestimmung einer „Coërcitivverfügung" und sagt in mehreren Entscheidungen: Der § 32 findet „seine vollständige Erklärung dadurch, daſs das Gesetz die Erfüllung der Verpflichtung zur Ableistung der Beiträge durch Coërcitivverfügungen sichern wollte".

Infolge dieser unentschiedenen Rechtsprechung konnte sich die Praxis auch nicht entschlieſsen, die weiteren Folgen aus dem Strafcharakter des Kostenersatzes zu ziehen: Der Bezirkskasse ein unbedingtes Recht auf den Kostenersatz abzusprechen, bei Verschulden eines Stellvertreters (z. B. Prokuristen, Betriebsdirektors, Filialenverwalters u. s. w.) des Unternehmers nicht den Letzteren, sondern den Stellvertreter zum Kostenersatze zu verurteilen (vgl. die zweckmäſsige Bestimmung des § 82a des deutschen Gesetzes), und endlich die Möglichkeit des gnadenweisen Erlasses des als Strafe verhängten Ersatzes im Principe anzuerkennen. Auch im Erbrechte kann die Entscheidung über den Charakter der in Rede stehenden Gesetzesstelle von Bedeutung werden: erlischt die noch nicht rechtskräftig entschiedene Ersatzpflicht durch den während des Laufes der Verhandlung oder während des Instanzenzuges eingetretenen Tod des Betriebsinhabers oder nicht? — Eine klare und bündige Antwort des Gesetzes auf alle diese Fragen wäre eine Wohlthat.

Die Pflicht zum Krankenkostenersatze trifft den Unternehmer nicht nur oft sehr hart, sondern zwei Umstände bewirken es, daſs diese Last geradezu als eine Ungerechtigkeit empfunden wird. Der eine Umstand ist der, daſs das von dem zufälligen Erkranken eines nicht angemeldeten Versicherungspflichtigen bedingte Entstehen dieser Verpflichtung, ebenso wie die Bemessung der Höhe des Ersatzes keinen Zusammenhang mit der Schwere des strafbaren Verhaltens hat, sondern lediglich von der Laune des Zufalles abhängt. Dieser Umstand allein schon läfst die Rechtsfolge des § 32 als Strafmittel wenig geeignet erscheinen. Dazu kommt aber noch die weitere Thatsache, dafs diese vielbesprochene Straffolge für jene säumigen Unternehmer, welche mit ihrer Arbeiterschaft einer Betriebs-, einer Bau-, einer Genossenschaftskrankenkasse oder Bruderlade zugehören, gesetzlich nicht eintreten kann. Für die beiden ersteren Kassenarten ist diesbezüglich der Wortlaut der §§ 46, 47 Abs. 1 und 57 mafsgebend, nach welchem die ipso jure - Mitgliedschaft angeordnet und die Anwendung des § 32 ausgeschlossen wird; die Versicherungspflicht der Meister bei den Genossenschaftskassen aber ist nicht durch das Krankenversicherungsgesetz vom 30. März 1888, sondern durch die §§ 121 und folgende der Gewerbeordnung geregelt, und letztere kennt die besagte Kostenersatzpflicht nicht. Die Erwerbung der Kassenmitgliedschaft bei den Bruderladen durch blofsen Eintritt in die versicherungspflichtige Beschäftigung ist zwar weder im X. Hauptstücke des allgemeinen Berggesetzes noch in dem Bruderladengesetz ausdrücklich ausgesprochen, wohl aber werden die Bergleute in beiden Gesetzen verpflichtet, ihrer Krankenversicherungspflicht ausschliefslich bei den Knappschaftskassen nachzukommen. Eine Pflicht zum Ersatze von Krankenkosten für den säumigen Betriebsinhaber kennen die beiden bezogenen Gesetze nicht. Demgemäfs ist es wieder die grofse Masse der kleinen Gewerbsleute, welche das Hauptkontingent für die Bezirkskrankenkassen stellen, denen diese schwere Last auferlegt ist, während die Industriellen, die Kaufleute (Gremialkassen), die zu Innungen und Genossenschaften mit eigenen Krankenkassen zusammengeschlossenen Gewerbetreibenden von dieser Last befreit sind.

Alle diese Erwägungen legen de lege ferenda die Frage nahe, ob § 32 des Krankenversicherungsgesetzes nicht aufzuheben, oder durch andere Zwangsmittel zu ersetzen, oder durch entsprechende Zusatzbestimmungen zu einer gerechteren Handhabung tauglich gemacht werden könnte. Sollte man nicht jetzt, wo sich das Krankenversicherungsgesetz in der Bevölkerung eingelebt hat, von der besprochenen Bestimmung absehen können, ohne eine Beeinträchtigung der Durchführung der Versicherung befürchten zu müssen? Es würde sich dann die gesetzliche Anordnung empfehlen, dafs jeder, der ein Gewerbe bei der politischen Behörde anmeldet, verhalten werde, auch jene Krankenkasse zu bezeichnen, bei welcher er seine Arbeiter versichern wird, und dafs jede erfolgte Gewerbeanmeldung, wie das ja auch gegenüber der Steuerbehörde, den Zwangsgenossenschaften und der Handels- und Gewerbekammer geschieht, der vom Unternehmer bezeichneten Kasse und der zuständigen Bezirkskrankenkasse von Amts wegen mitgeteilt werde. Erhöht man dann etwa noch den Strafsatz des § 67 von 10 Gulden auf 200 Kronen, so wären dadurch und durch die drohende Nachzahlung der Kassenbeiträge hinreichende Zwangsmittel gegen säumige Betriebsinhaber geschaffen. Es sei noch darauf hingewiesen, dafs ein Erlafs der Prager Statthalterei vom 26. Dezember 1891 Zl. 116411 die amtliche Mitteilung der Gewerbeanmeldungen an die Bezirkskrankenkassen als zulässige und wirksame Kontrollmafsregel erklärt hat. — Glaubt man aber des Zwangsmittels des Krankenkostenersatzes nicht entraten zu können, so soll man seine Anwendung im einzelnen Fall als Nebenstrafe für besonders schwere Fälle der Pflichtverletzung der politischen Behörde anheimstellen und seine Wirksamkeit gleichzeitig auf die den Betriebs-, Bau- oder Genossenschaftskassen zugehörigen Arbeitgeber ausdehnen.

Auch das deutsche Gesetz kennt die oben erörterte Pflicht des Arbeitgebers zum Krankenkostenersatze für erkrankte, aber vor der Erkrankung nicht angemeldete Arbeiter. Die bezügliche Bestimmung des § 50 ist auch hier auf einige Kassenarten (Gemeinde- und Ortskrankenkasse) beschränkt und giebt zu denselben Bedenken wie im österreichischen Gesetze Anlafs; nur zwei Vorzüge hat die deutsche Norm vor unserer voraus: sie ist als Straffolge deutlich charakterisiert („Arbeitgeber, welche der ihnen obliegenden Anmeldepflicht vorsätzlich oder fahrlässigerweise nicht genügen“ u. s. w.) und spricht ausdrücklich aus, dafs die Pflicht zur Nachzahlung von Beiträgen von dem Eintreten dieser Straffolge ganz unabhängig ist.

Ein besonderer Fall der Versicherungspflicht, welcher im deutschen Gesetze erwähnt ist, blieb in unserem Gesetze unberücksichtigt. Es ist das der Fall, dafs ein Arbeiter gleichzeitig zu zwei oder mehreren Arbeitgebern im Lohnverhältnisse steht. Das kommt nicht etwa nur vereinzelt vor. Vielmehr findet man bei gewissen Industrien, bei denen das Sitzgesellentum (Heimarbeit) und die Hausindustrie Brauch ist, wie z. B. in der Textil- und Bekleidungsindustrie, Modistenarbeit, dieses Doppelverhältnis ziemlich häufig. Es entsteht für uns die Frage, welchen der mehreren Dienstherren eines und desselben Arbeiters die Pflicht zur Vornahme der Versicherung, welchen die Verantwortung für die vorschriftsmäfsige Durchführung derselben trifft. Mufs jeder dieser Arbeitgeber die Anmeldung bei der Krankenkasse vornehmen, mufs jeder die vollen Beiträge zahlen, hat jeder das Lohnabzugsrecht, tritt die Pflicht zur Beitragsnachzahlung, zum Kostenersatze, tritt die Straffälligkeit für einen der mehreren Dienstgeber auch dann ein, wenn die Versicherung von einem anderen derselben ordnungsmäfsig vorgenommen wurde? Das sind Fragen, welche für die beteiligten Personen gewifs von hervorragendem Interesse sind, welche aber unser Gesetz gar nicht, das deutsche nur teilweise (§ 52 Abs. 2) beantwortet. Dort heifst es: „Wenn der Versicherte gleichzeitig in mehreren, die Versicherungspflicht begründenden Arbeitsverhältnissen steht, so haften die sämtlichen Arbeitgeber als Gesamtschuldner für die vollen Beiträge und Eintrittsgelder." Aus dem Charakter der Gesamtschuld ergiebt sich hier, daſs alle jene Verpflichtungen, welche das Gesetz dem Arbeitgeber auferlegt, nur einmal, d. h. von einem der mehreren Arbeitgeber erfüllt zu werden brauchen, und daſs mit der einmaligen Erfüllung auch die Verbindlichkeit der übrigen erlischt. Wie es speciell mit der Anmeldepflicht steht und wie sich das rechtliche Verhältnis unter den Dienstgebern desselben Arbeiters gestaltet, ist auch hier nicht gesagt. Man muſs sich daher bezüglich der Anmeldung an die allgemeine Bestimmung des § 49 des deutschen Gesetzes halten und sie von allen beteiligten Unternehmern verlangen. Das interne rechtliche Verhältnis unter denselben und gegenüber dem Arbeiter ist mangels gesetzlicher Norm der freien Vertragsschlieſsung anheimgegeben; nur das eine scheint sich noch aus dem Gesamtschuldverhältnisse zu ergeben, daſs dem Arbeiter nur von einer Seite Kassenbeiträge vom Lohne abgezogen werden dürfen. — In Österreich begnügt sich die Praxis bei solchen Doppellohnverhältnissen meist mit der Vornahme der Versicherung durch einen der Dienstgeber. Für die anderen besteht aber immer die Gefahr, zur Verantwortung gezogen zu werden, wenn der erstere das Lohnverhältnis ohne ihr Wissen aufhebt. — Eine geeignete gesetzliche Lösung lieſse sich darin finden, daſs man allen Betriebsinhabern ausdrücklich die Anmeldung bei der Kasse zur Pflicht machte, jedoch nur dem der Zeit nach ersten unter ihnen die Pflicht zur Beitragszahlung auferlegte und das Lohnabzugsrecht einräumte; die Krankenkassen aber müſsten angewiesen werden, im Falle der Abmeldung dieses Arbeitsverhältnisses den nächsten Arbeitgeber zur Beitragszahlung aufzufordern.

5. Die Zeit, welche die Verhältnisse der Menschen mächtig beeinfluſst, spielt auch im Rechtsleben eine wichtige Rolle; sie verleiht urwüchsig sich entwickelnden Zuständen nachträglich den Titel des Rechts; sie entzieht denselben dort, wo Befugnisse unbethätigt geblieben und in die durch Weiterentwicklung der Dinge geschaffenen neuen Situationen nicht mehr hineinpassen. Diese rechtschaffende und rechtvernichtende Kraft der Zeit wirkt in den verschiedenen Zweigen des Rechtslebens verschieden rasch, je nachdem die Verhältnisse, welche der betreffende Rechtszweig regeln soll, ihrer Natur nach mehr beständig oder mehr dem schnellen Wechsel unterworfen sind. Zu letzteren gehören ohne Zweifel die modernen Lohn- und Arbeitsverhältnisse im Gebiete der Produktion und des Verkehrs. Die fortwährenden Schwankungen von Nachfrage und Angebot auf dem Waren- und Arbeitsmarkte und mancherlei Vorgänge im Volks- und Staatsleben bewirken ein rastloses Zu- und Abströmen, Fluten und Ebben des Arbeiterelementes. Es hieſse die Natur der Dinge völlig verkennen, wollte man in die rechtliche Regelung dieses

Lebens und Treibens einen konservativen Zug hineinbringen. Das gilt insbesondere auch hinsichtlich der verwaltungsrechtlichen Aufgaben, die dem Staate in Bezug auf die bezeichneten Arbeitsverhältnisse erwachsen.

Von diesem Standpunkte aus erklärt sich das lebendige Bedürfnis, welches sich auf dem Gebiete der Arbeiterkrankenversicherung nach kurzen Verjährungs- und Präklusionsfristen geltend macht, so hinsichtlich der fällig gewordenen Unterstützungsansprüche erkrankter Arbeiter, so bezüglich der fälligen Beiträge der Arbeitgeber und Arbeitnehmer, so in Ansehung aller Zwangsmafsregeln, welche den Verwaltungsbeamten zur Durchführung der Versicherung an die Hand gegeben sind, so endlich auch in Bezug auf die Ansprüche von Ärzten, Apothekern und Krankenanstalten gegenüber den Krankenkassen.

Wie ist diesem Bedürfnisse in unserem Gesetze Rechnung getragen?

Fassen wir zunächst die Unterstützungsansprüche der Arbeiter ins Auge. Obwohl die Besprechung derselben nicht in das Kapitel über die Lasten und Rechte der Arbeitgeber gehört, so sollen dieselben bezüglich der Verjährungsfrage doch des Zusammenhanges wegen hier behandelt werden. Die Zeitgrenzen für das Entstehen dieser Unterstützungsansprüche sind sowohl im österreichischen wie im deutschen Gesetze ausdrücklich festgesetzt; sie ergeben sich teils aus der Dauer der Mitgliedschaft der Arbeiter bei den Krankenkassen (§§ 22, 13 Zl. 1 u. 3, 6 Abs. 2, 47, 57 und 60 des österreichischen Krankenversicherungsgesetzes), teils aus der Normierung des zeitlichen Mindest- und Höchstmafses der Unterstützungen (§§ 6 Abs. 3, 9 Zl. 3), teils aus statutarischen Bestimmungen der Kassen. Da die Inanspruchnahme der ärztlichen Hilfe und der Hilfe von Krankenanstalten und Apotheken durch das Vorhandensein eines Krankheitszustandes innerhalb der für die Entstehung von Unterstützungsansprüchen gegebenen zeitlichen Schranken bedingt ist, so ist hier die Festsetzung einer Verjährungsfrist naturgemäfs überflüssig. Anders jedoch verhält es sich bezüglich der fällig gewordenen, aber nicht behobenen Teilbeträge des Krankengeldes. Es läfst sich wohl denken, dafs ein Arbeiter es verabsäumte, seine diesbezüglichen Ansprüche während der Krankheit in ihrem vollen Umfange geltend zu machen und erst später, vielleicht sogar erst nach mehreren Jahren, an die Kasse mit Nachforderungen herantritt. Da unser Krankenversicherungsgesetz eine besondere Verjährungszeit bezüglich solcher Forderungen nicht anordnet, bleibt nichts anderes als die Anwendung des § 1478 des allgemeinen bürgerlichen Gesetzbuches übrig, wonach eine dreifsigjährige Frist zu gelten hat. Dafs diese für unseren Fall ungeeignet ist, wird jeder einsehen, der sich klar macht, welcher Umsatz bei einer auch nur mittelgrofsen Krankenkasse stattfindet, welchen Schwierigkeiten die nachträgliche Feststellung solcher Ansprüche begegnet, und wie ja der socialpolitische Zweck, den die Gesetzgebung bei Kreierung des Unterstützungsrechtes im Auge hatte, weggefallen ist, sobald der durch die einzelne Erkrankung des Arbeiters hervorgerufene Notstand beseitigt ist. — Das deutsche Gesetz ordnet in seinem § 56 an, daſs die Unterstützungsansprüche der Arbeiter in zwei Jahren vom Tage ihrer Entstehung an verjähren.

Die fälligen Beiträge der Arbeitgeber und -nehmer werden nach dem Gesetze in ihrer Gesamtheit von den Ersteren der Krankenkasse geschuldet, jedoch ist ihnen das Recht eingeräumt (§ 36), zwei Drittel der Gesamtbeiträge bei jeder regelmäſsigen Lohn- oder Gehaltszahlung mit dem Betrage den Arbeitern in Abzug zu bringen, welcher auf die einzelne Lohn- oder Gehaltsperiode entfällt. An diese Bestimmung knüpft unser Gesetz eine Präklusivfrist, die einzige, die es bezüglich aller in Rede stehenden Leistungen und Ansprüche kennt: „Macht der Arbeitgeber von dem ihm zustehenden Abzugsrechte bei einer Lohn- oder Gehaltszahlung keinen Gebrauch, so kann er bei späteren Lohn- und Gehaltszahlungen dieses Recht bezüglich der seinerzeit nicht zurückgehaltenen Quote nur insofern ausüben, als seit der betreffenden Lohn- oder Gehaltszahlung nicht mehr als ein Monat verflossen ist." Wir haben es hier zweifellos mit einer Präklusions- und nicht mit einer Verjährungsfrist zu thun, da eine Hemmung oder Unterbrechung derselben ausgeschlossen erscheint. — Es ist keine Frage, daſs diese beschränkende Bestimmung einem wichtigen und berücksichtigungswürdigen Interesse der Arbeiterschaft entspricht. Eine ähnliche Norm findet sich auch im deutschen Krankenversicherungsgesetze (§ 53), jedoch mit einem Zusatze, welcher auch den Interessen des Dienstgebers gerecht zu werden sucht: „Sind Abzüge für eine Lohnzahlungsperiode unterblieben, so dürfen sie nur noch bei der Lohnzahlung für die nächstfolgende Lohnzahlungsperiode nachgeholt werden. Hat der Arbeitgeber Beiträge um deswillen nachzuzahlen, weil die Verpflichtung zur Entrichtung von Beiträgen zwar vom Arbeitgeber anerkannt, von dem Versicherten, der Gemeindekrankenversicherung oder Ortskrankenkasse aber bestritten wurde, und erst durch einen Rechtsstreit (§ 58) hat festgestellt werden müssen, oder weil die im § 49a vorgeschriebene Anzeige (einer Hilfskasse bei der Aufsichtsbehörde über das Ausscheiden eines Mitgliedes) erst nach Ablauf der im Absatz 1 bezeichneten Zeiträume oder gar nicht erstattet worden ist, so findet die Wiedereinziehung des auf den Versicherten entfallenden Teiles der Beiträge ohne die vorstehend aufgeführten Beschränkungen statt." Das österreichische Gesetz hat an Stelle dieser Zusatzbestimmung die Monatsfrist für die nachträgliche Vornahme von Lohnabzügen wohl in der Annahme festgesetzt, daſs etwaige Rechtsstreitigkeiten der im deutschen Gesetze erwähnten Art innerhalb eines Monats geschlichtet sein dürften.

Leider ist bezüglich der fälligen Beiträge des Arbeitgebers in unserem Gesetze keine Verjährungs- oder Präklusivfrist angegeben, ein Mangel, der um so fühlbarer ist, als die volle Beitragspflicht auch im Falle unterbliebener Anmeldung eines Versicherungspflichtigen vom ersten Tage der Beschäftigung desselben an erwächst und erst mit der vorgenommenen Abmeldung endet. Nur nach dem Bruderladengesetz findet sich die zweckmäſsige Bestimmung im § 31 Abs. 2, daſs die Beitragspflicht bezüglich nicht angemeldeter Arbeiter mit deren Dienstaustritt endet. Man muſs in Betracht ziehen, daſs das Unterbleiben der Anmeldung durchaus nicht immer auf bösen Willen, sondern oft auf ein Versehen zurückzuführen ist, dessen Vorkommen sich selbst bei Musterbetrieben kaum ausschlieſsen läſst. Hier die 30jährige Verjährungsfrist des § 1478 des allgemeinen bürgerlichen Gesetzbuches walten zu lassen, wie es das Ministerium und der Verwaltungsgerichtshof thun, führt zu ganz horrenden Ergebnissen, welche weder im Zwecke der gesetzlichen Krankenversicherung gelegen sind, noch für den Arbeiter irgend ein Interesse haben. Von solchem Standpunkte aus kommt man zu Konsequenzen, wonach man einem Unternehmer für eine Arbeitskraft, die ihm nur wenige Stunden ausgeholfen hat, vielleicht sogar ohne dessen Wissen in seinem Interesse thätig war, eine Nachtragszahlung von mehreren hundert Kronen auferlegen muſs. Vermehrt werden diese Bedenken noch durch den Umstand, daſs infolge der unklaren Bestimmungen des § 1 des Krankenversicherungsgesetzes die Versicherungspflicht der fraglichen Hilfskraft für den schlichten Verstand des gemeinen Mannes schwer erkennbar sein konnte. Von dem richtigen Gefühl geleitet, daſs man durch eine solche Praxis einzelne Gewerbetreibende geradezu zu Grunde richtet, und daſs ein solcher Erfolg vom Gesetzgeber unmöglich beabsichtigt sein kann, versuchten die unteren Instanzen wiederholt, den § 1480 des allgemeinen bürgerlichen Gesetzbuches auf rückständige Kassenbeiträge anzuwenden: „Forderungen von rückständigen jährlichen Abgaben, Zinsen, Renten oder Dienstleistungen erlöschen in drei Jahren.“ Zieht man in Betracht, daſs es sich in unserem Falle nicht einmal um jährliche, sondern sogar um wöchentliche oder höchstens monatliche Abgaben handelt, deren Begründung zwar in der Steuergewalt des Staates zu suchen ist, deren Ertrag aber nicht dem Staate, sondern anderen Privatpersonen zu gute kommt; hält man sich vor Augen, daſs durch das Gesetz vom 18. März 1878 RGBl. Nr. 31 selbst für die direkten Steuern, Maſsen- und Freischurfgebühren, der Verzehrungssteuer, Taxen, Stempel- und unmittelbaren Gebühren eine Verjährungsfrist von sechs Jahren normiert wurde, so erscheint obiger Standpunkt wohl gerechtfertigt. Diesen Ausweg hat das Ministerium mit der Entscheidung abgeschnitten: „Krankenversicherungsbeiträge unterliegen als öffentliche Abgaben der Verjährung nicht.“ — Hier thut die gesetzliche Anordnung einer kurzen Verjährungsfrist bitter not! Es ist schier unbegreiflich, weshalb die Bestimmung des § 55 des deutschen Gesetzes in das unsere, das doch jenem nachgebildet ist und die meisten Bestimmungen daraus entlehnt hat, nicht aufgenommen wurde; sie lautet: „Der Anspruch (der Kasse) auf Eintrittsgelder und Beiträge verjährt in einem Jahre nach Ablauf des Kalenderjahres, in welchem er entstanden ist."

Das Bedürfnis nach kurzen Verjährungsfristen besteht auch bezüglich des Anspruches der Bezirkskrankenkasse gegen den säumigen Arbeitgeber auf Ersatz von Krankenkosten im Sinne des § 32, wenn auch hier nicht in dem Maſse, wie betreffs der fälligen Beiträge. Denn in der Praxis wird der Arzt, bezw. die Krankenanstalt schon während, oder doch bald nach der Behandlung des kranken Arbeiters der Bezirkskasse die Kostenrechnung vorlegen, und die Kasse wird dann in ihrem eigensten Interesse bei mangelnder ordnungsmäſsiger Anmeldung des Versicherten gegen den säumigen Betriebsunternehmer sogleich einschreiten. Von dieser Regel giebt es jedoch auch manche Ausnahmen, und da verlangt das billige Interesse des Arbeitgebers, die Möglichkeit der langen Dauer ungewisser Rechtsverhältnisse thunlichst auszuschlieſsen. Da das Ministerium des Innern wiederholt den Schadensersatzcharakter des in § 32 vorgesehenen Regresses betonen zu sollen glaubte, hieſse es nur folgerichtig handeln, wenn man auf jene Ersatzansprüche, welche mittelst dieses Paragraphen begründet werden, den § 1489 des allgemeinen bürgerlichen Gesetzbuches anwenden würde: „Jede Entschädigungsklage erlischt nach drei Jahren von der Zeit an, zu welcher der Schade dem Beschädigten bekannt wurde." Wenn man aber, wie oben unter Absatz 4 zu begründen versucht wurde, diese Ersatzpflicht lediglich als ein Strafmittel betrachtet, so ist dieselbe aus dem gleichen Gesichtspunkte zu behandeln, wie die Ordnungsstrafe des § 67. Das rechtswidrige Verhalten, das hier gestraft werden soll, kann wohl nicht als eigentliches Delikt im Sinne des Strafrechtes angesehen werden, da wir es hier weder mit einem verbotenen Eingriff in die Rechtssphäre einer anderen Person, noch mit einem Angriff auf die Gesellschaftsordnung zu thun haben, noch von einer Sühne verlangenden Verletzung des Rechtsbewuſstseins im Volke die Rede sein kann. Es handelt sich hier vielmehr nur um Ordnungswidrigkeiten, welche der polizeilichen Ahndung unterworfen sind. Dem Charakter der bloſsen Ordnungswidrigkeit aber entspricht eine kurze Verjährungsfrist von höchstens ein oder zwei Jahren nach der Begehung. Ganz analoge Fälle finden wir in den Übertretungen und Strafen der Gewerbeordnung. Dort heiſst es im § 140: „Durch die Verjährung erlischt Untersuchung und Strafe jener Übertretungen des Gewerbegesetzes, welche nicht nach dem allgemeinen Strafgesetze zu behandeln sind, wenn der Übertreter binnen sechs Monaten, vom Tage der begangenen Übertretung, nicht in Untersuchung gezogen worden ist." Das deutsche Krankenversicherungsgesetz normiert, wie schon erwähnt, wohl eine Verjährung der Kassenansprüche auf Beiträge und Eintrittsgelder in einem Jahre (§ 55) und eine Verjährung der Unterstützungsansprüche in zwei Jahren (§ 56), nicht aber eine solche bezüglich der Strafen.

Um das System der Verjährungen und Präklusionen zu vervollständigen, würde es sich schliefslich noch im Interesse einer geordneten Geschäftsführung der Krankenkassen empfehlen, den Ärzten, Apothekern und Krankenanstalten eine angemessene Frist zur Einreichung ihrer Rechnungen vorzuschreiben.

Ich möchte hier die Gelegenheit ergreifen, um im Nachhange zu dem über die Strafbestimmungen des Krankenversicherungsgesetzes Gesagten einer üppigen Blüte des Bureaukratentumes zu gedenken, welche ihre Entwickelung dem Umstande verdankt, dafs die Regelung der Arbeiter-Krankenversicherung bei uns leider keine einheitliche ist, sich nicht als ein Bau darstellt, der organisch gegliedert unter dem Dache eines gemeinsamen Gesetzes Platz fand, sondern dafs aufser dem mehrcitierten Hauptgesetz auch noch andere, der Entstehungszeit und dem Geiste nach von diesem unterschiedenen Gesetze Normen für die Versicherung enthalten, wie z. B. die Vereinsgesetze und die Gewerbeordnung. § 69 des Krankenversicherungsgesetzes ordnet an, dafs die auf Grund dieses Gesetzes auferlegten Geldstrafen in dem im § 68, Abs. 2 vorgesehenen Falle (gesetzwidrige Verträge zum Nachteile der Versicherten) in den Reservefond jener Kasse zu fliefsen haben, welcher der Bestrafte als Vorstandsmitglied angehörte, in allen übrigen Fällen aber in den Reservefond jener Bezirkskrankenkasse, in deren Sprengel der Bestrafte wohnt. Gleichzeitig bestimmt der § 151 der Gewerbeordnung, dafs die auf Grund letzteren Gesetzes eingezogenen Strafgelder, wenn der Straffällige zu einer Genossenschafts- oder Unterstüszungskasse beitragspflichtig ist, in die bezügliche Kasse, sonst in den Armenfond des Ortes, wo die Übertretung begangen wurde, zu fliefsen haben. So harmlos an und für sich diese beiden Bestimmungen aussehen, so verwickelt ist doch der Rattenkönig von Kombinationen, der sich in der Praxis daraus ergeben hat, und es ist der Fleifs und die Geduld zu bewundern, womit die Oberbehörden diesen gordischen Knoten auseinander geknüpft haben, statt ihn mit einem kräftigen Hiebe zu zerhauen. Die nachstehende Tabelle führt in das Studium ein, welches dem unglücklichen Verwaltungsbeamten bevorsteht, der auf Grund der Gewerbeordnung eine Geldstrafe zu verhängen hat.

(Siehe beiliegende Tabelle.)

6. Nach der Erörterung der Lasten, die den Arbeitgebern durch das Krankenversicherungsgesetz auferlegt wurden, liegt es nahe, sich nach den Rechten umzusehen, welche für sie aus demselben Gesetz entspringen. Sie sind weder zahlreich noch grofs und je nach der Zugehörigkeit zu einer be-

Sch

über die Widmung der auf Grund der Gewerbeordnung verhängten Geldstrafen (n
a) vom 14./5. 1885, Z. 35 351 ex 1884, *b)* vom 2./10. 1885, Z. 247

							Voraussetzungen
Der Straffällige ist:	Gewerbe-Inhaber	befugt	Mitglied einer Genossenschaft; diese Genossenschaft				hat allein oder mit anderen Genossenschaften eine Gehilfenkasse . . .
				ist einer anderen Krankenkasse korporativ beigetreten, u. zw.			der Bezirkskrankenkasse . . . .
					einer Vereinskrankenkasse		falls dieselbe den Bestimmungen des § 121 u. fgd.
							andernfalls[3] . . . .
				hat keine Gehilfenkrankenkasse und ist auch keiner anderen Krankenkasse korporativ beigetreten[3]	Der Straffällige beschäftigt	Hilfsarbeiter od. Lehrlinge, welche versichert sind	bei der Bezirkskrankenkasse . . . .
							bei einer genossenschaftl. Lehrlingskrankenkasse (A
							bei einer Vereinskrankenkasse . . . .
						keine Hilfsarbeiter	bei der Genossenschaft besteht eine Meister-Unters
							bei der Genossenschaft besteht keine derartige Ins
			Nichtmitglied einer Genossenschaft	beschäftigt	Hilfsarbeiter; diese sind versichert bei		der Bezirkskrankenkasse . . . .
							der Betriebskrankenkasse . . . .
							einer Vereinskrankenkasse . . . .
							keine Hilfsarbeiter . . . .
		unbefugt und	beschäftigt				Hilfsarbeiter . . . .
							keine Hilfsarbeiter . . . .
	Hilfsarbeiter	Lehrling	ist versichert bei				der genossenschaftlichen Lehrlingskrankenkasse . . . .
				der Bezirkskrankenkasse			falls der Lehrling Arbeitsverdienst in Geld bezieht . . . . . .
							andernfalls . . . .
							der Betriebskrankenkasse . . . .
							einer Vereinskrankenkasse . . . .
		sonstiger Hilfsarbeiter	Angehöriger einer Genossenschaft; dieselbe				hat allein oder mit anderen Genossenschaften eine Gehilfenkrankenka
				ist einer anderen Krankenkasse korporativ beigetreten, u. zw.			der Bezirkskrankenkasse . . . .
					einer Vereinskrankenkasse		falls dieselbe den Bestimmungen des § 121 u. fg
							andernfalls . . . .
				hat keine Krankenkasse und ist auch keiner korporativ beigetreten	Inkulpat ist versichert		bei der Bezirkskrankenkasse . . . .
							bei einer Vereinskrankenkasse . . . .
			Nichtangehöriger einer Genossenschaft	versichert bei			der Bezirkskrankenkasse . . . .
							der Betriebskrankenkasse . . . .
							einer Vereinskrankenkasse . . . .

[1] In der Rubrik „Anmerkung“ sind die Normalerlässe unter denselben Buchstaben
[2] In diesen Fällen ist es irrelevant, ob der Gewerbeinhaber Hilfsarbeiter beschäf
[3] In diesen Fällen hat die Genossenschaft nicht der Vorschrift des § 121, Abs. 1

NB. Wenn ein Mitglied einer Genossenschaft wegen unbefugten Betriebes eine
inhaber, welcher Mitglied einer Genossenschaft ist.

ma

§ 151 Gew.O. und den Normalerlässen des k. k. Handelsministeriums, und zwar *c)* vom 28./6. 1889, Z. 25 900 und *d)* vom 27./10. 1890, Z. 35 169.

	Widmung der Geldstrafen	Anmerkung[1]
. . . .	dieser[2]	*a)* Absatz 10
. . . .	dieser[2]	*b)* Absatz 2 u. 3
tspricht	dieser[2]	*b)* Absatz 3
. . . .	Armenfond[2]	*b)* Absatz 4
. . . .	dieser	*c)* Absatz 11
I, Al. 2, Ges. v. 4./4 1889, RGBl 39)	Armenfond	*d)* Absatz 6
. . . .	do.	*d)* Absatz 3
zungskasse	dieser	*b)* Absatz 8
ation	Armenfond	do.
. . . .	dieser	*c)* Absatz 11
. . . .	Armenfond	*d)* Absatz 4
. . . .	do.	*d)* Absatz 3
. . . .	do.	*a)* Absatz 2
. . . .	Bezirkskrankenkasse	*c)* Abs. 11 § 1 d. K.V.G.
. . . .	Armenfond	*a)* Absatz 2
. . . .	do.	*d)* Absatz 9, 10, 11
. . . .	Bezirkskrankenkasse	do.
. . . .	Armenfond	do.
. . . .	do.	do.
. . . .	do.	do.
. . . .	dieser	*d)* Absatz 10
. . . .	dieser	do.
entspricht	dieser	do.
. . . .	Armenfond	do.
. . . .	dieser	do.
. . . .	Armenfond	do.
. . . .	dieser	*d)* Absatz 9
. . . .	Armenfond	*d)* Absatz 11
. . . .	do.	do.

ngeführt, wie in der Überschrift.
t oder nicht.
Gewerbeordnung entsprochen.

hm nicht zustehenden Gewerbes gestraft wird, so gilt dasselbe, wie beim befugten Gewerbe-

stimmten Kassenart verschieden verteilt. Ohne Rücksicht auf letztere besteht für alle Betriebsinhaber nur das Recht der Gebühren- und Stempelfreiheit für die in Krankenversicherungsangelegenheiten erstatteten Anzeigen, Ausweise, Eingaben und deren Beilagen; ferner das Recht, daſs die von den Betriebsunternehmern zu entrichtenden Versicherungsbeiträge nicht in die Besteuerungsgrundlagen für die betreffenden Betriebe einbezogen werden dürfen. Ein anderes Vorrecht der Dienstgeber versicherter Arbeiter betrifft ihre Vertretung im Vorstande, in der Generalversammlung, im Überwachungsausschuss und im Schiedsgericht der Kassen. Dieses Vorrecht gilt bezüglich aller Kassen, mit Ausnahme der Vereinskassen, welche aus der Selbsthilfe der Arbeiterschaft hervorgegangen, den Arbeitgebern kein Recht zur Einfluſsnahme auf ihre Verwaltung einräumen. Abgesehen von den letzterwähnten Anstalten kommt den Gewerbeinhabern im Schiedsgerichte die Hälfte der Sitze gesetzlich zu, im Vorstande, in der Generalversammlung und im Überwachungsausschusse aber höchstens ein Drittel aller Stimmen. Demgemäſs sind sie, was den Vorstand betrifft, einerseits mit verantwortlich für dessen Gebarung, anderseits aber in allen genannten Organen der Kasse zur Minorität verurteilt, was bei den herrschenden Standesgegensätzen zwischen Arbeitern und Arbeitgebern meist der Bedeutungslosigkeit der letzteren gleich kommt. Dieser Gedanke dürfte den Verfassern des Krankenversicherungsgesetzes vorgeschwebt sein, als sie bezüglich der Bezirks-, Betriebs- und Baukrankenkassen bestimmten (§ 26), daſs zur Erhöhung der Kassenbeiträge über das gesetzliche Maſs eine abgesonderte Beratung und Beschluſsfassung der Vertreter der Arbeiter und der Arbeitgeber in der Generalversammlung erforderlich sei. Es würde der Gerechtigkeit entsprechen, diesen Vorgang, bezw. das Zweikammersystem auch für andere Fälle gesetzlich anzuordnen, in denen durch Beschlüsse der Generalversammlung wichtige Interessen der Unternehmer unmittelbar getroffen werden.

Als ein Vorrecht der letzteren mag auch deren Befugnis erwähnt sein, sich durch ihre Betriebsbeamten in den verschiedenen Ausschüssen und in der Generalversammlung vertreten zu lassen.

Bei der Errichtung der Statuten für eine neu zu gründende Bezirkskrankenkasse, welche von der politischen Bezirksbehörde des Kassensprengels vorzunehmen ist, sollen nach § 14 des Gesetzes auch Vertrauensmänner der Arbeitgeber gehört werden. Hierin liegt insofern ein wichtiges Recht derselben, als es ihnen dadurch ermöglicht wird, einerseits auf die Vermeidung von Satzungsbestimmungen hinzuwirken, welche ein Hinausgehen über das gesetzliche Mindestmaſs der Lasten für die Betriebsunternehmer bedeuten; anderseits die Aufnahme von Normen zu erwirken (z. B. betreffs der An- und Abmeldung, der Zahlungsfristen, der unständigen Arbeiter u. s. w.), welche ohne Schädigung des Kassenzweckes ihre Lasten leichter machen. Bei der Errichtung von Betriebs-, Bau- und Knappschaftskassen ist den Unternehmern die wichtige Befugnis eingeräumt, die Satzungen selbst zu verfassen. Der kluge und gewandte Betriebsinhaber wird diese Bestimmung zu seinem Vorteil auszunutzen verstehen.

Nicht nur in diesem Punkte, sondern auch in vielen anderen nehmen die Betriebs- und Baukrankenkassen bezüglich der Rechte der Arbeitgeber, aber auch hinsichtlich ihrer Pflichten eine Sonderstellung ein. Auf die hervorspringendsten Eigenheiten sei hier kurz hingewiesen: Dem Betriebsunternehmer oder dessen Vertreter kann der Vorsitz im Vorstande oder in der Generalversammlung übertragen werden. Die Rechnungs- und Kassenführung ist zwar unter seiner Verantwortlichkeit und auf seine Kosten, aber dafür auch durch einen von demselben zu bestellenden und daher von ihm abhängigen Rechnungs- und Kassenführer zu besorgen. Zieht man hierzu noch in Betracht, daſs es in der Macht des Betriebsinhabers liegt, jene Elemente, die ihm im Vorstande oder in der Generalversammlung der Kasse eine unbequeme Opposition machen, durch Entlassung zu beseitigen, so gewinnt man den Eindruck, daſs es mit der Autonomie der Arbeiter bei diesen beiden Kassen nicht weit her ist, sondern daſs ihr Dienstgeber hier der Allmächtige ist, gegen den höchstens mittelst einer Arbeitseinstellung aufzukommen ist. Daraus erklärt sich auch die heftige Gegnerschaft der organisierten Arbeiter gegen diese Versicherungsanstalten, welche schon während der Beratungen im Reichsrate über das Gesetz kräftig einsetzte. Im Abgeordnetenhause vertrat dann auch eine Minderheit den Standpunkt, daſs man durch eine derartige Gestaltung der Betriebs- und Baukassen die sociale Abhängigkeit des Arbeiterstandes nicht verstärken solle, und beantragte, wenigstens für die künftig nach dem Gesetze sich bildenden Betriebskassen die Macht des Unternehmers wesentlich einzuschränken und das Princip der Autonomie kräftiger zum Durchbruche kommen zu lassen. Doch vergebens. Es wurden für die Betriebskassen bei den staatlichen und den privilegierten privaten Eisenbahn- und Dampfschiffahrts-Unternehmungen dem Betriebsinhaber sogar noch weitergehende Machtmittel in die Hand gegeben (z. B. die Bestimmung, daſs an Stelle des Vorstandes und der Generalversammlung Ausschüsse treten können, deren Obmänner, sowie die Hälfte der übrigen Mitglieder von den Betriebsunternehmern ernannt werden können. Freilich führte der Vertreter der Regierung damals aus, daſs diese Privilegien nur „vorläufig“ in das Gesetz aufgenommen worden seien, um dessen Zustandekommen nicht zu verschleppen. Von einer praktischen Bedeutung aber war diese Erklärung jedenfalls nicht.

Eine eigene Bewandtnis hat es mit der Errichtung von

Betriebs- und Baukassen. Den Inhabern von Betrieben mit hundert oder mehr versicherungspflichtigen Personen ist im § 42 des Krankenversicherungsgesetzes das Recht zur Errichtung eigener Kassen eingeräumt. Dieses Recht kann aber von der politischen Behörde wieder genommen werden, wenn durch die Errichtung einer solchen Kasse die dauernde Leistungsfähigkeit der Bezirkskrankenkasse desselben Sprengels gefährdet würde. Bei besonderer Krankheitsgefahr solcher Betriebe, oder eines Weg-, Eisenbahn-, Kanal-, Strom- oder Dammbaues, sowie anderer vorübergehender Baubetriebe kann der Unternehmer oder Bauherr, ohne dafs ihm bei Unternehmungen der letzteren Art auch das Recht zur Errichtung einer eigenen Krankenkasse zusteht, gezwungen werden, eine solche zu errichten. Der Zwang wird indirekt dadurch ausgeübt, dafs die Arbeitgeberbeiträge bis zur doppelten Höhe ihres sonstigen gesetzlichen Ausmafses bemessen werden. Da es ein anderes Zwangsmittel zu diesem Zwecke nicht giebt und der Unternehmer die Auflösung einer bestehenden Betriebskasse dadurch bewirken kann, dafs er in der Generalversammlung einen entsprechenden Beschlufs durchsetzt oder es unterläfst, für die ordnungsmäfsige Kassen- und Rechnungsführung Sorge zu tragen, so kommt der ganze Errichtungszwang eigentlich auf nichts anderes, als eine erhöhte Besteuerung von Unternehmern hinaus, deren Betriebe von der politischen Behörde als besonders krankheitsgefährlich angesehen werden. Auf diesem Wege kommt man zu einem neuen Principe der Krankenversicherung: zur Einführung von Gefahrenklassen mit verschiedenen Beitragssätzen, ähnlich, wie bei der Unfallversicherung. Es erscheint wohl kaum gerechtfertigt, ein solches allgemeines Princip nur bei einer bestimmten Gruppe von Unternehmern dauernd in Anwendung zu bringen. Entweder giebt es so starke Abstufungen in der Krankheitsgefahr, dafs die gleichmäfsige Verteilung der nötigen Versicherungsbeiträge auf alle Arbeitgeber und -nehmer als eine Ungerechtigkeit empfunden werden müfste; dann müssen überall Gefahrenklassen eingeführt werden, gleichgültig, ob der Unternehmer ein Grofsindustrieller oder ein Handwerker ist. Oder es liegt eine derartig dauernde Verschiedenheit der Krankheitsgefahr nach einzelnen Betriebsarten nicht vor; dann soll man den Fortbestand der Kassen mit ungünstigen Unterstützungsverhältnissen durch Centralisation, durch Förderung des Kassenverbandswesens und der Verbandsreservefonde, oder, was dasselbe ist, durch unmerkliche Überwälzung eines Teiles ihrer Lasten auf die weitaus überwiegende Zahl von Kassen mit normalen oder günstigen Unterstützungsverhältnissen sichern, und das Sonderkassentum womöglich ausschalten.

Die Physiognomie der Betriebs- und Baukassen als autonome und auf Gegenseitigkeit beruhende Versicherungsanstalten erfährt noch durch die Bestimmungen des § 47 Zl. 7 und 8 eine wesentliche Beeinträchtigung. Dort werden die Unternehmer für den Fall unzulänglicher Barbestände der Kasse zu unverzinslichen Vorschüssen, und für den Fall nicht zureichender Einnahmen der Kasse sogar zu nicht rückzahlbaren Zuschüssen aus eigenen Mitteln verpflichtet. Diese Bestimmungen haben infolge des Mangels jeglicher Höhen- und Zeitgrenze eine ungeheuerliche Tragweite für den Unternehmer; der Verwaltungsbehörde aber nimmt diese Unbeschränktheit die notwendige Sicherheit bei der Handhabung des Gesetzes. Sie verstärken den für den Ausbau der Arbeiterversicherung gewifs nicht günstigen Sondercharakter der in Rede stehenden Kassen. Obige weitgehende Haftpflicht des Unternehmers besteht für die Krankenkassen staatlicher Betriebe und der privaten Eisenbahn- und Dampfschiffahrtsbetriebe nicht. Der Grund dieser Begünstigung mag wohl darin zu suchen sein, dafs diese Kassen meist nicht nur Krankenfürsorge, sondern auch Invaliditäts- und Altersversorgung zum Zwecke haben und die Regierung nicht willens war, auch hierfür die Haftpflicht des Unternehmers eintreten zu lassen, oder aber die letztbezeichneten Zwecke fürderhin aus dem Betriebe der Krankenkassen auszuscheiden, wie sie es zur Bestürzung eines grofsen Teiles der Arbeiterschaft bei den Vereinskranken- und Unterstützungskassen seinerzeit gethan hat.

Eine wichtige Frage, durch deren Beantwortung dem versicherungspflichtigen Unternehmer entweder ein Recht eingeräumt, oder ihm eine weitere schwere Last auferlegt werden mufs, blieb in unserem Gesetze offen: Wer hat bei Vorhandensein mehrerer Krankenkassen, bei welchen im einzelnen Falle der Pflicht zur Versicherung eines Arbeiters Genüge geleistet werden kann, das Wahlrecht, der Unternehmer oder der Arbeiter? Jeder von beiden hat ein wesentliches Interesse daran, dieses Recht auszuüben. Für den Arbeiter erklärt sich das Interesse daraus, dafs einerseits die Höhe seiner Beiträge bei den einzelnen Kassen verschieden bemessen wird, dafs anderseits die statutenmäfsigen Unterstützungsleistungen der Kassen bezüglich ihrer Dauer und ihres Ausmafses verschieden sind und endlich, dafs viele Kassen an die längere Dauer der Mitgliedschaft gewisse Vorteile knüpfen, die beim Austritte verloren gehen. — Für die Arbeitgeber kann es nicht gleichgültig sein, ob sie alle ihre Bediensteten bei einer Anstalt versichert haben, oder gezwungen werden können, gleichzeitig bei mehreren Anstalten zu versichern, ganz abgesehen davon, dafs die eine Kasse den Unternehmern günstigere Bedingungen oder gröfsere Erleichterungen gewährt, als die andere. Dem Betriebsinhaber zumuten, die schwere Last der Arbeiterversicherung durch wechselnde Verbindung mit mehreren Versicherungsanstalten sich zu vervielfachen, hiefse ihn zwingen, die Arbeiter mit unbequemen Versicherungswünschen zu entlassen oder gar nicht aufzunehmen. Der Schaden würde doch wieder die Arbeiterschaft treffen. In der Praxis haben die Unternehmer, fufsend auf der Überlegenheit, die ihnen der Lohnvertrag sichert, sich das Kassenwahlrecht angeeignet, und es würde wohl kaum durchführbar sein, ihnen dieses Recht kraft gesetzlicher Bestimmung zu nehmen. Wohl aber könnte durch starke Centralisierung der Krankenkassen und möglichsten Ausschluſs von Sonderkassen und Kassenprivilegien für die Arbeiter der Nachteil des mangelnden Kassenwahlrechts behoben werden.

Zum Schlusse ist noch ein Punkt von praktischer Wichtigkeit zu erörtern. Sollte das Gesetz den Arbeitgebern nicht das Recht einräumen, sich zu den gleichen Bedingungen, wie ihre Arbeiter bei einer Krankenkasse versichern zu können? Gegenwärtig steht ihnen die Möglichkeit zur Versicherung wie jeder anderen nicht versicherungspflichtigen Person offen, wenigstens bei den Bezirkskrankenkassen (§ 13 Zl. 4). Dabei aber treffen sie im Vergleich mit ihren Arbeitern gewisse Nachteile: Altersbeschränkung (35. Lebensjahr § 13 Zl. 4), Karenzzeit von vier bis acht Wochen (§ 22 Abs. 2), Pflicht zur Zahlung eines Eintrittsgeldes (§ 13 Zl. 5). Die traurige wirtschaftliche Lage, in welcher sich ein groſser Teil des Kleingewerbes in Österreich befindet, der Umstand, daſs der Fabriksarbeiter wirtschaftlich und social manchmal besser gestellt ist, als der kleine Handwerksmeister, würden es gewiſs befürworten, obige Beschränkungen der freiwilligen Krankenversicherung für den Arbeitgeber nicht eintreten zu lassen, sondern ihn diesbezüglich seinen Arbeitern gleichzustellen. Die gewiſs über Erwarten günstige finanzielle Entwicklung, die das Krankenkassenwesen bei uns schon im ersten Decennium seines Bestandes erfahren hat, nimmt dem Haupteinwande, den man gegen diesen Vorschlag erheben könnte, von vornherein die Berechtigung.

7. Es erübrigt nun noch, die Ergebnisse kurz zusammenzufassen, welche durch die in diesem Kapitel angestellten Betrachtungen gewonnen wurden. Den gesetzlichen Bestimmungen, durch welche dem Unternehmertume im Interesse der obligatorischen Krankenversicherung der Arbeiter in Österreich Lasten und Verpflichtungen auferlegt werden, ermangelt zunächst eine genügende Präcision in der juristischen Charakterisierung dieser Lasten, in der Abgrenzung der rechtlichen Wirksamkeit der gegebenen Normen, in der klaren Festsetzung der rechtsbegründenden Thatsachen für alle Ansprüche der Kassenverwaltungen. Es darf kein Zweifel darüber möglich sein, daſs die von den Arbeitgebern zu leistenden Beiträge öffentliche Abgaben gleich den direkten Steuern seien, daſs die Bestimmungen der §§ 67 und 32 Strafbestimmungen sind, welche ein nachweisbar schuldhaftes Verhalten bei jenen Personen unbedingt voraussetzen, denen gegenüber sie Anwendung finden sollen. Ein Vorzugspfandrecht muſs, sofern es überhaupt für gewisse Forderungen der Kassen an dem Vermögen des Arbeitgebers bestehen soll, im Gesetze ausdrücklich angeordnet sein. Die Frage, ob der Abschluſs des Dienstvertrages, oder der Eintritt des Arbeiters

in die Hausgemeinschaft seines Brotherrn, oder die wirkliche Aufnahme der Arbeit durch ersteren, oder wenigstens dessen nachweisbare Bereitwilligkeit dazu die Pflichten des Dienstgebers gegenüber der Krankenkasse begründet, mufs das Gesetz ebenso klar beantworten wie jene, welche Rechtsverhältnisse aus den von einem Arbeiter gleichzeitig mit zwei oder mehreren Unternehmern abgeschlossenen Arbeitsverträgen erwachsen.

Die grofse Ungleichmäfsigkeit in der Belastung des einzelnen Arbeitgebers mufs, soweit das Gesetz darauf Einflufs nehmen kann, ausgeglichen werden. Alle zur Durchführung der obligatorischen Krankenversicherung der Arbeiter dienenden Versicherungsanstalten müfsten durch eine einheitliche gesetzliche Regelung wenigstens insoweit unter einen Hut gebracht werden, dafs bezüglich der zugehörigen Arbeitgeber gleichartige Strafbestimmungen (§ 32!), eine gleichartige Bemessung der Beiträge, gleichartige Vorschriften für An- und Abmeldungen gelten. Ein empfindlicher Übelstand ist namentlich darin zu erblicken, dafs gerade die wirtschaftlich schwächste Klasse von Betriebsunternehmern, die des Kleingewerbes, welche das stärkste Kontingent für die Bezirkskrankenkassen stellt, die Lasten des Krankenversicherungsgesetzes am schwersten zu fühlen bekommt.

Mit dem Wunsche nach einer gerechteren Verteilung der Lasten verbindet sich der nach Einführung von Erleichterungen, soweit es ohne Schädigung des Zweckes und der Durchführbarkeit der Versicherung geschehen kann. Hierher gehört vor allem die Frage der Aufhebung oder doch der eingeschränkten Geltung des § 32. Auch eine gesetzliche Regelung der Kollektivversicherung der unständigen Arbeiter und die Schaffung von Einrichtungen, welche die An- und Abmeldung der Versicherungspflichtigen vereinfacht, wäre ins Auge zu fassen.

Weisen wir noch auf die Notwendigkeit der Einführung kurzer Verjährungsfristen und ferner darauf hin, dafs Gründe der Billigkeit dafür sprechen, den Betriebsinhabern in den Vertretungskörpern aller Kassen ein gröfseres Stimmrecht (Zweikammersystem) einzuräumen, sofern es sich um die Beschlufsfassung über wichtige Interessen derselben handelt, so haben wir im allgemeinen jene Punkte bezeichnet, in welchen zu Gunsten des Unternehmertums eine Änderung der bestehenden Vorschriften für die Krankenversicherung der Arbeiter wünschenswert erscheint.

IV.

Die von den Krankenkassen zu gewährenden Unterstützungen.

1. Die Unterstützungsansprüche der erkrankten Arbeiter im allgemeinen und deren Begrenzung nach Zeit und Höhe. — 2. Die Entstehung und Fälligkeit derselben; die Krankenfürsorge für erwerblose Arbeiter. — 3. Der gesetzliche Begriff „Krankheit“, mehrfache Erkrankung und Wiedererkrankung. — 4. Die Unterstützung der Wöchnerinnen. — 5. Der Einfluſs der Simulation und des Verschuldungsmoments auf das Unterstützungsrecht. — 6. Rekonvalescentenpflege und Angehörigenversicherung als Erweiterung der eigentlichen Kassenleistungen. — 7. Die Karenzzeit beim Krankengeldbezuge und der Abzug von Mitgliederbeiträgen vom Krankengelde als Verkürzung der gesetzlichen Kassenleistungen. — 8. Die Doppelversicherung. — 9. Der Bezug von Sterbegeld. — 10. Die Kassenschiedsgerichte. — 11. Schluſswort.

---

1. Der eigentliche Zweck der Arbeiter-Krankenversicherungsgesetze kommt in jenen Bestimmungen zum Ausdrucke, welche die Unterstützungsansprüche der Arbeiter gegenüber den Krankenkassen regeln. Diese Ansprüche sollen dem Arbeiter, welcher in der Regel nicht die Möglichkeit hat, durch Kapitalansammlung für Zeiten der Not vorzusorgen, die Gewiſsheit geben, daſs er im Falle der Erkrankung und der dadurch bedingten Erwerbsunfähigkeit nicht zum Bettelstabe greifen muſs, sondern ein sicheres Anrecht auf bestimmte Bezüge hat.

Die Unterstützungsansprüche der erkrankten Arbeiter und Arbeiterinnen haben mehrfache, verschiedenartige Leistungen der Krankenkassen zum Gegenstande: die freie, ärztliche Behandlung, den geburtshilflichen Beistand, die Beistellung der notwendigen Heilmittel und der sonstigen therapeutischen Behelfe, etwaigen Falles statt dessen die Behandlung und Verpflegung in einem Krankenhause und die kostenfreie Beförderung in dasselbe; ferner die Zahlung eines Krankengeldes als Ersatz für den Lohnentgang im Falle der Erwerbsunfähigkeit, und endlich den Anspruch auf Beerdigungskosten für den Todesfall.

Die Beschränktheit der Mittel der Kassen und die Verwendung dieser Mittel nach versicherungstechnischen Grundsätzen bedingen eine zeitliche und eine Höhengrenze der Unterstützungen. Das zeitliche Mindestausmafs der Kassenleistungen war gleichwie die geringste zulässige Höhe des Krankengeldes im Regierungsentwurfe zu unserem Gesetze dem deutschen Gesetze nachgebildet: 13 Wochen und 50 % des Tagelohnes. Auf Antrag des Gewerbeausschusses des Abgeordnetenhauses wurde diese Frist auf 20 Wochen und das Krankengeld auf wenigstens 60 % des durchschnittlichen Tagelohnes ausgedehnt und in dieser Hinsicht dem österreichischen Arbeiter ein wesentlicher Vorzug vor dem deutschen eingeräumt. Freilich sind bei uns auch die Kassenbeiträge höher. Den Kassen ist es freigestellt, durch Satzungsbestimmungen ihre Leistungen über das Mindestausmafs hinaus bis zu einer gewissen Höchstgrenze (im österreichischen [§ 9] wie im deutschen [§ 21] Gesetz bis zu einem Jahr und 75 % des Tagelohnes) auszudehnen; diese Erweiterung und Erhöhung der Kassenleistungen durch entsprechende Statutenbestimmung kann bei dauernden Gebarungsüberschüssen und nachdem der Reservefond der Kasse seine Maximalhöhe erreicht hat, sogar von Amts wegen von der politischen Verwaltungsbehörde verfügt werden (§ 30 II österreichischen und §§ 10, 33 deutschen Gesetzes). Vielfach lassen die Kassen, namentlich die Vereinskassen, je nach der Dauer der Mitgliedschaft stufenweise eine längere Bezugsberechtigung eintreten, um ihre Mitglieder dadurch an sich zu fesseln. Neben den zweifellosen Vorteilen, die hierdurch den Arbeitern erwachsen, haben solche Bestimmungen, wie alle Ungleichheiten in den Leistungen der verschiedenen Kassen den Nachteil, dafs dadurch die so wichtige und wünschenswerte Freizügigkeit der Arbeiterschaft beeinträchtigt wird.

2. Von praktischer Wichtigkeit ist die Frage, in welchem Zeitpunkte, beziehungsweise auf Grund welcher Thatsachen für die Kasse im einzelnen Falle eine Unterstützungspflicht erwächst. Sehen wir hier von der später zu besprechenden Karenzzeit ab, so müssen wir, um genau zu sein, eigentlich zwei Fragen stellen: Wann entsteht für das Kassenmitglied der Unterstützungsanspruch, und mit welchem Zeitpunkte wird dieser Anspruch fällig? In ersterer Hinsicht giebt unser Gesetz eine deutliche Antwort: beim Beginne der Krankheit. Wie aber, wenn der Anspruchsberechtigte die Kasse nicht sogleich bei der Erkrankung, sondern erst später in Anspruch nimmt? Kann dann die Kasse verhalten werden, für die bereits abgelaufene Krankheitsdauer Leistungen nachzutragen oder nicht? Von welchem Zeitpunkte an ist die gesetzliche bezw. satzungsmäfsige Unterstützungsdauer in solchen Fällen zu berechnen? Erlöschen die Ansprüche, wenn nach der Erkrankung aber vor der Inanspruchnahme der Kasse die Kassenmitgliedschaft verloren geht? Nach

dem Wortlaute des § 6 des österreichischen Krankenversicherungsgesetzes: „Die Krankenunterstützung ist, so lange die Krankheit dauert, und, wenn sie nicht früher endet, durch mindestens zwanzig Wochen vom Beginne der Krankheit, und zwar wöchentlich im nachhinein zu gewähren“, und: „als Krankenunterstützung ist mindestens zu gewähren ... vom Tage der Erkrankung an für jeden Tag ein Krankengeld ...“, — mufs man annehmen, dafs auch die Fälligkeit der Unterstützungsansprüche stets schon beim Beginne der Krankheit eintritt, so dafs die Unterstützungsdauer ohne Rücksicht auf die Geltendmachung der Ansprüche von der Erkrankung an zu berechnen ist. Demnach liefse sich auch eine nachträgliche Einforderung von Kassenleistungen begründen, soweit dem nicht das unten noch näher zu erörternde Recht der Kassen auf die Wahl des behandelnden Arztes und der Apotheke entgegensteht. Die Unterstützungsdauer vom Krankheitsbeginne und nicht vom Zeitpunkte der Geltendmachung des Bezugsrechtes an zu berechnen, stöfst aber in der Praxis auf grofse Schwierigkeiten. Haben wir es nicht mit einer Krankheitserscheinung zu thun, welche bereits bei ihrer Entstehung Arbeitsunfähigkeit mit sich bringt, so ist der Beginn der Krankheit sehr schwer oder gar nicht festzustellen. Der Kasse oder dem Unterstützungsberechtigten eine Beweispflicht diesbezüglich aufzuerlegen, würde zu endlosen Streitverhandlungen führen und die Wohlthat der Versicherung oft illusorisch machen. Das praktische Bedürfnis drängt vielmehr dahin, die Fälligkeit der Unterstützungsansprüche erst mit deren Geltendmachung eintreten zu lassen, und die Erfolgung der ersten Teilleistung der Kasse als Anfangspunkt für die Berechnung der Unterstützungsdauer zu nehmen. Dieser Praxis hat denn auch die Verwaltungsbehörde durch wiederholte Entscheidungen ihre Sanktion gegeben. So lautet z. B. eine Ministerialentscheidung vom Jahre 1893: „In jenen Erkrankungsfällen, in welchen die Erwerbsunfähigkeit und damit der Bezug des Krankengeldes erst einige Zeit nach Beginn der ärztlichen Behandlung und der Beistellung der erforderlichen Heilmittel eintritt, ist die vor dem Eintritt der Erwerbsunfähigkeit verfliefsende Zeit der ausschliefslich ambulatorischen Behandlung des Erkrankten in die zwanzigwöchentliche Unterstützungszeit nicht einzurechnen, somit auch in diesen Erkrankungsfällen das Krankengeld durch längstens 20 Wochen zu erfolgen, weil das Krankenversicherungsgesetz die Gewährung des Krankengeldes durch die Mindestdauer von 20 Wochen für alle mit Erwerbsunfähigkeit verbundenen Erkrankungen vorsieht, und dabei jene besonderen Fälle, in welchen noch vor Eintritt der Erwerbsunfähigkeit die ärztliche (ambulatorische) Behandlung erforderlich wird, nicht ausnimmt.“ Für die Entstehung der Unterstützungspflicht der Kasse ist allerdings erforderlich, dafs die erste nachweisbare Krankheitserscheinung noch während der Kassenmitgliedschaft des Unterstützungswerbers auftrat. In diesem Sinne erkennt in einem anderen Falle das Ministerium: „Für den Zeitpunkt der Entstehung des Unterstützungsanspruches ist der Zeitpunkt der Erkrankung mafsgebend und nicht jener der ärztlichen Behandlung oder der Geltendmachung des Anspruches bei der Kasse, so dafs ein Erkrankter noch immer durch 20 Wochen zu unterstützen ist, wenn derselbe auch inzwischen die Kassenmitgliedschaft verloren hat oder die Unterstützung erst nach dem Verluste der Mitgliedschaft angesprochen wird." Eine Entscheidung des Verwaltungsgerichtshofes vom Jahre 1893 erklärt in ähnlicher Weise: „Das Gesetz schränkt die Verpflichtung der Krankenkassen zur Leistung der Krankenunterstützung, sobald diese für den Versicherten durch dessen Erkrankung während des Bestandes der Mitgliedschaft liquid geworden ist, nicht auf die Dauer der Mitgliedschaft ein." Der Mangel einer Unterscheidung zwischen Entstehung und Fälligkeit der Ansprüche auf Kassenleistungen macht unser Gesetz in diesem Punkte unklar. Das deutsche Gesetz (§ 6) ist insoferne besser stilisiert, als dort wenigstens beim Bezuge des Krankengeldes ein Unterschied gemacht wird: „Die Krankenunterstützung endet spätestens mit dem Ablauf der dreizehnten Woche nach Beginn der Krankheit, im Falle der Erwerbsunfähigkeit spätestens mit dem Ablaufe der dreizehnten Woche nach Beginn des Krankengeldbezuges." — Dort ist auch der durchaus nicht seltene Fall vorgesehen, dafs die freie ärztliche Behandlung vor dem Eintritt der Erwerbsunfähigkeit und dem Bezuge von Krankengeld begonnen hat: „Endet der Bezug des Krankengeldes erst nach Ablauf der dreizehnten Woche nach dem Beginn der Krankheit, so endet mit dem Bezuge des Krankengeldes zugleich auch der Anspruch auf die im Absatz 1 unter Ziffer 1 bezeichneten Leistungen" (freie ärztliche Behandlung und Arzenei). Unserem Gesetze fehlt eine solche Bestimmung, und müfste daher in einem Falle der angegebenen Art die Dauer der freien ärztlichen Behandlung und des Krankengeldbezuges eigentlich getrennt, d. h. unabhängig voneinander berechnet werden, und daher zu verschiedenen Zeiten enden. Aus der ersteren der beiden oben bezogenen Ministerialentscheidungen ist zu ersehen, dafs auch hier sich das praktische Bedürfnis über die Unvollkommenheit des Gesetzes hinwegsetzte. — Die vorsorgliche deutsche Gesetzgebung hat überdies in § 78a eine allgemeine Norm für die Berechnung der im Krankenversicherungsgesetze vorkommenden Fristen gegeben, eine Normierung, die wir bei uns vermissen. —

Eine sehr humane Bestimmung beider Gesetze läfst bei eintretender Erwerbslosigkeit für jene Arbeiter, welche als versicherungspflichtig in eine Krankenkasse aufgenommen worden waren, durch eine bestimmte Frist den Anspruch auf Unterstützung für den Fall der Krankheit weiter bestehen, auch wenn sie die Mitgliederbeiträge nicht mehr bezahlen können. Unser

Gesetz erstreckt in diesem Falle die Berechtigungsfrist doppelt so weit (sechs Wochen) als das deutsche (drei Wochen). Juristisch liegt ein Unterschied zwischen den bezüglichen Normen beider Gesetze darin, dafs das österreichische durch die bezeichnete Frist die Kassenmitgliedschaft weiter bestehen läfst, das deutsche aber nicht, sondern die Frist vom Zeitpunkte des Ausscheidens aus dem Kassenverbande an berechnet. Bei uns ist ein bestimmter Anhaltspunkt für den Beginn des bezeichneten sechswöchentlichen Zeitraums nicht gegeben, dürfte aber nach dem Sinne des Gesetzes von jenem Termine an zu laufen beginnen, an welchem das erste Mal die fällige Beitragszahlung unterblieben ist. Über diese Ansicht läfst sich allerdings streiten, zumal die dem Absatz 3 des § 13 vorangehende Gesetzesstelle die Kassenmitgliedschaft beim Ausscheiden eines Arbeiters aus der die Mitgliedschaft begründenden Beschäftigung, ohne dafs derselbe in ein anderes Dienstverhältnis eintritt oder freiwillig die Kassenbeiträge weiter zahlt oder durch Erwerbslosigkeit zahlungsunfähig wird, nicht sogleich, sondern erst nach vier Wochen erlöschen läfst. Da der anschliefsende Text des § 13 „die Mitgliedschaft und mit derselben das Recht auf die Kassenleistungen durch mindestens sechs Wochen" verlängert, so bietet das Gesetz einen genügenden Anhaltspunkt, um die fragliche Anspruchsdauer mit zehn Wochen vom Zeitpunkte der letzten Beitragszahlung an zu berechnen. — Dafs unser Gesetz die beschränkende Bestimmung des deutschen wegläfst, wonach die eben geschilderte Wohlthat nur unter der Bedingung eintritt, dafs der erwerblose Arbeiter vorher mindestens drei Wochen ununterbrochen versichert war, wird von unserer Arbeiterschaft gewifs als ein schätzenswerter Vorteil empfunden.

3. Die wichtigste Voraussetzung für das Entstehen von Unterstützungsansprüchen der Versicherten gegen eine Krankenkasse ist das Vorhandensein einer Krankheit. Auch hier ist die Praxis wieder angewiesen, mit einem unbestimmten und im Gesetze nicht determinierten Begriffe zu arbeiten. Ist doch selbst im Gebiete der Medizin „Krankheit" kein scharf bestimmter Ausdruck. Die Praxis mufs sich also selbst eine Definition zurechtlegen und geht dabei naturgemäfs vom Zwecke der Versicherungsgesetzgebung aus, welche zweifellos dahin abzielt, jene nachteiligen wirtschaftlichen Folgen aufzuheben, welche für ein Mitglied des Arbeiterstandes aus dessen Erkrankung entspringen. Man hat sich demnach unter Krankheit zunächst jene Störungen des normalen Körperbefindens zu denken, welche entweder unmittelbar eine Beeinträchtigung oder Aufhebung der Erwerbsfähigkeit des einzelnen Betroffenen nach sich ziehen, oder solche Folgen für die Zukunft befürchten lassen. Man kann noch weiter gehen und sagen, es liege im Sinne des Gesetzes, den Arbeiter auch in jenen Fällen zu unterstützen, in denen ihm durch Beseitigung eines abnormalen Körperzustandes eine erhöhte

Arbeitsfähigkeit verliehen werden könnte. Von diesem Standpunkte aus erscheint es sehr fraglich, ob auch solche Krankheitszustände Unterstützungsansprüche gegen die Kasse begründen, welche mit der Erwerbsfähigkeit nichts zu thun haben und sie auch für die Zukunft nicht bedrohen. Wann solche Krankheiten vorliegen, kann natürlich nur der Arzt und zwar nur mit Bezug auf das einzelne Individuum beurteilen. Es läſst sich aber wohl denken, daſs dies z. B. bei gewissen Zahn- und Haarkrankheiten, bei Blähhals, Kropf, Krampfadern, mangelhafter Zeugungsfähigkeit u. s. w. der Fall sein könnte. —

Ist mit dieser Gesetzesauslegung einesteils eine gewisse Einschränkung dessen, was man im gewöhnlichen Leben mit Krankheit bezeichnet, verbunden, so läſst sich andernteils aus Zweck und Wortlaut des Gesetzes eine Ausdehnung obigen Begriffes folgern. Ich glaube die landläufige Auffassung des Wortes „Krankheit“ ungefähr zu treffen, wenn ich damit gewisse, von der allgemeinen Regel abweichende Lebensvorgänge im menschlichen Körper bezeichne, welche einen störenden Einfluſs auf die Entwicklung oder den Fortbestand oder auf die ordentliche Funktion des Ganzen oder einzelner Teile desselben ausüben. Jedenfalls bezeichnet man mit Krankheit nicht Wunden, Knochenbrüche und sonstige durch äuſsere, mechanische Einwirkungen entstandene Verletzungen. Ebensowenig rechnet man hierher abnormale Gestaltungen einzelner Körperteile, welche entweder von Geburt an da sind oder als dauernde Folgeerscheinungen von Verletzungen oder Krankheiten auftreten, wie z. B. Verstümmelungen von Gliedmaſsen, Klumpfüſse, Fehler in den Sprechwerkzeugen, an den Sinnesorganen u. dgl. Endlich ist auch das normal verlaufende Wochenbett zweifellos nicht eine Krankheit. Dennoch liegt es im Sinne des Gesetzes, auch solche Körperzustände, insofern sie die Erwerbsfähigkeit des Arbeiters beeinflussen, als Grundlage für die Geltendmachung von Unterstützungsansprüchen anzunehmen. Das geht zunächst aus den §§ 3 Abs. 1 und 65 des Krankenversicherungsgesetzes hervor, welche die Folgen eines Unfalles als Krankheit bezeichnen; ferner mittelst eines Schlusses a contrario aus jenen Bestimmungen des Krankenversicherungsgesetzes (§ 24 Abs. 2) und des Bruderladengesetzes (§§ 6, 13 Zl. 6, 14 Zl. 3), welche die Krankenunterstützung bezüglich jener Personen einschränken, die sich durch schuldhafte Beteiligung an Schlägereien Verletzungen zugezogen haben; das ist weiter auch aus § 6 Zl. 1 zu entnehmen, woselbst das Wochenbett als Krankheit bezeichnet wird. — Dem Gesagten zufolge deckt sich also der gesetzliche Begriff von Krankheit durchaus nicht mit dem des gewöhnlichen Lebens oder der Medizin, sondern erhält durch seine notwendige Beziehung zur gestörten oder bedrohten Erwerbsfähigkeit des Unterstützungswerbers eine eigenartige Verschiebung. Zur Illustration seien zwei Ministerialentscheidungen aus dem Jahre 1893 angeführt:

„Ein krankhafter Zustand an und für sich ist noch nicht in jedem Falle als Erkrankung, resp. Krankheit im Sinne des Krankenversicherungsgesetzes anzusehen, eine solche liegt vielmehr erst dann vor, wenn infolge einer, sei es plötzlich oder in einer krankhaften Anlage gegründeten Störung des normalen Zustandes die Notwendigkeit der ärztlichen Behandlung bezw. die Erwerbsunfähigkeit eintritt."

„Die Spitalsbedürftigkeit bezw. Erwerbsunfähigkeit zur Zeit der Spitalsaufnahme ist nicht nachgewiesen, wenn das Kassenmitglied nicht infolge einer Erkrankung, sondern zum Zwecke der Beseitigung eines als Krankheit nicht anzusehenden und seine Erwerbsfähigkeit als Schuhmachergehilfe nicht wesentlich beeinträchtigenden körperlichen Defekts (Klumpfuſs) in die Spitalspflege aufgenommen wurde." — Bei einer Revision des Krankenversicherungsgesetzes wird die gesetzliche Festlegung des einen Unterstützungsanspruch begründenden Körperzustandes eine nicht zu übersehende Aufgabe bilden.

Es wurde schon eingangs von der gesetzlichen Begrenzung der Krankenunterstützung auf 20 Wochen nach dem österreichischen und auf 13 Wochen nach dem deutschen Gesetze gesprochen. Beide Gesetze haben dabei lediglich den Fall im Auge, daſs es sich um ein und dieselbe Krankheit handle, denn es wird immer nur von der „Krankheit" κατ' ἐξοχήν gesprochen (§ 6 österr. u. deutsch. Ges.). Wie aber, wenn nach Beginn der Krankenunterstützung eine zweite Krankheit auftritt? Wird dann die Unterstützungsdauer für die zweite Erkrankung für sich berechnet? Denken wir an eine schwere Verletzung und an eine vor der Heilung derselben eintretende typhöse Erkrankung. Und wie liegt der Fall, wenn nach der Entlassung aus der ärztlichen Behandlung und wiedererlangter Arbeitsfähigkeit dasselbe Übel von neuem auftritt? Unser Gesetz giebt auf keine dieser Fragen eine Antwort; das deutsche nur auf die zweite. Wie fühlbar aber der Mangel an einer gesetzlichen Normierung bei uns ist, das zeigt die groſse Zahl von Streitfällen und Entscheidungen über diesen Punkt.

Da es sich hier um eine Frage von principieller Bedeutung handelt, durch welche das Mindestausmaſs der Unterstützungsansprüche wesentlich beeinfluſst wird, so müſste die Entscheidung durch das Gesetz getroffen werden und könnte dem statutarischen Bestimmungsrechte der einzelnen Kasse nicht überlassen bleiben. Unsere Praxis hat sich in dieser schwierigen Situation verschieden zu helfen gesucht und sich im wesentlichen damit begnügt, zu entscheiden, ob eine neuerliche Erkrankung als Fortsetzung der früheren Krankheit und daher bei der Berechnung der Unterstützungsdauer mit dieser zusammen als eine Krankheit zu gelten habe, oder als neuerlicher Unterstützungsfall zu behandeln sei. Hierbei wurde als ausschlaggebend bald der Umstand in Betracht gezogen, ob der Arbeiter inzwischen wieder in Arbeit gestanden hatte oder nicht, bald hat man gewisse Fristen (z. B. von acht Wochen, vgl. § 11 des Musterstatuts für die Bezirkskrankenkassen) aufgestellt, welche zwischen dem Ende der ersten und dem Beginn der zweiten Erkrankung verstrichen sein müssen, um einen neuerlichen Unterstützungsanspruch zu begründen (ein Behelf, der an gewisse präsumtive Fristen des allgemeinen bürgerlichen Gesetzbuchs beim Viehhandel erinnert), oder man hat die Entscheidung auf den behandelnden Arzt überwälzt und damit eine interessierte Partei zum Richter gemacht. Der sicherste, wenn auch nicht ganz einwandfreie Weg wäre de lege ferenda wohl der, die Unterstützungsdauer mit Bezug auf eine bestimmte Zeitperiode festzusetzen, sodaſs z. B. innerhalb eines Jahres ohne Rücksicht, ob ein oder mehrere Krankheitsfälle vorliegen, nur durch eine bestimmte Zahl von Wochen Unterstützungen geleistet werden. Um die darin liegende Härte zu mildern, könnte man eventuell jene Fälle von dieser Beschränkung ausnehmen, wo es sich nach ärztlichem Parere um eine zweite, weder gleichartige noch ursächlich mit der ersten Erkrankung zusammenhängende Krankheit handeln würde. Einen solchen Weg hat, wenn auch nur fakultativ, bereits das deutsche Gesetz im § 6a Zl. 3 und § 26a Zl. 3 eingeschlagen, wonach durch statutarische Bestimmung festgesetzt werden kann, daſs Versicherten, welche eine Krankenunterstützung ununterbrochen oder im Laufe eines Zeitraumes von 12 Monaten für 13 Wochen bezogen haben, bei Eintritt eines neuen Unterstützungsfalles, sofern dieser durch die gleiche nicht gehobene Krankheitsursache veranlaſst ist, im Laufe der nächsten 12 Monate Krankenunterstützung nur für die Gesamtdauer von 13 Wochen zu gewähren sei. — Bei freiwilligem Hinausgehen einzelner Kassen über die Mindestdauer der Unterstützung müſste natürlich auch die der Berechnung zu Grunde liegende Zeitperiode erweitert werden.

4. Der Krankheit wird, wie schon angedeutet, vom Gesetze (§ 6 Abs. 1 Zl. 1 und Abs. 4) das normal verlaufende Wochenbett gleich geachtet. Trotz der ungenauen und zu Miſsverständnissen Anlaſs gebenden Bezeichnung dieses Zustandes als Krankheit kann dem aufmerksamen Beobachter nicht entgehen, daſs der Gesetzgeber hier bei der Gewährung von Unterstützungsansprüchen von einem etwas anderen Gesichtspunkte ausgeht, als bei wirklicher Krankheit. Das kommt in einem Erkenntnisse des Verwaltungsgerichtshofes vom 30. September 1892 Zl. 2964 treffend zum Ausdrucke: „Im Alinea 3 des Krankenversicherungsgesetzes ist für die zu leistende Krankenunterstützung der ganz allgemeine und ausnahmslose Grundsatz aufgestellt, daſs diese Unterstützung so lange zu leisten ist, als die Krankheit dauert, und daſs sie mindestens durch 20 Wochen gewährt werden müsse. Wenn nun das unmittelbar darauf folgende vierte Alinea die Krankenunterstützung für Wöchnerinnen bei

normalem Verlaufe des Wochenbettes in der einen Richtung auf die Dauer von mindestens vier Wochen beschränkt, in der anderen Richtung aber die wirkliche Dauer des Wochenbettverlaufes ganz außer Betracht läßt, also die Leistung durch mindestens vier Wochen auch dann auferlegt, wenn das Wochenbett eine bedeutend kürzere Zeit gewährt hat; so ist hierin auch vom Standpunkte des Krankenversicherungsgesetzes die ganz deutliche Anerkennung gelegen, daß derlei Wöchnerinnen nicht „krank" sind, und es ergiebt sich hieraus, daß jene Unterstützung, welche Wöchnerinnen bei normalem Verlaufe des Wochenbettes zu gewähren ist, nicht als eine Unterstützung angesehen werden könne, die für einen Krankheitsfall gesetzlich normiert ist. — Diese vom Gesetze allerdings ebenfalls „Krankenunterstützung" genannte Unterstützung hat vielmehr ihren Grund nur in der Bestimmung des § 94 der Gewerbenovelle vom 8. März 1885 RGBl. Nr. 22, welcher anordnet, daß Wöchnerinnen erst nach Verlauf von vier Wochen nach ihrer Niederkunft zu regelmäßigen gewerblichen Beschäftigungen verwendet werden dürfen, trägt also nicht so sehr den Charakter einer Krankenunterstützung, als vielmehr den einer Unterstützung für die Dauer der gesetzlich fixierten Erwerbsunfähigkeit der Wöchnerinnen an sich, und es sollte mit dem Ausdrucke „Krankenunterstützung" offenbar nichts anderes gesagt werden, als daß solchen Personen eine Unterstützung genau in jener Art und Höhe zuteil werden solle, welche das Gesetz vom 30. März 1888 für erkrankte versicherungspflichtige Personen anfordert."

Auch bei der gegenständlichen Gesetzesnorm bildet zunächst das Vorhandensein eines die Erwerbsfähigkeit vorübergehend beeinträchtigenden natürlichen Körperzustandes die Grundlage des Unterstützungsanspruches. Aber noch ein anderes Motiv von schwerwiegender Bedeutung war für den Gesetzgeber bei Kreierung dieses Unterstützungsanspruches maßgebend: die Rücksicht auf die Gesundheit und das Gedeihen der künftigen Generation. Dem jungen Weltbürger soll die unersetzliche Pflege der Mutter wenigstens während der ersten Wochen seiner Existenz gesichert sein. Wie viele Keime zu Krankheit und Elend entstehen für die Kinder armer Arbeiterfamilien dadurch, daß ihre Obsorge gerade im zartesten Kindesalter mit Rücksicht auf das Erwerbsbedürfnis der Eltern unreifen Geschwistern, schwachsinnigen alten Leuten, gewissenlosen Fremden anvertraut werden muß! Um dem jungen Geschlechte aber die mütterliche Pflege in den ersten Wochen zu sichern, muß die Gesetzgebung bei der künftigen Ausgestaltung der Krankenversicherung noch weiter gehen: zunächst durch die Verlängerung der Unterstützungsdauer auf mindestens sechs Wochen oder mehr für alle Fälle einer lebenden Geburt und außerdem noch für solche, durch die Verwaltungsbehörde zu bezeichnende Industrien und Erwerbsarten, welche dem Gesundheitszustande nach durchgemachtem

Wochenbette besonders abträglich sind. Das deutsche Krankenversicherungsgesetz läſst im Gegensatze zum österreichischen im § 21 Zl. 4 die fakultative zeitliche Erweiterung des Unterstützungsanspruches der Wöchnerinnen bis zu sechs Wochen nach der Niederkunft zu und verlängert auch die gesetzliche vierwöchentliche Mindestdauer der Untersützung in § 20 Zl. 2 unter Hinweis auf die Bestimmungen der Gewerbeordnung bei besonders gesundheitsnachteiligen Betrieben.

Sollen solche Fürsorgebestimmungen aber nicht illusorisch bleiben, so muſs das Krankenversicherungsgesetz noch nach einer anderen Richtung ausgebaut werden und zwar sowohl das österreichische wie auch das deutsche. Das Krankengeld, das auch der Wöchnerin gesetzlich zukommt, ist nur mit einem Bruchteile des Durchschnittslohnes bemessen und zwar mit mindestens 60 % nach österreichischem, mindestens 50 % nach deutschem und mit höchstens 75 % nach beiden Gesetzen. Diese Bemessung hat, abgesehen von der Rücksicht auf die versicherungstechnischen Grundsätzen entsprechende Geldgebarung der Kassen den Zweck, den erkrankten Arbeiter bei Gewährung eines Existenzminimums zu veranlassen, seine Genesung nach Möglichkeit zu beschleunigen und ihn von Simulation abzuhalten. Letztere Beschränkungsgründe treffen bei der Wöchnerin nicht zu. Gerade in der Zeit nach der Geburt eines Kindes wächst der Bedarf eines Hauswesens, und der Entgang des vollen Verdienstes seitens der Frau wird gerade dann schwer empfunden, und veranlaſst viele Arbeiterinnen noch vor Ablauf der ihnen gesetzlich zugestandenen vierwöchentlichen Unterstützungsdauer die Arbeit wieder aufzunehmen. Die Möglichkeit von Simulation aber ist ja naturgemäſs hinsichtlich einer Geburt ausgeschlossen. Diese Erwägungen legen im Interesse der Gesundheit der künftigen Generation die Forderung nahe, daſs den Wöchnerinnen, im Gegensatz zu den Bezügen erkrankter Kassenmitglieder, ihr voller Lohn als Krankengeld zugesprochen werden solle. Bei dem unverkennbaren finanziellen Erstarken der Krankenkassen werden sich gewiſs auch Mittel und Wege zur Beseitigung etwaiger versicherungstechnischer Einwände hiegegen finden lassen.

5. Eine wichtige Frage der Versicherungsgesetzgebung ist die, welcher Einfluſs dem Verschuldungsmoment und der Simulation auf die Unterstützungsansprüche zugestanden werden soll. Das österreichische und das deutsche Krankenversicherungsgesetz nahmen diesbezüglich verschiedene Standpunkte ein. Was zunächst die Simulation betrifft, so stellt das erstere Gesetz es den einzelnen Kassen frei, auf Grund entsprechender Satzungsbestimmungen über den Simulanten Ordnungsstrafen, bestehend in der zeitweisen Einhebung erhöhter (verdoppelter) Mitgliederbeiträge zu verhängen (§ 35 Krankenversicherungsgesetz, § 35 Zl. 6 Bruderladengesetz). Das deutsche Gesetz läſst nur die Bestrafung einer qualificierten Simulation auf

Grund von Satzungsbestimmungen zu: wenn nämlich durch eine strafbare Handlung, die nach dem Strafgesetze den Verlust der bürgerlichen Ehrenrechte nach sich zieht, eine thatsächliche Schädigung der Kasse erfolgt ist. Das Strafmittel ist hier die Erniedrigung oder die Entziehung des Krankengeldes innerhalb der nächsten 12 Monate nach Begehung der Strafthat (§ 6a Zl. 2, § 26a Zl. 2). Die Grenzen der strafbaren Simulation sind hier entschieden zu enge gezogen und das Strafmittel erscheint unzweckmäfsig, einmal weil die Vollziehbarkeit der Strafe von einem Zufalle, nämlich dem Eintreten einer Erkrankung des Simulanten innerhalb der nächsten 12 Monate abhängig gemacht wird; zum andern, weil die Anwendung der Strafe den vom guten oder schlechten Verhalten des Individuums ganz unabhängigen socialpolitischen Zweck des Gesetzes im gegebenen Falle aufhebt. Nach unserem, in diesem Punkte entschieden glücklicher normierenden Gesetze ist allerdings der Kassenverwaltung durch den uneingeschränkten Begriff der Simulation die Möglichkeit zu Chikanen gegeben; vielleicht würde es sich empfehlen, die nachweisliche Schädigung der Kasse für die Strafbarkeit der Simulation gesetzlich zu bedingen.

Die Bestimmungen über nachteilige Folgen, welche das Verschuldungsmoment bei der Erkrankung für den Unterstützungswerber involviert, sind von unserem Gesetze mit Auslassung eines Punktes fast wörtlich aus dem deutschen Gesetze übernommen. Darnach kann kraft besonderer Satzungsbestimmungen solchen Kassenmitgliedern das Krankengeld ganz oder teilweise entzogen werden, welche sich ihre Krankheit vorsätzlich, oder durch schuldhafte Beteiligung an Schlägereien, oder durch Trunksucht zugezogen haben. Das deutsche Gesetz führt auch noch den Fall an, dafs die Krankheit durch geschlechtliche Ausschweifungen verursacht wurde. In dem richtigen Gefühle, dafs letztere Bestimmung zu engherzig sei, und dafs es doch nicht angehe, die im Krankenvorstande sitzenden Arbeiter zu Sittenrichtern über ihre Berufsgenossen zu machen, wurde dieselbe von der österreichischen Gesetzgebung weggelassen. Der Begriff „geschlechtliche Ausschweifung“ ist so unbestimmt, hängt so sehr von den individuellen Anschauungen des Einzelnen ab, dafs es schon deshalb recht bedenklich ist, ihn als gesetzliche Grundlage für die Entziehung der Wohlthaten der obligatorischen Krankenversicherung aufzustellen. Die wirtschaftlichen Verhältnisse, in denen die Arbeiterschichten leben, erschweren die Eingehung von Ehen. Es wäre gerade gegenüber dem Verhalten der bemittelten und gebildeten Stände in der Geschlechtsfrage eine grofse Ungerechtigkeit, den ungebildeten und daher moralisch weniger widerstandsfähigen Mann für die aufsereheliche Befriedigung des Geschlechtstriebes, der ja neben dem Selbsterhaltungstriebe die stärkste Naturgewalt im tierischen Organismus ist, dem wirtschaftlichen Elende zu überantworten, wenn sein

Verhalten unglücklicher Weise Krankheitsfolgen nach sich zog. Es ist das derselbe engherzige Standpunkt, welcher bei der Beratung unseres Gesetzes im Abgeordnetenhause eine Gruppe von Volksvertretern veranlafste, die Entziehung der Krankenunterstützung für den Fall unehelicher Schwangerschaft zu beantragen. — Auch gegen die Einbeziehung der Trunksucht unter die Gründe der Einstellung des Krankengeldes liefse sich manches Bedenken anführen. Oft ist dieselbe eine Folgeerscheinung von Erkrankungen des Nervensystemes, also wirklich eine „Krankheit“; oft das Resultat trostloser socialer Verhältnisse. Zudem trifft die Entziehung des Krankengeldes hier zumeist die unglückliche Familie des Trunkenboldes härter als diesen selbst, und von einer bessernden Einwirkung dieser Strafmafsregel kann wohl kaum jemals die Rede sein. Zweckmäfsiger wäre die Bestimmung, dafs solche Personen zwangsweise in eine Trinkerheilanstalt abgegeben werden könnten, oder dafs das Krankengeld nicht ihnen, sondern ihren Angehörigen auszuzahlen wäre. Der Kampf gegen die Trunksucht im allgemeinen und gegen die grauenhaften Verwüstungen derselben am Körper des Volkes mufs von einer ganz anderen Seite aus begonnen werden.

6. In diesem Abschnitte mögen noch zwei Bestimmungen des fürsorglicheren deutschen Gesetzes erwähnt sein, die bei uns leider fehlen: die Normen über die Rekonvalescentenpflege (§ 21 Zl. 3a) und über die Mitversicherung von Familienmitgliedern der Arbeiter (§ 6a Zl. 5, § 21 Zl. 5 u. 7, § 22 Abs. 2). Durch die erstere Bestimmung wird der Krankenkasse die Möglichkeit gegeben, ihre Mitglieder nach Beendigung der Krankheit und des Heilverfahrens noch bis zur Höchstdauer eines Jahres in Rekonvalescentenanstalten unterzubringen. Dies ist namentlich in Fällen schwerer Krankheiten oder von Operationen, welche die Kräfte des Patienten stark erschöpft haben, geradezu ein Gebot der Notwendigkeit, wenn nicht der ganze Erfolg der vorausgegangenen ärztlichen Behandlung durch zu frühzeitige Wiederaufnahme der Arbeit in Frage gestellt werden soll. Es müfste namentlich eine Aufgabe der Krankenkassenverbände sein, Erholungsanstalten ins Leben zu rufen. Nach den Bestimmungen unseres Gesetzes ist Rekonvalescentenfürsorge überhaupt ausgeschlossen, da nach Beendigung der Krankheit eine Unterstützung aus der Kasse nicht gewährt werden darf, und aufserdem die auf höchstens ein Jahr beschränkte Gesamtdauer der Unterstützungen gerade bei langwierigen, schweren Leiden die Wohlthat von Rekonvalescentenanstalten ausschliefsen würde. Hier ist eine Erweiterung des Gesetzes nach deutschem Muster wünschenswert.

Die Unterstützung des Arbeiters im Falle der Erkrankung eines seiner Familienmitglieder ist in Österreich nur in der Form möglich, dafs der betreffende Angehörige, sofern er nicht ohnehin selbst versicherungspflichtig ist, freiwillig einer Krankenkasse beitritt. Hierfür giebt es aber einerseits gewisse Beschränkungen (Lebensalter, ärztlich festgestellter Gesundheitszustand), anderseits werden durch die Forderung eines besonderen Eintrittsgeldes und durch die Verpflichtung zur Zahlung der vollen Kassenbeiträge (ohne Beihilfe eines Arbeitgebers) für jeden solchen Angehörigen der Arbeiterfamilie unerschwingliche Lasten auferlegt. Ein Ministerialerlafs vom 12. Februar 1891 sagt freilich: „Es unterliegt keinem Anstande, wenn in das Statut eine Bestimmung des Inhaltes aufgenommen wird, dafs die Kassenmitglieder durch Entrichtung eines unmittelbaren, an die Kasse abzuführenden Wochenbeitrages von je sechs Kreuzern sich für ihre Frauen und Kinder, ohne dafs die letzteren Kassenmitglieder werden, die unentgeltliche Gewährung der ärztlichen Hilfe und der Medikamente sichern können, da die Einführung dieser Versicherung sich nicht als eine Erhöhung der Kassenleistungen im Sinne der gesetzlichen und statutarischen Bestimmungen, sondern als die Einführung eines speciellen Versicherungszweiges darstellt, dessen Verbindung mit der durch das Krankenversicherungsgesetz geregelten Krankenversicherung zufolge § 9, erster Absatz dieses Gesetzes zulässig und mit dem Zwecke der Kasse, insbesondere auch hinsichtlich des ärztlichen Dienstes gut vereinbar ist, auf welchen Versicherungszweig die die Krankenversicherung regelnden gesetzlichen Bestimmungen, insbesondere die §§ 6, 9 und 25 des Gesetzes keine Anwendung finden.“ Diese Auslegung des bezogenen § 9 erster Absatz erscheint jedoch etwas gewaltsam und im Wortlaut und Geiste des Gesetzes nicht gerechtfertigt. Wer die Entstehung des letzteren an der Hand des Regierungsentwurfes und der Verhandlungen im Reichsrate und in dessen Ausschüssen genau verfolgt, mufs zu dem Resultate kommen, dafs der Gesetzgeber an den Fall der Angehörigenversicherung gar nicht gedacht hat, und dafs die im ersten Absatze des § 9 für zulässig erklärte Erhöhung und Erweiterung der Kassenleistungen unbedingt nur mit Beziehung auf die versicherten Kassenmitglieder und nicht auf Nichtmitglieder statutarisch normiert werden kann. Dies geht auch aus der ausdrücklichen Berufung in dieser Gesetzesstelle auf die §§ 6—8 und aus der Anziehung des § 1 im § 6 hervor. Zudem müfsten Ausnahmebestimmungen von so grundsätzlicher Bedeutung, wie die Unterstützung von Nichtmitgliedern durch die Krankenkassen, ausdrücklich normiert sein; denn sie würden das Princip der Gegenseitigkeit der Versicherung durchbrechen.

Auch bei den Bergwerksbruderladen läfst das Ministerium auf Grund einschlägiger Statutenbestimmungen eine Angehörigenversicherung zu.

Im deutschen Gesetze finden sich besondere Bestimmungen über die Angehörigenversicherung, welche wohl geeignet erscheinen, die socialpolitische Bedeutung der Krankenversicherung wesentlich zu erhöhen, wenn auch die Geltung dieser Normen von der statutarischen Anordnung der einzelnen Kasse abhängig gemacht ist. — Es kann nämlich den nicht versicherungspflichtigen Familienmitgliedern eines versicherungspflichtigen Arbeiters gewährt werden: die freie ärztliche Behandlung und Beistellung der Heilmittel; den Ehefrauen die Wöchnerinnenunterstützung bis zur Dauer von sechs Wochen nach ihrer Niederkunft; beim Tode der Ehefrau oder eines Kindes ein Sterbegeld im Ausmaſse von zwei Dritteln oder der Hälfte des den Hinterbliebenen eines verstorbenen Kassenmitgliedes zukommenden Sterbegeldes. Um den Kassen die Einführung dieser Fürsorge für die Familienmitglieder eines Versicherten zu erleichtern, gestattet das deutsche Gesetz die Einhebung von Zusatzbeiträgen auf Grund besonderer statutarischer Kassenbestimmungen.

7. Wie schon mehrfach erwähnt, ist die Gewährung von Krankengeld nicht nur zeitlich, sondern auch dem Ausmaſse nach vom Gesetze beschränkt. Sein Minimum beträgt 60 %, sein Maximum 75 % des durchschnittlichen Lohnes. Die Gründe hierfür liegen zum Teil in der Rücksichtnahme auf die Leistungsfähigkeit der Kassen, hauptsächlich aber in der Absicht, Simulationen hintanzuhalten. Letzterer Zweck liegt noch einer anderen Beschränkung des Krankengeldes zu Grunde: der Anordnung einer dreitägigen Karenzzeit nach Beginn der Erwerbsunfähigkeit (§ 6 Zl. 2). Diese Bestimmung geht dahin, daſs nur im Falle, als die erwerbsunfähig machende Krankheit länger als drei Tage dauert, ein Krankengeld zu zahlen ist, dann aber vom Beginne der Krankheit an berechnet wird. Das deutsche Gesetz, welches die Minimalgrenze für das Krankengeld tiefer ansetzt (50 % des Tagelohnes) und dasselbe in der Regel nur für die Arbeitstage, nicht aber für Sonn- und Feiertage gewährt, kennt eine gleichlange Karenzzeit, ordnet aber bei mehr als dreitägiger Krankheit nicht die nachträgliche Bezahlung des Krankengeldes auch für die drei ersten Tage an. Über den Wert und die Berechtigung der Karenzzeit läſst sich streiten und das ist schon bei der Beratung des Gesetzes in unserem Abgeordnetenhause geschehen. Um gewissenlose Arbeiter von der Simulation abzuschrecken, wird auch den gewissenhaften und ehrlichen Kassenmitgliedern, wenn sie nicht mehr als drei Tage krank sind, eine ihnen grundsätzlich zukommende Leistung entzogen. Derjenige aber, welcher es auf eine Täuschung der Kasse abgesehen hat, wird gerade infolge der Anordnung der Karenzzeit seine Verstellungskunst über drei Tage auszuüben trachten, um dann eine um so gröſsere Geldsumme zu erhalten. Da hat die betreffende Bestimmung des deutschen Gesetzes, welches eine Nachzahlung für die Karenzzeit nicht kennt, noch eher praktische Bedeutung. Der Wert der Karenz nach unserem Gesetze erscheint um so mehr illusorisch, wenn man sie, wie der Verwaltungsgerichtshof, als eine dispositive Norm betrachtet. In einem Erkenntnisse vom 9. Februar 1895 erklärte der bezeichnete Gerichtshof nämlich, daſs die Krankenkassen auf Grund des § 9 des Krankenversicherungsgesetzes

berechtigt seien, durch Satzungsbestimmung die Karenzzeit auszuschliefsen. Das sei lediglich eine zulässige Erhöhung oder Erweiterung der Kassenleistungen über das gesetzliche Mindestmafs. Ob diese Entscheidung mit dem eigentlichen Zwecke der Karenzbestimmung des Gesetzes in Einklang zu bringen ist, läfst sich wohl bezweifeln. — Jedenfalls aber ist das einzige verläfsliche Mittel gegen Simulation eine scharfe Kontrolle unter Mitwirkung des Arztes.

Eine andere aber direkt ungesetzliche Verkürzung des Krankengeldes ist in einem wiederholt bei einzelnen Krankenkassen beobachteten Brauche gelegen, der darin besteht, dafs den erkrankten Kassenmitgliedern, ohne dafs eine bezügliche Satzungsbestimmung vorläge, unter dem Vorwande, dafs sie ja auch während der Krankheit noch Mitglieder blieben und daher die Pflicht zur Zahlung von Beiträgen hätten, vom Krankengelde bei dessen wöchentlicher Auszahlung der volle, auf die Woche entfallende Kassenbeitrag abgezogen wird. Dafs ein solcher Abzug von dem ohnehin als Existenzminimum kaum ausreichenden Krankengelde von dem erwerbsunfähigen Arbeiter schmerzlich empfunden werden mufs, ist klar. Dieses Verfahren widerspricht auch direkt dem Gesetze, welches einerseits das Krankengeldminimum in § 6 als uneinschränkbares Mindestausmafs bezeichnet und daher auch durch statutarische Bestimmungen zu verkürzen nicht gestattet. Anderseits ist keine gesetzliche Bestimmung zu finden, nach welcher erkrankte Arbeiter, die eine Krankenunterstützung geniefsen, während dieses Bezuges die Kassenmitgliedschaft behalten müssen; vielmehr bezeichnet § 13 Zl. 1 nur die „beschäftigten, versicherungspflichtigen Personen“ als Kassenmitglieder, und nicht die erwerbsunfähigen. Dieser Ansicht hat auch der Verwaltungsgerichtshof in einer Entscheidung vom 10. November 1893 Ausdruck verliehen, worin er feststellt, dafs das Gesetz die Verpflichtung der Krankenkasse zur Leistung der Krankenunterstützung, sobald diese für den Versicherten durch dessen Erkrankung während des Bestandes der Mitgliedschaft liquid geworden ist, nicht auf die Dauer der Mitgliedschaft einschränkt. — Im deutschen Gesetze finden wir diesbezüglich wieder eine ausdrückliche Bestimmung, und zwar im § 54a: „Im Falle der Erwerbsunfähigkeit werden für die Dauer der Krankenunterstützung Beiträge nicht entrichtet. Die Mitgliedschaft dauert während des Bezuges von Krankenunterstützungen fort.“ Bei Revision unseres Gesetzes würde sich die Einschaltung einer ähnlichen Norm empfehlen.

8. Eine nicht unwichtige Frage auf dem Gebiete der Krankenversicherung ist die, ob die Doppelversicherung eines Arbeiters bei zwei Krankenkassen zulässig ist, und wenn ja, welche rechtlichen Folgen dieselbe hat. Eine ausdrückliche Bestimmung hierüber ist in unserem Gesetze nicht zu finden. Die Stellungnahme' unserer Praxis in diesem Punkte läfst sich aus

einer Reihe von Entscheidungen des Verwaltungsgerichtshofes und des Ministeriums des Innern entnehmen. Zwei derselben seien hier angeführt:

„Das Krankenversicherungsgesetz kennt nur eine Zwangsversicherung, welche bei irgend einer der im § 11 aufgezählten Kategorien der Krankenkasse vor sich gehen mufs und zwar mit der Wirkung, dafs, sobald die Versicherung bei einer dieser Kassen erfolgt ist, eine weitere Zwangsversicherung bei einer anderen dieser Kassen ausgeschlossen ist. Dagegen findet sich im Krankenversicherungsgesetz nirgends eine Bestimmung, aus welcher geschlossen werden könnte, dafs dem Zwangsversicherten das Recht benommen sei, neben der Zwangsversicherung für seine Person — also ohne Inanspruchnahme des Arbeitgebers — noch eine freie Versicherung einzugehen.“ (VGH. 7. Dezember 1893.)

„Im Falle eine Person zwei Krankenkassen als Mitglied angehört, hat jede der beiden Kassen die statutenmäfsigen Leistungen ebenso zu gewähren, als ob der Erkrankte nur einer Kasse angehören würde. Für einen Rückgriff der beiden beteiligten Kassen untereinander mangelt jede gesetzliche Grundlage.“ (Entsch. d. Minist. d. I.) —

Um die ganze Frage richtig zu beleuchten, mufs man meines Erachtens vom allgemeinen Begriff der Versicherung ausgehen. Derselbe liegt darin, dafs der Versicherer sich verpflichtet, dem Versicherten jenen Schaden zu ersetzen, welcher für denselben durch das Eintreten eines seiner Art nach bestimmten, seinem Eintreten nach unbestimmten schädigenden Ereignisses ohne dessen Zuthun entstehen würde. Der Anspruch auf Schadensersatz mangelt, sobald es an dem Vorhandensein eines Schadens gebricht; er erlischt daher auch, sobald der Schaden auf dem Wege der Versicherung gedeckt wurde. Hat sich jemand gegen die Gefahr desselben Schadens bei zwei oder mehreren Versicherungsanstalten versichert, so hat er beim Eintritt eines Schadens die Wahl, welche Versicherungsanstalt er zur Deckung desselben in Anspruch nehmen will. Ist dann aber der Schaden von einer Anstalt vollständig ersetzt, so kann ein weiterer Ersatzanspruch an einen anderen Versicherer nicht mehr gestellt werden. Die Möglichkeit der Gewinnerzielung von seiten des Versicherten durch Abschlufs eines Versicherungsvertrages widerstreitet dem Wesen und Zwecke der Versicherung.

Wendet man diese Grundsätze auf die obligatorische Arbeiterversicherung an, so mufs man als den Zweck derselben die Deckung jenes materiellen Schadens bezeichnen, der dem versicherten Arbeiter aus einer Erkrankung erwächst, und welcher sich darstellt als Auslagen der Krankheit (insbesondere für Arzt und Apotheke) und als Erwerbsentgang. Ist beides vollständig vergütet, so kann ein weiterer Anspruch auch bei Doppelversicherung gegen eine zweite Versicherungskasse nicht gestellt werden. Die

Doppelversicherung könnte also lediglich den Zweck haben, um entweder die Differenz zwischen dem von der ersten Kasse gewährten Krankengeld und dem durch die Erwerbsunfähigkeit entgangenen vollen Lohn zu decken, oder aber — und darin scheint mir der Wert der Doppelversicherung für die künftige Ausgestaltung des Krankenkassenwesens zu liegen —, um die Dauer der Unterstützungen zu verlängern. Hat die eine Kasse infolge Ablaufens der satzungsmäſsigen Unterstützungszeit ihre Leistungen eingestellt, ohne daſs inzwischen die Gesundung des Arbeiters bezw. dessen Erwerbsfähigkeit herbeigeführt woren wäre, so hätte mit diesem Zeitpunkte die zweite Kasse mit ihren Leistungen zu beginnen.

Auf dem früher erörterten principiellen Standpunkt steht das deutsche Gesetz insoweit, als es in § 26a bei Doppelversicherung eine Erhöhung des Krankengeldes durch die zweite Kasse nur bis zum vollen Betrage des durchschnittlichen Tagelohnes zuläſst. Inkonsequenterweise wird jedoch im selben Paragraphen und im Absatz 3 und 4 des § 75, betreffend die Hilfskassen, gestattet, daſs durch Kassensatzungen über diese Grenze in einem Maſse hinausgegangen werden kann, welches die Vergütung der thatsächlichen Einbuſse des erkrankten Arbeiters weit überschreitet. An eine zeitliche Ausdehnung der Unterstützungen durch die Doppelversicherung oder an die Verwertung der letzteren für Rekonvalescentenpflege denkt auch dieses Gesetz nicht.

9. Die obligatorische Krankenversicherung sorgt für ihre Schützlinge noch über deren Tod hinaus, indem sie einen Beitrag im mindestens zwanzigfachen Betrage des durchschnittlichen Tagelohnes zu den Begräbniskosten gewährt. Da bei der Flüssigstellung dieser Leistung der Versicherte nicht mehr lebt, so ist es notwendig, die zur Behebung, bezw. Verwendung des Sterbegeldes legitimierten Personen genau zu bezeichnen. Dies geschieht in unserem Gesetze, wo kurz von „Hinterbliebenen“ die Rede ist, nur unvollkommen. Man empfand daher das Bedürfnis, bei Festsetzung des Musterstatutes für die Bezirkskrankenkasse diesem Mangel des Gesetzes Rechnung zu tragen, indem man im § 13 die Bestimmung traf: „Die Beerdigungskosten für ein verstorbenes Mitglied werden gegen Beibringung des Totenscheines gezahlt. Dieselben werden entweder den hinterbliebenen Ehegatten oder denjenigen Hinterbliebenen ausgefolgt, welche das Begräbnis zu veranlassen haben. In allen anderen Fällen bestreitet die Bezirkskasse die Kosten der Beerdigung bis zur Höhe des im § 11 normierten Betrages.“ Aber auch hier fehlt eine Garantie dafür, daſs das Sterbegeld wirklich seinem Zweck zugeführt wird. Es erscheint daher die Bestimmung des deutschen Gesetzes (§ 20 letzter Absatz) dem praktischen Bedürfnisse angemessener: „Das Sterbegeld ist zunächst zur Deckung der Kosten des Begräbnisses bestimmt und in dem aufgewendeten Betrage demjenigen auszuzahlen, welcher das Be-

grābnis besorgt. Ein etwaiger Überschufs ist dem hinterbliebenen Ehegatten, in Ermangelung eines solchen den nächsten Erben auszuzahlen. Sind solche Personen nicht vorhanden, so verbleibt der Überschufs der Kasse."

Ein anderer Mangel unseres Gesetzes besteht darin, dafs aus demselben nicht zu entnehmen ist, in welchem Zusammenhange der Anspruch auf Sterbegeld mit der Kassenmitgliedschaft oder mit der erfolgten Kassenunterstützung des zu Beerdigenden stehen soll. Mufs behufs Flüssigstellung dieses Geldes der Verstorbene zur Zeit seines Todes Mitglied der Kasse gewesen sein, oder von derselben wenigstens noch bis zu seinem Ableben eine Unterstützung genossen haben; oder genügt es, dafs der Tod als Folge jener Krankheit eingetreten ist, für welche der Verstorbene zuletzt durch die gesetzliche Längstdauer unterstützt wurde, ohne dafs er nachher seine Erwerbsfähigkeit wiedererlangte? Auf diese Fragen bleibt das Gesetz die Antwort schuldig. Das Ministerium des Innern hat sich die Sache bei wiederholten Entscheidungen folgendermafsen zurechtgelegt: „Die Hinterbliebenen eines Arbeiters, welcher länger als 20 Wochen krank war und dann zu einer Zeit verstorben ist, wo er nach Ablauf der statutenmäfsigen längsten Dauer der Krankenunterstützung aus der Betriebskasse keine Krankenunterstützung mehr bekommen konnte, haben im Grunde des § 6 des Krankenversicherungsgesetzes auf die Leistung des statutenmäfsigen Beerdigungskostenbeitrages Anspruch. Hierbei wird jedoch vorausgesetzt, dafs der Verstorbene zur Zeit seines Ablebens Mitglied der Betriebskrankenkasse gewesen, also im Arbeitsverhältnisse und nicht etwa nach bereits eingetretener Erwerbslosigkeit erkrankt, und daher nicht nach Mafsgabe der Bestimmungen des Art. II Alinea 3 des Gesetzes vom 4. April 1889 R.G.Bl. Nr. 39 von der Krankenkasse während seiner Erwerbslosigkeit unterstützt worden ist, da in letzterem Falle nach Ablauf der im Statute vorgesehenen längsten Dauer der Krankenunterstützung keine weitere Verpflichtung, insbesondere auch keine Verpflichtung zur Zahlung eines Beerdigungskostenbeitrages für die Kasse besteht" (Entscheidung vom Jahre 1890).

Auch diese Frage finden wir im deutschen Gesetze (§ 20) in zweckmäfsiger Weise gelöst: „Verstirbt ein als Mitglied der Kasse Erkrankter nach Beendigung der Krankenunterstützung, so ist das Sterbegeld zu gewähren, wenn die Erwerbsunfähigkeit bis zum Tode fortgedauert hat und der Tod infolge derselben Krankheit vor Ablauf eines Jahres nach Beendigung der Krankenunterstützung eingetreten ist." — Diese einjährige Frist ist allerdings etwas kurz, wenn man an jene Art von Siechtum denkt, die wohl am häufigsten die längstmögliche Unterstützungsfrist überdauern und dann zum Tode führen wird: die Tuberkulose.

10. Zum Schlusse dieses Kapitels mögen noch einige kurze

Worte über die Normen, betreffend die Austragung von Streitigkeiten zwischen den Versicherten und den Krankenkassen Platz finden. Unser Gesetz sagt darüber im zweiten Abschnitte des § 41 folgendes: „Streitigkeiten zwischen den versicherten Personen und den Bezirkskrankenkassen über Unterstützungsansprüche gehören zur ausschlieſslichen Kompetenz des Schiedsgerichts der betreffenden Kasse. Rechtsmittel oder Klagen gegen das schiedsgerichtliche Erkenntnis sind nicht zulässig. Zur Vollstreckung des schiedsgerichtlichen Erkenntnisses oder eines vor dem Schiedsgerichte geschlossenen Vergleiches ist das zuständige Gericht des Schuldners berufen.“ Gleiche Bestimmungen gelten auch für die Betriebs- und Baukassen (§§ 47 und 57), ähnliche für die Bruderladen (§ 20 des Bruderladengesetzes). Die Bestimmungen über die Zusammensetzung und das Verfahren der Schiedsgerichte bleiben den Kassenstatuten überlassen. Im § 32 des Musterstatutes für die Bezirkskrankenkassen wird angeordnet, daſs das Schiedsgericht aus fünf Mitgliedern bestehen soll, deren Wahl lediglich in der Hand der Arbeiter liegt. Diese fünf wählen einen aus ihrer Mitte zum Obmann. Eine Gewähr für eine dem Wortlaute und dem Geiste des Gesetzes Rechnung tragende und streng gerechte Judikatur fehlt dieser Normierung. Man muſs bedenken, daſs in diesen Schiedsgerichten nicht ein Rechtskundiger sitzt, daſs sämtliche Laienrichter zum weitaus gröſsten Teile über eine geringe Bildung verfügen, oft kaum des Lesens und Schreibens mächtig sind, und daſs in ihrem Stande der Parteienhaſs, die Verhetzung durch gewissenlose Führer, die blinde Parteidisciplin eine Stätte haben, wie in keiner anderen Gesellschaftschichte. Dazu kommt noch, daſs die zu entscheidenden Rechtsfälle, wie aus den Erörterungen dieses Kapitels zur Genüge hervorgehen dürfte, oft recht verwickelter Natur sind. Zieht man noch in Betracht, daſs die Rechtsprechung in diesen Kollegien nicht einmal eine öffentliche ist, daſs keine Sammlung von Entscheidungen stattfindet und daſs gegen die gefällten Erkenntnisse keinerlei Rechtsmittel zulässig sind, nicht einmal eine Nichtigkeitsbeschwerde, und auch der Einfluſs der Aufsichtsbehörde hier so gut wie ausgeschlossen ist, — so darf man sich nicht wundern, wenn oft geradezu märchenhafte Nachrichten über die Judikate dieser Schiedskollegien in die Öffentlichkeit durchsickern. Die Schiedsgerichte der Bruderladen haben wenigstens den groſsen Vorzug, daſs ihre Vorsitzenden und deren Stellvertreter öffentliche Beamten sind, die über Vorschlag des Revierbergamtes von der Berghauptmannschaft ernannt werden. Auch findet eine Publikation der Entscheidungen dieser Schiedsämter in den amtlichen Nachrichten des Ministeriums des Innern statt. Bei allen übrigen Krankenkassen fehlen den Schiedsgerichten aber auch diese Garantien einer geordneten Rechtspflege. Es mutet ganz sonderbar an, wenn man damit die Gesetzesbestimmungen vergleicht, welche gegen die von juristisch gebildeten, in Eid und Pflicht genommenen Verwaltungsbeamten gefällten Entscheidungen, betreffend die Streitigkeiten zwischen Kassen und Arbeitgebern, ein Beschwerderecht bis an den Verwaltungsgerichtshof einräumen. Man wird vielleicht einwenden, daſs die Ansprüche, über welche die in Rede stehenden Schiedsgerichte zu urteilen haben, zu geringfügiger Natur sind. Das mag in absolutem Sinne stimmen, nicht aber bezüglich der betroffenen Personen. Für den kranken Arbeiter und seine Familie ist eine Entscheidung über wenige Kronen oft eine Entscheidung über Hunger und Not. Er hat in seinen kleinen Verhältnissen denselben Anspruch auf ein rechtskundiges, unbeeinfluſsbares Gericht, wie der wohlhabende Bürger, der Arbeitgeber, in seinen Rechtssachen. — Darum sind diese Schiedsgerichte kein glücklicher Griff. Die Gesetzgebung sollte sie aufheben und ihre Judikatur den neu erstandenen Gewerbegerichten, dort aber, wo noch keine solchen sind, den politischen Behörden, oder den ordentlichen Gerichten, oder wenigstens den Gemeindebehörden zuweisen.

11. Überblicken wir alle die Normen unserer Krankenversicherungsgesetzgebung, welche die Ansprüche der Versicherungspflichtigen gegenüber den Kassen regeln, so müssen wir auch hier eine gewisse Unfertigkeit und Lückenhaftigkeit konstatieren und zugeben, daſs das allerdings nach mehrjähriger praktischer Erfahrung ergänzte deutsche Krankenversicherungsgesetz in vielen Punkten fürsorglichere und zweckentsprechendere Bestimmungen aufweist. Das darf aber unsere Freude über die gewaltigen Leistungen unseres Kassenwesens, über welche noch im letzten Kapitel gesprochen werden soll, sowie unser Streben nach Vervollkommnung nicht beeinträchtigen. Ist es doch ein schönes Vorrecht einer jeden neuen Generation, von den vorhergehenden nicht nur dankbar zu lernen, sondern auch das von diesen Geschaffene zu erproben und in neuer reicherer Gestaltung auszubauen.

V.

Die rechtlichen Verhältnisse zwischen den Krankenkassen einerseits und Ärzten, Apothekern und Krankenanstalten anderseits.

1. Die Änderung der wirtschaftlichen Stellung der Ärzte und Apotheker durch die Krankenkassengesetzgebung im allgemeinen. — 2. Die Verschiedenheit des Verhältnisses zwischen Kasse und Arzt bezüglich der einzelnen Kassenarten. — 3. Die Art der Bezahlung nicht fest angestellter Ärzte, Tarif, Pauschalierung; die percentuellen Preisnachlässe der Apotheken. — 4. Der Einfluſs der Kassenverwaltung und der politischen Behörden auf die Wahl der Heilmethoden und Heilmittel. — 5. Die rechtlichen Beziehungen zwischen Kasse und Heilanstalt: der Begriff „Krankenhaus", das Recht zur Wahl der Krankenhauspflege, die Kostenersatzpflicht der Kassen. — 6. Schluſswort.

1. Durch die Arbeiterversicherungsgesetzgebung wurden Ärzte, Apotheker und Krankenanstalten in den Dienst einer neuen, groſsen, socialpolitischen Idee gestellt; das bisherige Verhältnis zwischen ihnen und den Kranken erfuhr eine gewisse Umgestaltung. An Stelle der Wechselbeziehung von Individuum zu Individuum trat nun gewissermaſsen eine Gegenüberstellung von Arzt und Apotheker einerseits und einer in sich geschlossenen Gesellschaftsklasse anderseits. Der innere lebendige Zusammenhang der letzteren erhielt in den aus ihrer Mitte erstandenen Kasseninstituten den ersteren gegenüber eine äuſsere Form, durch welche das einzelne Mitglied der Vertretung seiner Interessen gegenüber Arzt und Apotheke enthoben und dafür eine kapitalskräftige, für die Standesgenossen rücksichtslos und zielbewuſst eintretende Körperschaft eingesetzt wurde. Gleichzeitig werden den Ärzten neuartige Pflichten auferlegt, die an sich nicht zu ihrer eigentlichen Berufsthätigkeit gehören: die Ausübung einer gewissen Kontrolle gegenüber den Kranken behufs Hintanhaltung der Simulation, die Entscheidung über gewisse Bezugsrechte der Kranken (Bezug von Heilmitteln, Verpflegung in einem Krankenhause u. s. w.), die Mitwirkung bei der Krankenstatistik.

In diese neue Situation, welche auch eine Umgestaltung der bisherigen Form ihres Einkommens mit sich brachte, haben sich Ärzte und Apotheker nicht sogleich hineingefunden. Es verbreitete sich unter ihnen bald die Meinung, dafs mit der Einführung der obligatorischen Krankenversicherung die finanziellen Interessen ihres Standes auf das schwerste geschädigt würden, weil der in die Krankenversicherung einbezogene Teil der Bevölkerung die Kosten für Arzt und Apotheker nicht mehr nach dem bisherigen Ausmafse selbst bezahle, sondern für denselben nun die Kassen die Besoldung der Ärzte und Apotheker übernähmen, und zwar infolge von Pauschalierungen und durch Ausnützung der Konkurrenz zu herabgeminderten Preisen. Dazu komme noch der weitere Umstand, dafs viele nicht versicherungspflichtige Personen den Kassen freiwillig beiträten. Diese Kalkulation war und ist aber fehler- und lückenhaft. Sie läfst die Thatsache aufser acht, dafs die Kassenmitglieder durchweg den unbemittelten Ständen angehören, dafs es sich hier um Personen handelt, welche vor dem Inslebentreten der Zwangsverficherung nur im äufsersten Notfalle den Arzt in Anspruch nahmen, dabei noch unsichere Zahler waren, oder die unentgeltliche Hilfe öffentlicher Krankenhäuser anriefen; während sie jetzt von ihrem Unterstützungsrechte gegenüber den Kassen reichlichen Gebrauch machen. Gleichzeitig ist nun den Ärzten und Apothekern durch die Zahlungspflicht der Kassen eine sichere und regelmäfsige Begleichung ihrer, wenn auch für den einzelnen Fall vielleicht etwas ermäfsigten, aber dafür zahlreicheren Honorarforderungen garantiert. Die weiter unten angeführten statistischen Daten veranschaulichen die finanziellen Ergebnisse der Zwangsversicherung für Ärzte und Apotheker.

2. Am leichtesten liefs sich ein Ausgleich der beiderseitigen Interessen bei den Betriebskassen herbeiführen, da wenigstens die gröfseren dieser Institute in die Lage kommen, eigene Fabrikärzte mit festen Bezügen oder gegen Pauschalien anzustellen, welche gleichzeitig aus ihren Hausapotheken Heilmittel und Medikamente verabfolgen. Die Vorteile dieses Systems liegen in der nicht übermäfsigen Belastung der Kassen durch Arzt- und Apothekerkosten und in der raschen ärztlichen Hilfe, die jederzeit zur Hand ist. — Auch bei den Genossenschaftskassen wird durchweg eine glückliche Lösung der gegenständlichen Frage gefunden. Die meisten dieser Anstalten können, da ihr örtlicher Wirkungskreis ein beschränkter ist, ihren Mitgliedern Spitalpflege angedeihen lassen und sichern sich durch günstige Verträge mit einzelnen Krankenanstalten eine bescheidene Höhe der Kurkosten. Vielfach übertragen sie auch dem Arbeitgeber (Handwerksmeister), welcher öfter auch heute noch, namentlich auf dem Lande und in kleineren Orten seinen Gehilfen und Lehrlingen Kost und Wohnung giebt, die Bestellung des Arztes und die Gewährung der Pflege gegen eine angemessene Vergütung. Am

schwierigsten haben sich die Verhältnisse bei den Bezirkskrankenkassen gestaltet, welche infolge ihres grofsen örtlichen Wirkungskreises gezwungen sind, mit einer Mehrzahl von Ärzten und Apothekern in Beziehung zu treten. Hier wurde denselben ihre neuartige Situation allerdings meist durch die Art und Weise erschwert, in welcher die durchwegs von Arbeiterführern geleiteten Kassen das Verhältnis zu ihnen auffafsten. Für diese existiert die weder in Geld abschätzbare, noch in Instruktionen ausdrückbare ethische Seite der ärztlichen Thätigkeit nicht, welche diesen Beruf aus der wirren Menge der allgemeinen menschlichen Erwerbsthätigkeiten heraushebt, und seinen Jüngern, gleich denen der Kunst, eine grofse ideale Lebensaufgabe stellt. Die Kassenverwaltungen wollen und können wohl auch nicht Rücksicht nehmen auf die Gefühle des Vertrauens, der Sympathie und Antipathie, welche den einzelnen Kranken zu einem bestimmten Arzte hinziehen, von einem anderen abwenden, und welche für den Heilerfolg sehr oft eine wichtige Rolle spielen. Für die Kassen sind Arzt und Apotheker Stückarbeiter oder Geschäftsleute, ihre Leistungen Waren, deren Preise im Interesse des finanziellen Gedeihens des Versicherungsunternehmens möglichst herabgedrückt werden müssen. — Kein Wunder also, dafs sich zwischen beiden Parteien, welche doch zur Verwirklichung eines grofsen socialpolitischen Gedankens gemeinsam berufen sind, ein scharfer Gegensatz entwickelte, der immer wieder in wirtschaftlichen Kämpfen zum Ausdrucke kommt und dessen Erbitterung durch eine zumeist mafslose Hetze der socialdemokratischen Presse zum Nachteile der Sache selbst unnötig gesteigert wird.

Welche Partei in solchen Kämpfen obsiegt, das ist im wesentlichen eine Machtfrage. Von grofser Bedeutung ist hierbei das geschlossenene Auftreten der Ärzte und Apotheker eines ganzen Bezirkes oder Landes in Kammern und Berufsvereinen. Einsicht und guter Wille auf beiden Seiten haben im Laufe der Jahre manches gebessert; ganz aufhören wird dieser Widerstreit wohl kaum.

Die amtlichen Nachrichten des k. k. Ministeriums des Innern bieten in ihren jährlichen Berichten über das Krankenkassenwesen eine reiche Fülle des Materials für die Beurteilung obiger Verhältnisse. Aus ihnen seien nachfolgende Daten angeführt:

(Siehe umstehende Tabelle.)

Hierbei sind die Bruderladen, welche unter eigenartigen Verhältnissen wirken und einer besonderen gesetzlichen Regelung unterliegen, sowie die Lehrlingskrankenkassen, welche bisher von der Versicherungsgesetzgebung leider noch keiner Normierung unterzogen wurden, aufser Betracht geblieben.

3. Die Bezahlung der Ärzte erfolgt, soweit dieselben nicht etwa eigens angestellt und fest besoldet sind,

Art der Ausgaben:	Beobachtungsjahr	Bezirkskassen	Betriebskassen	Baukassen	Genossenschaftskassen	Vereinskassen	Zusammen
Ausgaben der unter das Gesetz vom 30. März 1888 fallenden Krankenkassen Österreichs für ärztliche Honorare in Kronen.	1890	1 155 302	1 524 842	3 066	390 308	526 528	3 600 046
	1893	1 547 490	1 714 832	8 324	515 132	685 306	4 471 084
	1896	2 027 000	1 921 748	7 168	718 618	836 360	5 510 894
	1898	2 454 128	2 073 548	2 626	814 372	1 026 096	6 370 770
Ausgaben derselben Kassen für Heilmittel in Kronen.	1890	735 408	1 175 462	1 814	311 022	525 350	2 749 056
	1893	1 030 770	1 265 458	3 816	410 934	580 750	3 291 728
	1896	1 392 254	1 399 372	3 078	548 114	686 512	4 029 330
	1898	1 643 766	1 566 128	1 690	598 716	717 344	4 527 644
Ausgaben derselben Kassen für Spitalbehandlung ihrer Mitglieder in Kronen.	1890	339 132	197 692	3 912	225 516	122 392	888 644
	1893	638 822	260 144	6 712	396 508	244 188	1 546 374
	1896	874 292	357 908	4 354	479 042	267 902	1 983 498
	1898	1 056 202	434 902	770	505 888	299 298	2 297 060

entweder für jeden einzelnen Krankheitsfall nach einem vereinbarten Tarife, oder mittelst Pauschalierung. Letzteres ist für die Kassen wesentlich vorteilhafter, weil sie dadurch in die Lage gesetzt sind, von vornherein mit einer bestimmten Ausgabepost zu rechnen und der Arzt hier ein eigenes Interesse daran hat, bei der Aufdeckung und Verhütung der die Kassen finanziell schädigenden Simulationen mitzuwirken. Die Ärzte sind begreiflicher Weise der Pauschalierung abgeneigt, teils weil diese Art der Bezahlung für sie finanziell ungünstiger ist, teils weil die Mitgliederzahl und die Morbilität bei den Kassen grofsen Schwankungen unterliegen. Sie bestehen daher mit Recht darauf, dafs bei Pauschalierungen wenigstens eine Bemessung des Honorars nach der durchschnittlichen Kopfzahl der Kassenmitglieder in einem Jahre stattfindet. Den Versicherten sind die mit Pauschale bestellten Ärzte unsympathisch; sie wollen die Möglichkeit haben, sich ihren Arzt, dem sie ihr Vertrauen schenken können, zu wählen, wenigstens aus einer beschränkten Zahl von Ärzten. Ein sehr empfehlenswertes, leider ziemlich selten vorkommendes System besteht darin, dafs die Kasse für die gesamte von ihr im Verlaufe eines Jahres zu bestreitende ärztliche Behandlung einen bestimmten Pauschalbetrag aussetzt und diesen dann am Schlufs der Rechnungsperiode unter sämtliche mit der Behandlung der Kassenmitglieder betrauten Ärzte nach einem eigenen, nach Kopfzahl, Krankheitsdauer u. s. w. der Patienten gebildeten Schlüssel verteilt. Dieses System gewährt den Kassen die Vorteile der vorhinein bestimmten Pauschsumme und der Mitwirkung der Ärzte zur Verhütung von Simulationen; den Ärzten den Vorteil der Honorierung nach Mafsgabe der behandelten Krankheitsfälle; den Kassenmitgliedern den Vorteil einer beschränkten Arztwahl.

Eine grofse Bedeutung für die Arztfrage haben bei jenen Kassen, welche mit einer Mehrzahl von Ärzten in Verbindung stehen und nach Tarif oder Pauschale entlohnen, Lage und Gröfse des Kassensprengels und die Verkehrsverhältnisse in demselben. So läfst sich meist nur in den Städten die grofse Konkurrenz unter den Ärzten behufs Preisdrückung von den Kassenverwaltungen ausnützen. Auf dem flachen Lande kommt dem Kassenwesen eine gute Organisation des Sanitätsdienstes wesentlich zu statten, da sich mit subventionierten Distrikts- und Gemeindeärzten leichter ein billiges Abkommen zur Übernahme der Behandlung der Kassenmitglieder treffen läfst. Teure Verkehrsmittel, zeitraubende Wege des Arztes zu seinen Patienten erhöhen die Ausgaben der Kassen für Heilbehandlung oft sehr erheblich.

Die Schwierigkeiten bei Lösung der Arzt- und Apothekerfrage haben namentlich den Verwaltungen der Bezirkskrankenkassen den Wunsch nach einer Änderung des Krankenversicherungsgesetzes in der Richtung nahe gelegt, dafs es ihnen gestattet werden möge, in gewissen Fällen an Stelle der freien ärztlichen Hilfe und der Heilmittel ein entsprechend erhöhtes Krankengeld gewähren zu dürfen. Dieses Bestreben ist in verschiedentlichen Verbandsverhandlungen zum Ausdrucke gekommen. Nach unserem geltenden Gesetze ist eine solche Umwandlung der gesamten Kassenleistung in Geld in der Regel nur bei einem Teil der Vereinskassen (§ 60), nämlich nur bei jenen statthaft, welche von den Arbeitgebern keine Beiträge, oder doch nur solche unter der für die übrigen Kassen vorgeschriebenen Drittelhöhe der Gesamtbeiträge beziehen. Nur im Falle des Aufenthaltes des erkrankten Mitgliedes aufserhalb des Kassensprengels ist es auch den übrigen Krankenkassenarten, die Aufnahme bezüglicher Bestimmungen in die Satzungen vorausgesetzt, nach § 24 des Krankenversicherungsgesetzes gestattet, sich der gesamten Unterstützungspflicht durch Zahlung eines um die Hälfte erhöhten Krankengeldes zu entledigen. Das deutsche Krankenversicherungsgesetz enthält im § 27 eine ähnliche Bestimmung. Es gestattet den Vereinskassen jedoch nicht ohne weiteres ihre gesamte Unterstützungspflicht in Geld abzuthun, sondern nur im Falle der Doppelversicherung. — Im Interesse des Arbeiterstandes ist eine Änderung unseres Gesetzes in der oben angedeuteten Richtung nicht zu wünschen. Es liegt für den erkrankten Arbeiter, namentlich wenn er Familie hat, wenn ihn noch unbezahlte Schulden drücken, wenn er zum Alkoholgenusse hinneigt, und in vielen anderen Fällen die Versuchung zu nahe, das erhöhte Krankengeld für andere Zwecke als für Arzt und Apotheke zu verwenden und statt dessen zu sogenannten „Hausmitteln" zu greifen und sich an Kurpfuscher zu wenden. Auch würden dem einzelnen Arbeiter, der Arzt und Apotheke selbst bezahlen soll, zweifellos höhere Preise gestellt werden, als sie die Kasse zu zahlen hat. Selbst für den Aufenthalt des Kranken aufserhalb des Kassensprengels erscheint die gesetzliche Erlaubnis zur Umwandlung aller Kassenleistungen in Geld bedenklich, zumal die genannten Sprengel oft klein sind und zur Ausnützung der bezüglichen Ausnahmebestimmungen des Gesetzes in einer dem Sinne des letzteren widersprechenden Weise Gelegenheit geben. — Eine weitaus bessere Mafsregel, um den Kassen aus ihrer schwierigen Stellung gegenüber auswärts befindlichen erkrankten Mitgliedern zu helfen, wäre die Einführung einer gesetzlichen Verpflichtung sämtlicher Kassen zur Stellvertretung in der Krankenunterstützung und in der Krankenkontrolle und zur Rechtshilfe bezüglich solcher Versicherten, die beim Aufenthalt im Sprengel einer fremden Kasse Leistungen von ihrer Kasse beanspruchen. Als Vorbild könnte diesbezüglich der § 57a des deutschen Gesetzes dienen.

Im Anhange zum Gesagten sei es gestattet, noch einige Zahlen zur Veranschaulichung der Höhe der Kosten, welche den Krankenkassen für Gewährung der ärztlichen Hilfe und der

Heilmittel erwachsen, anzuführen. Die tarifmäſsig festgesetzten Kosten dieser Art zeigen in den verschiedenen österreichischen Kronländern sowohl, als auch in den einzelnen Jahren der letzten Dekade eine ziemliche Gleichmäſsigkeit. Über die Jahrespauschalien läſst sich nicht leicht ein allgemeines Urteil fällen, die sehr verschiedenartigen Verhältnisse, welche die Höhe der Pauschbeträge beeinflussen, entziehen sich vielfach der Beobachtung und lassen sich nicht schematisieren. — Bei der Tarifierung wird in der Regel unterschieden zwischen Ordination (Aufsuchen des Arztes in dessen Hause durch den Kranken), Visite (Besuch des Arztes beim Kranken) und Operation; bezüglich der Visiten wieder, ob der Kranke sich im Orte oder auſserhalb desselben aufhält. Der Preis für eine Ordination beträgt durchweg 60 Heller, hier und da 40 oder 50, selten 20 Heller Die Visite am Orte wird meist mit einer Krone, manchmal mit weniger (Minimum 60 Heller), hier und da höher, selten mit dem Maximum von 1 Krone 60 Heller berechnet. Bei gröſseren Entfernungen, namentlich auſserhalb des Ortes, wird entweder ein bestimmter Betrag zugeschlagen, oder, was zumeist der Fall ist, ein Kilometergeld zwischen 30 Hellern und 1 Krone berechnet. Für Operationen sind entweder ausführliche Tarife über die verschiedentlichen Arten derselben aufgestellt, oder drei Gruppen (leichte, mittlere, schwere) unterschieden. Für leichte operative Eingriffe, als deren Prototyp gewöhnlich die einfache Zahnextraktion angeführt wird, werden 60 Heller bis 1 Krone 20 Heller gezahlt. Gröſsere Operationen werden mit 2 bis 10 Kronen, schwere mit 20, 30, höchstens 40 Kronen honoriert. Bei Inanspruchnahme des Arztes bei Nacht erhält derselbe fast immer die doppelten Gebühren; selten die dreifachen.

Die Apotheken verpflichten sich zumeist zu percentuell bemessenen Einlässen von ihren Taxen. Die Höhe der Nachlässe schwankt zwischen 10 und 25 %.

Berechnet man die Gestehungskosten der Krankenkassen für ärztliche Hilfe und Medikamente mit Bezug auf einen Krankentag, so erhält man wieder örtlich und zeitlich auffallend gleichmäſsige Ergebnisse (im Durchschnitte für alle Kassenarten berechnet), nämlich für erstere Kosten 30, für letztere 22 Heller pro Krankentag. Für Spitalsverpflegung entfallen durchschnittlich auf den Krankentag etwa 12 Heller.

4. Schlieſslich ist noch zu bemerken, daſs sowohl die Kassenverwaltungen, wie auch die Verwaltungsbehörden auf die Ärzte und Apotheker einen gewissen Einfluſs bezüglich der Wahl der Heilmethoden und Heilmittel und der äuſsern Ausstattung der letzteren nehmen, wodurch jedes kostspielige Heilverfahren möglichst ausgeschlossen werden soll. Handelt es sich hierbei lediglich um Äuſserlichkeiten, wie z. B. die Wahl der Arzneiflaschen, den Zusatz von Zucker zur Medizin, um dieselbe

schmackhafter zu machen u. dergl., so kann man solchen Verfügungen wohl zustimmen. Aber dieselben gehen auch weiter und beschränken den Arzt sogar in der Wahl zwischen verschiedenen, im einzelnen Falle in Betracht kommenden Heilverfahren, und dagegen mufs man, namentlich wenn es von seiten der Kassenverwaltungen geschieht, sehr grofse Bedenken erheben. Es erscheint nicht nur ganz unzulässig, mit finanziellen Verordnungen in die mit so grofser Verantwortung verbundene Ausübung der ärztlichen Kunst einzugreifen, sondern die Kunde von solchen Mafsregeln verbreitet sich auch, meist mit Übertreibungen, unter der breiten Klasse des Arbeiterstandes und erschüttert dort das Vertrauen zu den Kassen und zu den Ärzten. Müssen schon solche Vorschriften bezüglich unnotwendiger Äufserlichkeiten in der Heilbehandlung gegeben werden, so sollte man dies mit ostentativer Öffentlichkeit, Abdruck in den Tagesblättern, Anschlag bei den Kassen u. s. w. thun, um die Harmlosigkeit derselben klarzulegen und übertreibende Gerüchte unmöglich zu machen.

Das k. k. Ministerium des Inneren erliefs unter dem 17. März 1891 R.G.Bl. Nr. 45 eine Ordinations- und Dispensationsnorm, „welche die thunlichste Schonung der zum Zwecke der öffentlichen Krankenpflege dienenden Mittel des Staates oder der vom Staate verwalteten Fonde bezwecken". Nach § 20 der Bestimmungen derselben haben sich die Ärzte und Apotheker auch bei Verschreibung und Verabfolgung von Heilmitteln für die versicherungspflichtigen Mitglieder der nach dem Krankenversicherungsgesetze vom 30. März 1888 eingerichteten Krankenkassen zu richten, insofern dies seitens der berufenen Verwaltungen dieser Institute beansprucht wird. Diese Norm beschränkt die zu verordnenden Heilmittel und therapeutischen Behelfe auf das Notwendigste und Billigste. — Um die genaue Einhaltung solcher Bestimmungen, sowie der sonst geltenden Taxen und vereinbarten Nachlässe zu kontrollieren, haben einige Bezirkskrankenkassen-Verbände, insbesondere in Böhmen, diplomierte Pharmaceuten als sogenannte Retaxatoren angestellt, denen die Überprüfung und Richtigstellung der Apothekerrechnungen sämtlicher Verbandskassen obliegt. Diese Einrichtung hat sich zufolge der amtlichen Nachrichten des Ministeriums des Innern gut bewährt.

5. Bezüglich der Inanspruchnahme von Krankenhäusern durch die Krankenkassen für deren Mitglieder sind drei Punkte zu erörtern: der Begriff „Krankenhaus", die Frage des Bestimmungsrechtes, wann die Behandlung in einem Krankenhause einzutreten hat, und die Normierung über die Kostenersatzpflicht der Krankenkassen.

In ersterer Hinsicht ist zunächst von ausschlaggebender Bedeutung, dafs die Verpflegung eines Versicherten in einem Krankenhause eine subsidiäre Erfüllung der den Kassen obliegenden Unterstützungspflicht darstellt, und daher nur solche Anstalten in Betracht kommen können, welche die vollständige ärztliche Behandlung und Verpflegung des Kranken zu gewähren in der Lage sind. Hierbei ist es gleichgültig, ob die betreffende Heilanstalt eine öffentliche oder eine private ist, zumal der erste Absatz des § 8 unseres Gesetzes von der „freien Kur und Verpflegung in einem Krankenhause“ spricht, im Gegensatz zum Absatz 3 desselben Paragraphen, wo bezüglich der Kostenersatzpflicht zwischen öffentlichen und privaten Krankenhäusern unterschieden wird. (Vergl. Entsch. d. V.G.H. v. 8. Juli 1892 u. v. 11. März 1893.) Ausgeschlossen vom gesetzlichen Begriffe „Krankenhaus“ sind demnach gewisse Kuranstalten, Bäder u. dgl.

Eine Kontroverse entstand über die Frage, ob auch Gebäranstalten unter den Begriff des Krankenhauses zu subsumieren sind. An dem darüber entstandenen Zweifel, der sogar in widersprechenden Entscheidungen des Verwaltungsgerichtshofes zum Ausdrucke kam, ist vor allem der unklare Gebrauch des Ausdruckes „Krankheit“ im Gesetze schuld. In einer Verwaltungsgerichtshofs-Entscheidung vom 30. September 1892 z. B. heißt es: „Da die nach § 6 des Kr.Vers.Ges. den Wöchnerinnen bei normalem Verlaufe des Wochenbettes zu gewährende Unterstützung keine Krankenunterstützung ist, so kann bezüglich derselben § 8 des K.V.G. nicht in Anwendung kommen, da nach demselben die freie Kur und Verpflegung in einem Krankenhause eben an Stelle der Krankenunterstützung tritt. Es sind daher die Krankenkassen nicht verpflichtet, an Gebäranstalten Gebärhauskosten zu ersetzen.“ — Die gegenteilige Meinung spricht eine Entscheidung desselben Gerichtshofes vom 3. Mai 1893 aus: „Öffentliche Gebäranstalten sind in Betreff des Ersatzanspruches gegenüber den Krankenkassen anderen öffentlichen Krankenanstalten gleich zu achten; es steht jenen also der Ersatz des Aufwandes unter denselben Voraussetzungen und Bedingungen zu, wie diesen.“ Die richtige Entscheidung dürfte sich aus dem Wortlaute des § 6 des Krankenversicherungsgesetzes finden lassen. Dort heißt es: „Als Krankenunterstützung ist mindestens zu gewähren vom Beginne der Krankheit an freie ärztliche Behandlung mit Inbegriff des geburtshilflichen Beistandes.“ Aus den letztbezogenen fünf Worten, insbesondere aber aus dem Worte „Beistand“ muß man schließen, daß auch jene fachmännische Hilfe, welche bei einer normalen Geburt von seiten einer Hebamme oder eines Gynäkologen erforderlich wird, von der Krankenkasse, deren Mitglied die Wöchnerin ist, geleistet werden muß. Als weiterer logischer Schluß aus obiger Gesetzesstelle ergiebt sich, daß der Gesetzgeber diesen fachmännischen Beistand auch bei einer normalen Niederkunft ungenau als Krankheit bezeichnet, da die Worte „mit Inbegriff“ deutlich darauf hinweisen daß das Gesetz den geburtshilflichen Beistand jeder Art zu jener ärztlichen Behandlung rechnet, welche die Krankenkasse ihren Mitgliedern zu gewähren unbedingt verpflichtet ist. — Da nun § 8 des Krankenversicherungsgesetzes an Stelle der ärztlichen Behandlung subsidiär die Kur und Verpflegung in einem öffentlichen Krankenhause treten läſst und man die Gebäranstalten, in denen ja auch kranke Wöchnerinnen behandelt werden, allgemein zu den Krankenhäusern rechnet, so muſs man annehmen, daſs die Krankenkassen auch für die Behandlung einer die Mitgliedschaft besitzenden Wöchnerin in einer solchen Anstalt nach den für Krankenhauspflege allgemein geltenden Normen aufzukommen haben.

Ein ähnlicher Streit erhob sich bezüglich der Irrenanstalten. Eine Ministerialentscheidung vom Jahre 1891 erklärte: „Nach den einschlägigen gesetzlichen Vorschriften, insbesondere auch nach dem Wortlaute des § 2, b) des Gesetzes vom 30. April 1870 R.G.Bl. Nr. 68, betreffend die Organisation des öffentlichen Sanitätsdienstes, bilden die Irrenanstalten eine besondere, von den Krankenanstalten im gesetzlichen Sinne verschiedene Kategorie von Humanitätsanstalten. Die Krankenkassen sind daher zum Ersatze der aus Anlaſs der Verpflegung von Kassenmitgliedern in Landesirrenanstalten auflaufenden Kosten nicht verpflichtet.“ In einem anderen Falle entschied der Verwaltungsgerichtshof am 8. Juli 1892 (und das ist die gegenwärtig in der Praxis herrschende Ansicht) folgendermaſsen: „Nach § 1 des Krankenversicherungsgesetzes hat die Versicherung für den Krankheitsfall zu gelten. Dabei macht das Gesetz bezüglich der Art der Erkrankung keinen Unterschied und es muſs aus diesem Grunde und mit Rücksicht auf den von dem Krankenversicherungsgesetz verfolgten Zweck, dem Arbeiter im Falle der Erkrankung und der durch dieselbe herbeigeführten Erwerbsunfähigkeit nicht nur die Bedingungen für die Wiedererlangung der Gesundheit unentgeltlich zu verschaffen, sondern demselben und seiner Familie auch die unentbehrlichen Mittel zum weiteren Unterhalte zu gewähren, geschlossen werden, daſs die gesetzliche Krankenunterstützung des § 6 des Krankenversicherungsgesetzes in jedem Falle der Erkrankung, also auch dann einzutreten hat, wenn es sich nicht um eine Krankheit des Körpers, sondern auch, wenn es sich um eine Geisteskrankheit handelt. — Da nun der § 8 des Krankenversicherungsgesetzes die in einem Krankenhause nach der letzten Klasse gewährte freie Kur und Verpflegung »an Stelle der freien ärztlichen Behandlung, der notwendigen Heilmittel und des Krankengeldes« setzt, so wird unter der im § 8 des Krankenversicherungsgesetzes gegebenen Voraussetzung, daſs gegen die erfolgte Abgabe des Erkrankten in die Anstalt seitens der Kasse keine Einwendung erhoben werden kann, die gesetzliche Verpflichtung der Bezirkskrankenkasse, diese Krankenanstaltsverpflegungskosten zu berichtigen, auch dann bestehen, wenn es sich um die Verpflegung eines geisteskranken Kassenmitgliedes in einer für derlei Kranke bestehenden Heilanstalt (Irrenanstalt) handelt."

Hierzu möge noch bemerkt sein, dafs eine principielle Unterscheidung zwischen Körper- und Geisteskranheit heutzutage wohl kaum mehr zeitgemäfs ist; denn auch letztere betrachtet man heute als eine Erscheinung gewisser pathologischer Vorgänge in bestimmten Organen des menschlichen Körpers.

Um die geschilderten Unklarheiten zu beseitigen, bedarf es bei Stilisierung unseres Gesetzes der Aufzählung der als Krankenhäuser geltenden Anstalten, zumal § 2 lit. b des Gesetzes vom 30. April 1870 R.G.Bl. Nr. 68, betreffend die Organisation des öffentlichen Sanitätsdienstes, die Kranken-, Irren- und Gebäranstalten nebeneinander als verschiedenartige Institute aufführt. — Im deutschen Gesetze ist die Fassung des § 7, der unserem § 8 entspricht, eine glücklichere.

Eine sowohl für den erkrankten Arbeiter, wie auch für das finanzielle Verhältnis zwischen Krankenkasse und Krankenhausverwaltung wichtige Frage ist weiter die: Wem steht im einzelnen Falle das Verfügungsrecht darüber zu, dafs an Stelle der einfachen ärztlichen Behandlung im Sinne des § 8 des Krankenversicherungsgesetzes die Verpflegung in einem Krankenhause zu treten habe? Hierauf giebt unser Gesetz wieder keine direkte Antwort; eine solche kann nur mittelst grammatikalischer Interpretation abgeleitet werden. Diese wandte der Verwaltungsgerichtshof in einem Erkenntnisse vom 25. Februar 1893 an: „Die Verpflegung in einem Krankenhause ist also nur eine, und zwar subsidiäre Art der Erfüllung der im § 6 normierten Verpflichtung der Krankenkasse und dadurch, dafs das Gesetz ausdrücklich hervorhebt, dafs diese subsidiäre Art nur gewährt werden kann, also nicht gewährt werden mufs, deutet es deutlich an, dafs die Entscheidung darüber, ob die betreffende Krankenkasse ihrer gesetzlichen Pflicht in der regelmäfsigen oder ausnahmsweisen Art nachkommen will, der Kassenverwaltung selbst zusteht. — An der Richtigkeit dieser dem Wortlaute des Gesetzes angemessenen Deutung kann wohl ein Zweifel um so weniger aufkommen, als nicht zu verkennen ist, dafs, wenn die Art der Krankenunterstützug im konkreten Falle ganz unabhängig von den Verfügungen der Krankenkassenverwaltung je nach dem Belieben und dem Willen der einzelnen Mitglieder eintreten könnte, eine geordnete Verwaltung und Kassengebarung nicht weiter möglich erschiene." — Dieses Verfügungsrecht der Kasse ist in dem Falle, als das erkrankte Mitglied im gemeinsamen Haushalte mit Angehörigen lebt, oder sonst häusliche Pflege geniefst, von dessen Zustimmung abhängig gemacht, sofern die Art der Krankheit nicht eine Rücksichtnahme auf die Wünsche des Kranken ausschliefst.

In der Praxis haben sich nun sehr oft Fälle ergeben, in denen die Aufnahme oder das Verbleiben eines Kassenmitgliedes in einem Krankenhause so unabweisbar war, daſs das Krankenhaus sein Verhalten von einer vorgängigen Entscheidung des zuständigen Kassenvorstandes nicht abhängig machen konnte, sei es, daſs man die Kassenverwaltung vor der Aufnahme des Mitgliedes in die Anstalt überhaupt nicht um ihre Zustimmung befragen konnte, sei es, daſs man der Verfügung derselben, da sie von einseitigen finanziellen Gesichtspunkten ausging, ohne auf den Krankheitszustand des Patienten Rücksicht zu nehmen, keine Folge leisten durfte. Solche Fälle sind im Gesetze nicht vorgesehen und der Mangel einer bezüglichen Normierung muſs als eine fühlbare Lücke empfunden werden. Die ganze Frage gipfelt praktisch in der Entscheidung darüber, ob eine Krankenkasse auch dann verpflichtet werden kann, die Kurkosten für ein im Krankenhause behandeltes Mitglied zu bezahlen, wenn die Aufnahme desselben ohne vorgängige Zustimmung, oder sogar gegen den Willen der Kassenverwaltung erfolgte, oder wenn letztere zum Verbleiben des Kranken in der Heilanstalt ihre Zustimmung verweigerte. Sowohl die Verwaltungsbehörde als auch der Verwaltungsgerichtshof haben trotz mangelnder Gesetzesbestimmung das gegenständliche Dispositionsrecht der Kassenverwaltungen im Interesse des Unterstützungsberechtigten wiederholt auſser Kraft gesetzt. Will man die hierhergehörigen Fälle in ein System bringen, so könnte man sie in fünf Gruppen einteilen:

1. Die Aufnahme eines erkrankten Kassenmitgliedes in ein Krankenhaus muſs geschehen, weil beim Zustande des Kranken Gefahr im Verzuge ist, so daſs eine vorgängige Entscheidung des Kassenvorstandes gar nicht bewirkt werden kann. Hier wird unter Umständen für das weitere Verbleiben des Patienten in der Anstalt die Zustimmung der Kasse einzuholen sein (vergl. Entsch. d. V.G.H. vom 3. Februar und 5. Oktober 1894 Nr. 494 und 3611).

2. Die Art der Erkrankung ist eine solche, daſs nach ärztlichem Gutachten eine geeignete Behandlung nur in einem Krankenhause erfolgen kann.

3. Dem Kranken mangelt jegliche häusliche Pflege. Hier „kann“ nicht nur, hier „muſs“ die Krankenhauspflege auf Grund des ärztlichen Gutachtens gewährt werden. Dieser Fall kommt insbesonders auch vor, wenn Kassenmitglieder auf einer Reise erkranken (vergl. V.G.H. Entsch. vom 11. März 1893 Nr. 827).

4. Die Abgabe in ein Krankenhaus muſs kraft sanitätspolizeilicher Vorschrift erfolgen, z. B. bei Infektionskrankheiten (vergl. Entsch. d. V.G.H. vom 11. Januar 1893 Nr. 3925 und vom 5. Dezember 1894 Nr. 4699).

5. Die Krankenkasse hat, von der Erkrankung ihres Mitgliedes und dessen Behandlungsbedürftigkeit in Kenntnis gesetzt,

es unterlassen, von ihrem Dispositionsrechte Gebrauch zu machen und keine Verfügung getroffen, durch welche sie dem gesetzlichen oder statutarischen Unterstützungsanspruche des Versicherten gerecht geworden wäre (vergl. Entsch. d. V.G.H. vom 27. April 1895 Nr. 2159).

In allen diesen Fällen müfste das Bestimmungsrecht über die Abgabe eines Versicherten in ein Krankenhaus, bezw. über das Verbleiben eines solchen dortselbst, welches im allgemeinen den Krankenkassen ausdrücklich zuzugestehen wäre, auf den Arzt, bezw. auf die Sanitätsbehörde, im Falle 5 sogar auf das Kassenmitglied selbst übergehen, ohne dafs dadurch die gesetzliche Pflicht der betreffenden Kasse zum Ersatze der Verpflegskosten aufgehoben würde. Sonst aber wäre dieses Verfügungsrecht mit den in unserem Gesetze bereits enthaltenen Einschränkungen den Kassenverwaltungen allgemein und ausdrücklich einzuräumen. — Das deutsche Gesetz weist in dieser Frage ebenfalls einen Mangel an entsprechender Normierung auf.

Im engen Zusammenhange mit dem oben erörterten Dispositionsrechte der Kassen steht, wie schon erwähnt, deren Kostenersatzpflicht gegenüber den Krankenhäusern. Unser Gesetz unterscheidet da im dritten Absatz des § 8 zwischen öffentlichen und nichtöffentlichen Krankenanstalten, leider ohne den Begriff der Öffentlichkeit, auf den es hier ankommt, irgendwie zu terminieren. Es läfst die Frage offen, ob für diesen Begriff die allgemeine Zugänglichkeit der Anstalt oder der Umstand ausschlaggebend ist, dafs das Krankenhaus aus öffentlichen Fonden oder von einer öffentlichen Korporation (Stadtgemeinde, Bezirk, Land u. s. w.) erhalten wird. Die Krankenanstalten der letzteren Art sind durchaus nicht immer für jedermann zugänglich. Was nun den Kostenersatz betrifft, so bestimmt unser Gesetz an der bezogenen Stelle folgendes: „Wird ein versicherter Erkrankter in einer öffentlichen Krankenanstalt verpflegt, so ist die Krankenkasse, soweit dieselbe in Gemäfsheit der vorstehenden Bestimmungen nicht weitergehende Verpflichtungen freiwillig übernommen hat, verpflichtet, die für Kur und Verpflegung nach der letzten Klasse entfallenden Kosten bis zur Dauer von vier Wochen der Krankenanstalt zu ersetzen.“ — Bei Beratung dieser Gesetzesstelle im Abgeordnetenhause wurde die Fassung derselben zuerst bemängelt, weil man darin eine ungerechtfertigte Überwälzung der Unterstützungspflicht der Kassen bezüglich ihrer in einem öffentlichen Krankenhause untergebrachten Mitglieder nach Ablauf der vierten Krankheitswoche auf die Armenpflege der Gemeinden und Länder zu erblicken glaubte. In der That gewinnt man auch beim Lesen dieser Stelle einen solchen Eindruck. Nach den Darlegungen des Vertreters der Regierung sollte aber durch die Normierung der vier Wochen nur das Mindestausmafs einer Verpflichtung der Kasse zum Verpflegungskostenersatze, auch ohne daſs vorher zwischen ihr und der Heilanstalt eine besondere Vereinbarung über die Art und Höhe der Verpflegskosten getroffen worden wäre, festgesetzt werden. Darnach hätte man es hier also mit einer zu Gunsten der Krankenhäuser gegebenen Bestimmung zu thun. Als Remedium gegen die gefürchtete Kostenüberwälzung der oben bezeichneten Art wurde auf den fakultativen Charakter der Spitalspflege und auf das bezügliche Dispositionsrecht der Kassen hingewiesen, woraus sich die Notwendigkeit einer Unterhandlung und Vereinbarung zwischen Kasse und Krankenhaus für den Fall einer länger als vierwöchentlichen Spitalsbehandlung ergäbe. — Abgesehen davon, daſs der Wortlaut des Gesetzes die soeben erörterte Absicht des Gesetzgebers in einer schwer erkennbaren Form ausdrückt, hat die ganze Kalkulation einen Fehler: man lieſs auſser Betracht, daſs es Fälle geben könnte, in denen ohne und selbst gegen den Willen der Kasse die Krankenhauspflege auch über vier Wochen hinaus gewährt werden müſste. In solchen Fällen findet nach dem heutigen Stande des Gesetzes thatsächlich eine, wie es scheint, nicht beabsichtigte Überwälzung der Krankenkosten in obigem Sinne statt, insoweit nicht etwa nach § 64 des Krankenversicherungsgesetzes der Krankenanstalt auf dem Umwege durch die Person des Versicherten wenigstens ein teilweiser Kostenersatz geschaffen wird. Aber auch die Anwendbarkeit des § 64 für diese Fälle ist in der Praxis strittig. Diese Gesetzesstelle lautet: „Hat eine Gemeinde oder Korporation auf Grund ihrer gesetzlichen oder statutarischen Verpflichtung zur Armenversorgung einer Person, welcher an eine in diesem Gesetze genannte Krankenkasse ein Unterstützungsanspruch zusteht, Krankenunterstützungen geleistet, so geht dieser Anspruch bis zum Betrage der geleisteten Unterstützung, und wenn die letztere ihn erreicht oder übersteigt, in seiner ganzen Höhe auf die Gemeinde oder Korporation über, und ist diese Gemeinde bezw. Korporation allein zur Geltendmachung des übergegangenen Anspruches an die Krankenkasse berechtigt.“ — Zunächst steht durchaus nicht fest, daſs jedes öffentliche Krankenhaus eine Korporation darstellt, oder doch von einer Korporation erhalten und verwaltet wird. Sodann hat die Anwendung des § 64 hier oft bedenkliche Folgen für den Versicherten. — Eine Ministerialentscheidung von 1893 z. B. sagt: „Die Kasse ist, ihre Zustimmung zur Verpflegung eines Mitgliedes in einem öffentlichen Krankenhause vorausgesetzt, zur Zahlung der vollen Spitalsverpflegskosten nur für die Dauer von vier Wochen verpflichtet, wenn nicht etwa zwischen Kasse und Spitalsverwaltung ein diesbezüglich maſsgebender Vertrag geschlossen wurde. Dauert die Spitalsverpflegung eines Kassenmitgliedes länger als vier Wochen, so ist die Kasse von diesem Zeitpunkte ab nur mehr zu den gesetzlichen und statutarischen Mindestleistungen gegenüber dem Erkrankten verpflichtet, welche jedoch in Gemäſsheit der Bestimmung des § 64 des

Krankenversicherungsgesetzes an das Krankenhaus übergehen, somit diesem vorzubehalten sind. — Nachdem in Gemäfsheit des § 8, letzter Absatz des Krankenversicherungsgesetzes, die Hälfte des Krankengeldes an die Angehörigen des im Krankenhause Untergebrachten nur für jene Zeit zu leisten ist, während welcher die Kur und Verpflegung im Krankenhause auf Kosten der Krankenkasse erfolgt, folgt hieraus, dafs auch für die Frage der Dauer der Gewährung dieses halben Krankengeldes in erster Reihe der zwischen der Kasse und der Krankenhausverwaltung eventuell geschlossene Vertrag mafsgebend ist, wogegen in Ermangelung eines eigenen Vertrages die Gewährung dieses halben Krankengeldes auf die ersten vier Wochen der mit Zustimmung der Krankenkasse in einem öffentlichen Krankenhause erfolgenden Verpflegung beschränkt bleibt, weil in diesem Falle die eventuelle Weiterverpflegung des Kranken im Krankenhause nicht mehr auf Kosten der Kasse, sondern auf Kosten der dem Verpflegten gesetzlich zukommenden Krankenunterstützung erfolgt." Die durch diese Rechtsfolgerung begründete Einstellung des an die Familie des kranken Arbeiters zu zahlenden Erhaltungsbeitrages nach Ablauf von vier Wochen enthält eine ungeheure Härte, welche der weitgreifenden socialpolitischen Tendenz des ganzen Gesetzes geradezu ins Gesicht schlägt und vom Gesetzgeber zweifellos nicht beabsichtigt wurde. Zudem liegt darin auch eine ungerechtfertigte Entlastung der Krankenkasse; denn derselben wird im gegenständlichen Falle ohne Begründung nach Ablauf der vierten Woche die Ausgabe für Arzt und Apotheker, zu deren Bestreitung die Kasse während der ganzen Dauer des Unterstützungsanspruches des kranken Versicherten verpflichtet ist, erspart und auf den Versicherten selbst, bezw. auf das Krankenhaus überwälzt.

Eine entgegengesetzte Ansicht über die Geltung des § 64 des Krankenversicherungsgesetzes für Krankenhäuser kam in einer Ministerialentscheidung vom 20. Februar 1895 Zl. 3316 und in einem Erkenntnisse des Verwaltungsgerichtshofes vom 28. Dezember 1894 Nr. 5090 zum Ausdrucke. Dort wird erklärt, dafs die öffentlichen Krankenanstalten nicht unter die im § 64 des Krankenversicherungsgesetzes genannten Korporationen subsumiert werden können, vielmehr sei der Anspruch der öffentlichen Krankenanstalten durch die im § 8 des Krankenversicherungsgesetzes enthaltene Fristbestimmung in jedem Falle auf die Verpflegsgebühren für vier Wochen beschränkt. — Aus dem Gesagten geht hervor, dafs die Gesetzgebung mit der Fassung des dritten Absatzes des § 8 unseres Gesetzes die Klarlegung ihrer Absicht, Krankenversicherung und Armenpflege gegen einander abzugrenzen, verfehlt hat.

Über die Kostenersatzpflicht der Krankenkassen gegenüber nicht öffentlichen Krankenanstalten ist im Gesetze nichts Näheres gesagt. Ein Erlafs des Ministeriums des Innern vom

1. Januar 1890 stellt folgende Richtschnur dafür auf: „Handelt es sich um die Verpflegung eines Versicherten in einer nichtöffentlichen Krankenanstalt, so wird zu unterscheiden sein, ob die Unterbringung des Versicherten mit Zustimmung oder ohne Zustimmung der Krankenkasse erfolgt ist. Im ersteren Falle hat die Krankenkasse die Kosten der Beförderung des Versicherten in die Krankenanstalt, ferner die Kosten der Kur und Verpflegung im Krankenhause nach Maſsgabe des betreffenden Vertrages oder des Übereinkommens im speciellen Falle für den darin festgesetzten Zeitraum, welcher sich über die statutenmäſsige Maximaldauer der Krankenunterstützung nicht erstrecken darf, endlich im Falle des letzten Absatzes des § 8 des Krankenversicherungsgesetzes die Hälfte des Krankengeldes zu leisten. — Ist hingegen die Unterbringung des Versicherten in einer nicht öffentlichen Krankenanstalt ohne die Zustimmung der Krankenkasse erfolgt, so beschränkt sich die Verpflichtung der letzteren — vorbehaltlich der eventuellen Anwendung der Bestimmungen des § 64 des Krankenversicherungsgesetzes — auf die Leistungen der statutenmäſsigen Krankenunterstützung an den Versicherten."

Reassumieren wir: es besteht das Bedürfnis, bei einer Revision unseres Krankenversicherungsgesetzes die zwischen Kassen und Krankenanstalten schwebende Kostenersatzfrage und damit teilweise das Verhältnis zwischen Krankenversicherung und Armenpflege klarzustellen. Auſser der Gesetzgebung ist aber noch ein Faktor berufen, hier an einer fortschrittlichen Entwicklung mitzuarbeiten: das sind die Bezirkskrankenkassenverbände, die im Sinne des § 39 Abs. II Zl. 2 und 3 des K.V.Ges. dazu berufen sind, für die ihnen zugehörenden Kassen Generalverträge mit Ärzten, Apothekern und Krankenanstalten abzuschlieſsen, sowie die Errichtung eigener Verbandsapotheken und Verbandskrankenanstalten ins Auge zu fassen. Zu letzteren Maſsnahmen wird dann der Zeitpunkt als gekommen erscheinen, wenn die Verbände durch Erstarkung der Verbandsreservefonde eine genügende Kapitalskraft erlangt haben werden.

Was die einschlägigen Bestimmungen des deutschen Krankenversicherungsgesetzes betrifft, so enthalten auch diese (§ 6a Zl. 6, § 7, § 26a Zl. 2b, § 56a) keine befriedigende Normierung über die besprochenen Verhältnisse; nur eine Bestimmung, die einen Fortschritt gegenüber dem österreichischen Gesetze bedeutet, finden wir in der zuletzt bezeichneten Gesetzesstelle: dort werden die Mitglieder einer Krankenkasse in der Mindestzahl von 30 legitimiert, durch Vermittlung der höheren Verwaltungsbehörde gegen zu engherzige Vertragsschlieſsungen ihrer Kasse mit Krankenanstalten vorzugehen.

6. Fassen wir alles, was hier über das Verhältnis zwischen Krankenkassen einerseits und Ärzten, Apothekern und Krankenanstalten andrerseits gesagt wurde, zusammen, so müssen wir fest-

stellen, daſs es bei Redigierung unseres gegenwärtig geltenden Versicherungsgesetzes gar nicht möglich war, dieses Verhältnis in einer allen Interessen gerecht werdenden Weise zu regeln; man konnte ja die eigentümlichen Wirkungen, welche die neuartigen Rechtsinstitute der Arbeiterzwangsversicherung auf die beteiligten Personenkreise und deren gegenseitigen Beziehungen ausüben würden, in vorhinein gar nicht ermessen. Nun aber liegen Erfahrungen in Fülle vor und diese drängen nach einer entsprechenden Normierung. Insbesondere haben die Konflikte zwischen den Kankenkassen und den Ärzten und Apothekern, welche in letzterer Zeit wiederholt einen bedenklichen Umfang angenommen haben (Berlin, Leipzig!), eine Gefahr für die gesunde Weiterentwicklung der Arbeiterversicherung heraufbeschworen. In welcher Weise hier die Gesetzgebung eingreifen soll, ohne in die Autonomie der Kassen und in die freie Ausübung des ärztlichen und Apotheker-Berufes zu sehr einzugreifen, muſs vorläufig dahingestellt bleiben. Es wäre denkbar, daſs die Vorstände der Kassen und Kassenverbände und die Standesvertretungen der Ärzte und Apotheker zur gemeinsamen, periodischen Festsetzung von Gebührensätzen gesetzlich herangezogen würden und hierbei, sowie bei Änderungen solcher Tarife der Verwaltungsbehörde im Interesse des Zustandekommens billiger Vereinbarungen ein gewisser Einfluſs, ein Bestätigungsrecht eingeräumt würde. — Jedenfalls aber muſs in dieser Frage bald etwas geschehen.

VI.

Statistik, Entwicklung und Reform der Krankenkassen.

1. Einleitung. — 2. Gesamtübersicht über alle Kassen; a) Umfang und Entwicklung der Versicherung, b) Krankheitsstatistik, c) Kassengebarung. — 3. Statistik der einzelnen Kassenarten; a) Gröfse und Wachstum der Kassen, b) die Vorteile der Versicherten bei den einzelnen Kassenarten, c) die Lasten der Arbeiter und Arbeitgeber, d) die Durchführungskosten der Versicherung bei den verschiedenen Kassen, e) die finanziellen Ergebnisse der Kassengebarung. — 4. Die Centralisation des Kassenwesens; a) die Übelstände der herrschenden Zersplitterung der Kassenorganisation, b) die Gründe für die Schaffung der Specialkassen und die Stichhaltigkeit derselben für die heutigen Verhältnisse, c) die Vorteile der Centralisation und die Durchführung derselben. — 5. Schlufswort.

---

1. Man kann sich keine richtige Vorstellung von der Entwicklung und von der Bedeutung der obligatorischen Krankenversicherung machen, ohne sich mit der Statistik derselben zu beschäftigen. Auch die verschiedenen Reformpläne, namentlich für eine bessere Organisation des Versicherungswesens, fufsen zum grofsen Teile auf den Ergebnissen statistischer Beobachtungen. Um daher dem Zwecke dieser Abhandlung, der Erörterung der Licht- und Schattenseiten unserer Zwangsversicherung, gerecht zu werden, ist es unerläfslich, Zahlenmaterial zu bringen, und zwar vergleichsweise aus verschiedenen Jahren. Es wurden vom Verfasser für diesen Zweck zunächst die Jahre 1890 und 1898 gewählt; das Jahr 1890, weil für dasselbe das erste Mal seit dem Inslebentreten unseres Krankenversicherungsgesetzes eine statistische Jahresübersicht ausgearbeitet wurde, das Jahr 1898, weil es das letzte Jahr ist, für welches gegenwärtig eine vollständige amtliche Statistik vorliegt. Dazwischen wurden die Jahre 1893 und 1896 als Stufen der Entwicklung eingeschaltet. Eine Anführung des Zahlenmaterials aus allen zehn Jahren würde die Übersichtlichkeit der Darstellung beeinträchtigen, ohne bei der auffallend gleichmäfsigen Entwicklung des Kassenwesens Neues oder Eigenartiges zu bringen.

Eines muſs aber noch vorausgeschickt werden. Wer aus den Zahlenbildern der Statistik bestimmte Schlüsse ziehen will, muſs mit äuſserster Vorsicht zu Werke gehen. Denn es wirken beim Zustandekommen der Zahlenergebnisse, namentlich auf dem Gebiete der Socialpolitik, mancherlei Umstände und Kräfte mit, welche in der Statistik nicht zum Ausdrucke kommen, deren Übersehen aber beim Beobachter ganz falsche Vorstellungen hervorrufen und zu irrigen Schlüssen Anlaſs geben würde. Nur bei genauer Kenntnis und eingehendem Studium aller für die Gestaltung der Arbeiterversicherung in Betracht kommenden Verhältnisse läſst sich auf dem reichen Zahlenmaterial ein grundfestes Gebäude aufführen.

2. Gesamtübersicht
über die bisherigen Ergebnisse der österreichischen Arbeiter-Krankenversicherung.

a) Umfang und Entwicklung der Versicherung.

Beobachtungsjahr	Durchschnittliche Zahl der Krankenkassen	Durchschnittliche Zahl der Versicherten	Gesamteinnahmen aller Krankenkassen in Kronen	Summe der Unterstützungsleistungen aller Krankenkassen in Kronen	Gesamtausgaben aller Krankenkassen in Kronen
1890	2740	1 548 825	24 719 486	20 193 480	22 681 454
1893	2876	1 840 043	30 125 114	24 461 758	27 730 706
1896	2921	2 188 010	38 284 380	30 504 388	34 774 706
1898	2908	2 349 746	43 032 580	35 164 352	40 167 144

Die Bruderladen (Knappschaftskassen) nehmen wegen ihrer Eigenart, ihres selbständigen Entwicklungsganges und ihrer Verbindung mit Invaliden-, Witwen- und Waisenversicherung eine gesonderte Stellung ein und werden auch vom k. k. Ministerium des Innern nicht mit den übrigen Kassen zugleich, sondern für sich in der amtlichen Statistik behandelt. Sie sind daher auch in obiger Übersicht nicht mit einbezogen. Zu Ende des Jahres 1898 bestanden **268** Bruderladen mit einem Mitgliederstande von **133 702** Personen. Von diesen Kassen waren aber nur **185** mit **115 719** aktiven Mitgliedern nach den geltenden Bestimmungen über die Arbeiterkrankenversicherung umgebildet; **43** Knappschaftskassen hatten überhaupt keine aktiven Mitglieder mehr und kamen daher in der Statistik überhaupt nicht mehr in Betracht. Die Reform der restlichen **40** Kassen ist im Zuge.

Die Lehrlingskassen sind ebenfalls nicht in die Statistik einbezogen, weil dieselben nicht unter das Krankenversicherungsgesetz fallen und leider überhaupt noch nicht gesetzlich geregelt sind. Sie umschliefsen aufser etwaigen freiwillig versicherten Personen nur jene Lehrlinge beiderlei Geschlechts, bezüglich deren die Arbeitgeber im Sinne des § 4 des Krankenversicherungsgesetzes durch die Verwaltungsbehörde von der Pflicht zur Anmeldung bei einer gesetzlichen Krankenkasse befreit wurden. Im Jahre 1898 bestanden im ganzen **337** Lehrlingskassen mit **58301** Versicherten. Davon waren allein in Wien **48** Kassen mit **32418** Versicherten.

Freiwillig gegen Krankheit versichert waren 1898 bei sämtlichen Krankenkassen etwa 100 000 Personen. Diese sind in die Kassenstatistik schon mit einbezogen.

Rechnet man Bergleute und Lehrlinge mit, so waren im Jahre 1898 in Österreich gegen Krankheit weit über zwei und eine halbe Million Personen, das ist etwa 10 % der mit 26 100 000 angenommenen gesamten Bevölkerung, versichert. Veranschlagt man die Zahl der Personen unter zehn Jahren mit etwa ein Viertel der Gesamtbevölkerung, so findet man, dafs von der erwerbsfähigen Bevölkerung fast 13 % den Krankenkassen als Mitglieder angehörten. Im selben Jahre haben diese Kassen abzüglich der Knappschafts- und Lehrlingskassen bei einem Mitgliederstande von **2 349 746** Personen an **900 281** Erkrankte in **1 130 476** Erkrankungsfällen mit **19 165 471** Krankentagen Unterstützungen geleistet. Dazu kommen noch **48 076** Fälle von Entbindungen mit **1 311 794** Krankentagen. Die Gesamtzahl der Unterstützungsfälle, in denen auch ein Krankengeld gewährt wurde, betrug im Jahre 1898 sonach **1 178 552** mit **20 477 265** Krankentagen. Für Beerdigungskosten mufsten die Kassen in **21 349** Sterbefällen aufkommen.

Der Gesamtbetrag der Unterstützungen aller Krankenkassen mit Ausschlufs der Bruderladen und Lehrlingskassen ist für die Zeit vom 1. August 1889 bis 31. Dezember 1898 mit rund **244,66** Millionen Kronen zu veranschlagen; die Gesamtsumme der Beitragsleistungen mit etwa **290** Millionen Kronen.

Interessant ist der Rückschlufs von den Kassenbeiträgen der versicherten Arbeiterschaft (einschliesslich der Bergarbeiter) auf das Lohneinkommen derselben. Dieser Rückschlufs kann allerdings kein genauer sein, weil die Versicherungsbeiträge nicht nach Prozenten des wirklichen Lohnes des einzelnen Versicherten, sondern nur nach Prozenten bestimmter Lohnklassen bemessen werden. Im allgemeinen aber wird die nachstehende Berechnung stimmen. Nimmt man 2 % als durchschnittliches Verhältnis der Kassenbeiträge der Arbeiter zu ihrem Arbeitslohne an, so ergiebt sich für das Jahr 1898 in Österreich ein gesamtes Lohneinkommen der versicherten $2^1/_2$ Millionen Arbeiter und Arbeiterinnen im runden Betrage von **1480** Millionen Kronen.

All' diese Zahlen, welche in grofsen Umrissen ein Bild von dem geben sollen, was die Arbeiter-Krankenversicherung bei uns bisher geleistet hat, und wie diese Leistungen in beständigem Fortschritte begriffen sind, verkünden lauter, als es Worte vermöchten, die gewaltige Bedeutung dieser umfassenden, von staatswegen geschaffenen Fürsorgeeinrichtung. Eine grofse Menge socialen Elends wurde durch den modernen Associationsgedanken aus der Welt geschafft oder doch gemildert; einem für unser heutiges Kulturleben unentbehrlichen Stande wurde eine starke Stütze, eine Widerstandskraft verliehen nicht nur von grundlegender wirtschaftlicher, sondern auch von weittragender sittlicher Bedeutung. Trotz ihrer vielfachen Mängel ist die gewählte Durchführungsart dieser Krankenfürsorge für die mittellosen Volksschichten eine treffliche zu nennen; sie ist so in Fleisch und Blut der Bevölkerung übergegangen, dafs eine Aufhebung oder grundsätzliche Umgestaltung des Krankenkassenwesens heute ein Ding der Unmöglichkeit wäre.

Aber noch einen Vorzug unserer Krankenversicherung, welcher nicht im Zwecke derselben gelegen ist, möchte ich rühmen: Durch die damit verbundene, ins einzelne gehende Statistik wurde ein so tiefer Einblick in die Verhältnisse des Arbeiterstandes und seiner Beziehungen zur modernen Produktion ermöglicht, wie nie zuvor. Dadurch wird eine der wichtigsten Voraussetzungen für den gesunden Fortschritt in der socialen Umgestaltung von Staat und Gesellschaft vermittelt: die für jede Weiterentwicklung unentbehrliche Kenntnis der treibenden und gestaltenden Kräfte.

b) Im Anschlusse an obige Übersicht über den Umfang der Krankenversicherung mögen einige allgemeine Angaben über die

Krankheitsverhältnisse

unter den Versicherten folgen.

In dem Zeitraum von 1890—1898 kamen unter den Mitgliedern der nach dem Krankenversicherungsgesetze eingerichteten Krankenkassen rund **8,54** Millionen Erkrankungsfälle (einschliefslich Entbindungen) mit **146,02** Millionen Krankentagen und ferner **170 000** Sterbefällen vor.

Den besten und richtigsten Mafsstab für die Erkrankungsverhältnisse giebt die Morbilitätsziffer. In ihr kommen die beiden mafsgebenden Faktoren: die durchschnittliche Häufigkeit und die durchschnittliche Dauer der Erkrankungen, bezogen auf das Individuum, zum Ausdruck. Man erhält diese Ziffer durch Berechnung der Krankentage auf ein Mitglied und ein Jahr. Während der bisherigen Geltungsdauer des Krankenversicherungsgesetzes ist die Morbilitätsziffer langsam gestiegen. Sie betrug, die Entbindungen mitgerechnet, 1890: 8,01 und 1898: 8,71. — Die durchschnittliche Dauer eines Krankentages stellte sich 1890 auf 15,02 und 1898 auf 17,0 Tage. Die Sterblichkeit nahm ab. Von je 100 Versicherten starben im Jahre 1890: 1,03, im Jahre 1898: 0,91.

Wesentliche Verschiedenheiten in der Morbilität zeigen sich nach Geschlecht und Alter. Diese Unterschiede treten mit einer gewissen Regelmäſsigkeit auf, so daſs sich daraus allgemeine Erfahrungssätze ableiten lassen. Das percentuelle Verhältnis zwischen der Anzahl der männlichen und weiblichen Versicherten drückt sich im Durchschnitte bezüglich aller Kassen in den ersten zehn Jahren constant in den Zahlen 78 : 22 aus. Die durchschnittliche Dauer eines Krankheitsfalles betrug in den Jahren $\frac{1890}{1898}$ für männliche Kassenmitglieder $\frac{14,7}{16,4}$ Tage, für weibliche, ausschlieſslich der Entbindungen, $\frac{17,1}{19,3}$ Tage. An Krankentagen entfallen in denselben Jahren auf jedes männliche Mitglied $\frac{7,32}{8,06}$, auf jedes weibliche $\frac{8,44}{8,50}$ ohne, und $\frac{10,48}{11,10}$ mit Einrechnung der Entbindungen. Auf 100 weibliche Versicherte kamen $\frac{8,04}{9,54}$ Entbindungen. Es starben in den beiden Jahren durchschnittlich von 100 Männern $\frac{1,03}{0,92}$, von 100 Frauen $\frac{1,12}{0,88}$ Personen.

Die Verteilung des Alters unter den Versicherten ist nach dem Geschlechte wesentlich verschieden: in den jüngeren Altersklassen (unter 25 Jahren) der Arbeiterbevölkerung ist das weibliche Geschlecht stärker vertreten als das männliche. Den gröſsten Anteil an dem ersteren weisen die Betriebskrankenkassen auf, weil gewisse Fabrikationszweige (z. B. Textil, Tabak) vorwiegend Arbeiterinnen verwenden. In nächster Linie haben die meisten weiblichen Mitglieder die Vereinskassen, weil auch bei diesen sich die Versicherten zum groſsen Teile aus Fabriken rekrutieren; daher dort auch analoge Erscheinungen wie bei den Betriebskassen. Eine verhältnismäſsig geringe Zahl von Arbeiterinnen ist bei den Genossenschafts- und Bezirkskrankenkassen versichert, was zu den Schlüssen Anlaſs giebt, daſs das Kleingewerbe wenig mit weiblichen Kräften arbeitet, und daſs die Bezirkskassen wenig Fabriksarbeiter haben.

Mit dem Alter steigt die Erkrankungsgefahr, langsam auch die Gefahr, in einem Jahre wiederholt zu erkranken; viel rascher die Gefahr, länger krank zu bleiben. Beim weiblichen Geschlecht wächst die Morbilität im Alter zwischen 20 und 40 Jahren rascher als beim männlichen (Entbindungen!). Auch die Sterblichkeit nimmt mit dem Alter zu und zwar bis zum 40. Lebensjahre bei den Männern rascher als bei den Frauen.

c) Nun ein paar allgemeine Bemerkungen über die Gebarung der Krankenkassen.

Unsere Arbeiter-Krankenversicherung ist im Gegensatze zur kollektiven Unfallversicherung eine Individualversicherung, bei welcher angesichts der häufigeren Unterstützungsfälle und der Wichtigkeit fortwährender Kontrolle der einzelne Arbeiter die Versicherungseinheit bildet. Die Deckung der Kassenausgaben wird in Beitragsleistungen gefunden, welche nach versicherungstechnischen Grundsätzen in Prozenten des Lohnes (Lohnklassen) des einzelnen Versicherten bemessen werden. Wir haben es hier nicht mit dem Verfahren der Kapitaldeckung, wie bei der österreichischen Unfallversicherung zu thun, wo die Versicherungsbeiträge in einen Fond fliefsen, aus dessen Zinsen dann die Unterstützungsleistungen bestritten werden; aber auch von Umlageverfahren kann bei unserer Krankenversicherung streng genommen nicht die Rede sein, weil dieses Verfahren fix berechnete Beiträge und die Ansammlung von Reserven nicht kennt. Man spricht daher bei uns von einem „Prämiendurchschnittsverfahren".

Trotz der für den einzelnen Arbeiter statutarisch festgelegten Höhe der Beiträge unterliegt doch deren Gesamtbetrag innerhalb eines Jahres starken Schwankungen infolge der periodisch wiederkehrenden grofsen Veränderungen des Mitgliederstandes. Diese Veränderungen erfolgen mit einer gewissen Regelmäfsigkeit und zwar typisch in der Art, dafs der Tiefpunkt des Versichertenstandes in die ersten Monate des Jahres, der allmählich erreichte Höhepunkt in die Monate Juli, August fällt, worauf dann wieder bis zum Jahresschlufs eine beständige Abnahme erfolgt.

Die Durchschnittsgröfse der Krankenkassen hat seit der Geltung unseres Krankenversicherungsgesetzes im allgemeinen stetig zugenommen, ein erfreuliches Zeichen fortschreitender, gesunder Entwicklung. Eine ähnliche Erscheinung weist die Krankenversicherung im Deutschen Reiche auf, doch beträgt die Durchschnittsgröfse der dortigen Kassen nur die Hälfte des durchschnittlichen Umfanges unserer Versicherungsanstalten. Die Gröfse der Kassen hat aber, wie die Erfahrung lehrt, einen wesentlichen Einflufs auf deren Gebarung. Kleine Kassen sind in der Regel schlechter und teurer verwaltet als gröfsere. Die Mittel reichen bei jenen nicht hin, um genügend tüchtige Beamte anzustellen; die Krankenkontrolle entbehrt aus derselben Ursache der gehörigen Gründlichkeit und des wünschenswerten Nachdruckes; für kleine Kassen bedeutet der Ausbruch einer Epidemie unter den Mitgliedern zumeist eine finanzielle Katastrophe; sie werden durch ungünstige Morbilitätsverhältnisse überhaupt viel empfindlicher getroffen als grofse Versicherungsanstalten; es mangelt ihnen die Gleichmäfsigkeit der finanziellen Entwicklung. Bei der Wahl des Vorstandes fällt es den kleinen Kassen infolge des engen Kreises ihrer Mitglieder viel schwerer, die geeigneten Persönlichkeiten zu finden. Es kommt bei denselben auch noch in Betracht, dafs sie ihren Mitgliedern nicht leicht jene rationelle Heilbehandlung angedeihen lassen können wie grofse Kassen, welche die Behandlung durch Specialärzte und besondere Heilkuren gewähren und auch in der Beistellung therapeutischer Behelfe weitergehenden Anforderungen entsprechen. Dafs endlich gröfsere kapitalskräftige Institute auch bei Vertragsschlüssen mit Ärzten, Apothekern, Krankenhäusern usw. in günstigerer Lage sind als kleine Versicherungsanstalten, liegt auf der Hand.

Auch die territoriale Ausdehnung des Kassensprengels spielt eine Rolle in der Gebarung, da bei geringerer Dichte (Verhältnis der Mitgliederzahl zum Gebietsumfange) und bei ungünstigen Terrain- und Verkehrsverhältnissen die Kosten für Arzt und Kontrolle bedeutend erhöht werden und die Verwaltung erschwert wird. — Einige Zahlen mögen das Gesagte begründen. Sie sind der Statistik der Hauptvertreter der Krankenkassen: der Bezirkskassen, und zwar für das Jahr 1898 entnommen:

Gröfsenkategorie:	Durchschnittl. Kosten eines Krankentages in Kronen	Verwaltungskosten in % der laufenden Beiträge	Verwaltungskosten berechnet auf ein Mitglied und ein Jahr in Kronen
I. Kassen bis zu 200 Mitgliedern	1,70	16,4	1,94
II. Kassen von 201 bis 500 Mitgliedern . . .	1,60	14,1	1,74
III. Kassen von 501 bis 1000 Mitgliedern . .	1,52	12,7	1,60
IV. Kassen von 1001 bis 5000 Mitgliedern . .	1,50	11,8	1,54
V. Kassen von über 5000 Mitgliedern	1,76	11,8	2,08
Dichtigkeitskategorie: Nach der Zahl der auf 1 km² des Kassensprengels entfallenden Mitglieder:			
I. Weniger als 1 Mitglied . . . . (Kassen auf d. flachen Lande.)	1,74	15,7	2,04
II. 1 bis 5 Mitglieder. . (Kassen in klein. Städten m. ausgedehntem Landsprengel.)	1,54	12,9	1,60
III. 6 bis 50 Mitglieder . (Kassen in Städten m. kleinem Landsprengel.)	1,50	10,0	1,42
IV. Über 50 Mitglieder . (Kassen in gröfseren Städten ohne Landsprengel.)	1,78	12,4	2,20

Wie obige Angaben darthun, hat das Fortschreiten der Verbilligung der Versicherung mit dem Wachsen der Kassengröfse und Kassendichte eine Grenze: bei den höchsten Gröfsen- und Dichtigkeitskategorien steigt plötzlich wieder das Mafs der Ausgaben.

Die Einheitspreise, welche den Kassen für die Unterstützung ihrer erkrankten Mitglieder erwuchsen, sind, von geringfügigen Schwankungen abgesehen, seit dem Jahre 1889 gleich geblieben. Die Durchschnittskosten für einen Krankentag stellen sich auf 1,64 Kronen, davon entfielen auf ärztliches Honorar 30 Heller, auf Heilmittel 22 Heller, auf das Krankengeld 1 Krone und auf Spitalspflege 12 Heller.

Ein Gesamtbild der Gebarungsergebnisse aller Kassen giebt folgende Darstellung:

Beobachtungsjahr	Durchschnittszahl der Kassen	Morbilität	Zahl der Kassen mit Deficit	Zahl der passiven Kassen	Passive Kassen in Prozenten der gesamten Kassenzahl
1890	2740	8,01	818	211	7,7
1893	2876	8,20	840	176	6,1
1896	2921	8,35	706	113	3,9
1898	2908	8,71	853	124	4,2

Beobachtungsjahr	Zuschüsse zu den Reservefonds in Kronen	Zuschüsse zu den Reservefonds in Prozenten der Gesamtbeiträge	Stand der Reservefonds aller Kassen zusammen	Der auf ein Mitglied entfallende Anteil am Reservefonds in Kronen
1890	2 038 032	8,87	10 095 610	6,52
1893	2 394 408	8,49	18 002 028	9,60
1896	3 509 674	9,85	27 814 536	12,72
1898	2 865 436	7,11	32 932 050	14,02

Der Vergleich der Reservefonds-Dotierungen aller Kassen zusammengenommen mit den sonstigen Gebarungsergebnissen derselben läfst erkennen, dafs mit der fortschreitenden finanziellen Erstarkung der Kassen der Einflufs der Morbilitätsschwankungen auf die finanziellen Verhältnisse derselben geringer wird. —

Nach diesem summarischen Überblicke über die Gesamtentwicklung unseres Krankenkassenwesens soll nun auf die Darstellung der verschiedenen Formen desselben eingegangen werden.

3. Die einzelnen Kassenarten.

Hierbei sind verschiedene Seiten der Wirksamkeit und Entwicklung des Kassenwesens ins Auge zu fassen.

a) Gröfse und Wachstum der verschiedenen Kassenarten.

(Siehe nebenstehende Tabelle.)

Aus der Übersicht auf Seite 133 ist folgendes zu entnehmen: Die gröfste Kassenzahl weisen die Betriebskrankenkassen auf, die kleinste, abgesehen von den kaum in Betracht zu ziehenden Baukassen, die Vereinskrankenkassen; die Mitte zwischen beiden nehmen die Genossenschafts- und die Bezirkskrankenkassen ein. Dabei ist mit Ausnahme der Betriebs- und Baukassen allseits ein gleichmäfsiges Wachsen der Kassenzahl zu beobachten; die Zahl der Betriebskassen ging ständig zurück. Zieht man in Betracht, dafs der Sprung von 59 auf 105 in der Zahl der Vereinskassen zwischen den Jahren 1890 und 1893 wohl darauf zurückzuführen ist, dafs sich in dieser Periode die Umbildung vieler nach den Vereinsgesetzen von 1852 und 1867 bereits bestehenden Kassen im Sinne des neuen Krankenversicherungsgesetzes erst vollzog, so steht das Wachstum an Zahl bei den Genossenschaftskassen obenan (um etwa 27,16 % gegen 3,64 % der Bezirkskassen).

Die gröfste absolute Mitgliederzahl und das gröfste Wachstum in derselben (77,4 %) weisen die Bezirkskassen auf. Dann folgen bezüglich der Mitgliederzahl die Betriebskassen (Wachstum nur 24,3 %), die Vereinskassen (Wachstum jedoch 51,9 %), dann die Genossenschaftskassen (Wachstum 33,4 %). Bezüglich der Durchschnittsgröfse der Kassen der einzelnen Art ergiebt sich, wenn man mit den stärksten Kassen beginnt, folgende Reihe: Vereinskassen, Bezirkskassen, Betriebskassen, Genossenschaftskassen. Die Durchschnittsgröfse ist nur bei den Vereinskassen gesunken, bei allen übrigen gestiegen, bei den Bezirkskassen am stärksten (um 70 %), bei den Genossenschaftskassen am schwächsten (um $11^1/_2$ %).

Über das Verhältnis der Zahl an Kassen der einzelnen Gattung zur Gesamtzahl aller Kassen und das Verhältnis der Mitgliederzahl bei den Kassen jeder Art zur gesamten Mitgliederzahl bei allen Kassen geben die beiden letzten Rubriken nebenstehender Tabelle Aufschlufs. Die höchsten Verhältniszahlen in ersterer Hinsicht zeigen die Betriebs-, die niedrigsten die Vereinskassen; hingegen nehmen hinsichtlich der Mitgliederzahl die Betriebskassen weitaus den ersten Platz ein, die Genossenschaftskassen den letzten.

Überblicken wir obige Ergebnisse, namentlich auch hinsichtlich der beobachteten Entwicklung, und ziehen wir die Stellung der Kassenarten in Bezug auf Deficit und Passiven in Betracht,

a) Gröſse und Wachstum der verschiedenen Kassenarten.

Kassenarten	Beobachtungsjahr	Zahl der Kassen	Zahl der Mitglieder	Durchschnittl. Mitgliederzahl bei einer Kasse	Zahl der Kassen mit Deficit	Zahl der passiven Kassen	Von 100 Kassen gehören an	Von 100 Versicherten gehören an
Bezirks-krankenkassen	1890	549	550 606	1010	202	100	20,03	35,54
	1893	552	685 733	1245	169	91	19,20	37,30
	1896	566	880 754	1567	137	61	19,37	40,25
	1898	569	976 668	1716	176	60	19,40	41,60
Betriebs-krankenkassen	1890	1455	505 642	354	430	88	53,10	32,64
	1893	1425	543 215	383	429	52	49,80	31,90
	1896	1382	586 496	424	323	28	47,31	26,80
	1898	1353	627 886	464	386	30	46,60	26,80
Bau-krankenkassen	1890	4	663	221	3	2		
	1893	7	1845	264	4	3		
	1896	7	1545	220	4	3		
	1898	4	1300	325	2	—		
Genossenschafts-krankenkassen	1890	673	230 578	365	150	20	24,56	14,88
	1893	787	302 173	394	205	29	27,40	16,40
	1896	844	357 179	424	220	19	28,89	16,32
	1898	855	348 028	407	261	32	29,60	14,80
Vereins-krankenkassen	1890	59	261 336	4931	33	1	2,15	16,87
	1893	105	307 077	3011	33	1	3,60	16,07
	1896	122	362 036	3042	21	2	4,17	16,54
	1898	127	395 864	3117	28	2	4,40	16,80

so müssen wir den Bezirkskrankenkassen die erste Stelle einräumen. Trotz der schwierigen Lage, in der sie sich als Neuschöpfungen des Krankenversicherungsgesetzes und als die subsidiären Zwangskassen gegenüber den bereits eingelebten älteren Versicherungsinstituten befanden, errangen sie sich doch den gröfsten Anteil an der Arbeiter-Krankenversicherung; $^2/_5$ aller Versicherten sind Mitglieder der Bezirkskassen. Dabei ist ihr Entwicklungsgang ein gesunder zu nennen: langsame Zunahme der Kassenzahl, starkes konstantes Wachsen der Mitgliederzahl. Die Durchschnittsgröfse und die Dichte der Kassen steigen; es zeigt sich eine stätige Verminderung der kleinen, finanziell schwächlichen Institute zu Gunsten der grofsen, nicht nur durch Mitgliederzuwachs, sondern auch durch Verschmelzung kleinerer mit gröfseren Kassen. Dabei ist die Zahl der mit Deficit arbeitenden und der passiven Kassen stark und ständig in Abnahme begriffen.

Die Baukassen können mit Rücksicht auf ihren vorübergehenden Zweck nicht gut in einen Vergleich mit den übrigen Kassen gezogen werden; sie tauchen auf und verschwinden und haben keinen Bestand. Sie werden daher in den folgenden Erörterungen wohl in den Tabellen aufgeführt erscheinen, jedoch beim Vergleich der verschiedenen Kassenarten untereinander unberücksichtigt bleiben. Auffallend ist ihre geringe Zahl, welche zum Umfange, zur Bevölkerungszahl und zur Verkehrsentwicklung unseres Staates in gar keinem Verhältnisse steht, so dafs sich unwillkürlich die Frage auf die Lippen drängt, ob denn diese Kassenart eine Daseinsberechtigung habe.

Die Vereinskassen haben sich kräftig behauptet. An Durchschnittsgröfse und finanzieller Konsolidation gehen sie allen anderen Kassen voran. Freilich kommt ihnen hierbei ihre gröfsere Bewegungsfreiheit und die Beliebtheit bei der grofsen Menge der Arbeiterschaft als deren Initiativschöpfungen gewaltig zu statten.

Bei den Betriebskassen fällt neben ihrer sonstigen gleichmäfsigen Entwicklung die ständige Abnahme der Kassenzahl auf. Es hat den Anschein, als ob sich das Vorkommen dieser Institute mehr und mehr auf die industriellen und Verkehrsunternehmungen der gröfsten Art beschränken wollte. Beachtenswert ist, dafs 29 Betriebskassen mit etwa ein Viertel aller bei solchen Kassen versicherten Personen Eisenbahn- und Dampfschiffunternehmungen angehören, welche bekanntlich in Bezug auf die Durchführung der Arbeiter-Krankenversicherung reichlich bemessene Privilegien geniefsen.

Die Entwicklung der Genossenschaftskassen giebt kein günstiges Bild. Die Kassenzahl steigt rasch, die Mitgliederzahl langsam, die passiven (65 % Zuwachs!) und die Kassen mit Deficit (74 % Zuwachs!) mehren sich ständig. Mit diesen Erscheinungen im innigen Zusammenhange steht die ungünstige Gestaltung der geringen Durchschnittsgröfse dieser Kassen:

Für das Jahr 1898 ergab sich diesbezüglich:

Der Gröſsenkategorie I gehörten 557 Kassen, das ist 64,39 % aller Genossenschaftskassen an,

der Gröſsenkategorie II gehörten 184 Kassen, das ist 21,27 % aller Genossenschaftskassen an,

der Gröſsenkategorie III gehörten 61 Kassen, das ist 7,05 % aller Genossenschaftskassen an,

der Gröſsenkategorie IV gehörten 52 Kassen, das ist 6,01 % aller Genossenschaftskassen an,

der Gröſsenkategorie V gehörten 11 Kassen, das ist 1,28 % aller Genossenschaftskassen an.

Von den der I. Gröſsenkategorie angehörenden Genossenschaftskassen zählten:

6	Kassen	weniger als	10		Mitglieder
45	„	11	bis	25	„
96	„	26	„	50	„
209	„	51	„	100	„
201	„	101	„	200	„

Die durch das Krankenversicherungsgesetz für Bezirks- und Betriebskassen festgesetzte Mindestzahl von 100 Mitgliedern wurde von 356 Genossenschaftskassen = 41,1 % sämtlicher solcher Kassen nicht überschritten. Ein Vergleich mit den Bezirkskrankenkassen giebt obigen Zahlen erst die richtige Beleuchtung:

Der I. Gröſsenkategorie gehörten 16 Bezirkskassen, das ist 2,81 % aller Bezirkskassen an,

der II. Gröſsenkategorie gehörten 133 Bezirkskassen, das ist 23,37 % aller Bezirkskassen an,

der III. Gröſsenkategorie gehörten 167 Bezirkskassen, das ist 29,35 % aller Bezirkskassen an,

der IV. Gröſsenkategorie gehörten 231 Bezirkskassen, das ist 40,60 % aller Bezirkskassen an,

der V. Gröſsenkategorie gehörten 22 Bezirkskassen, das ist 3,87 % aller Bezirkskassen an.

Mit Recht wird daher in den amtlichen Nachrichten des Ministeriums des Innern auf die gänzliche Unzulänglichkeit der überwiegenden Mehrzahl der Genossenschaftskassen immer wieder hingewiesen.

b) Die Vorteile der Versicherten bei den einzelnen Kassenarten.

Die Zahlen, welche in dieser Beziehung die Statistik liefert, dürfen nur mit groſser Vorsicht als Unterlage für Schlüsse über den Wert der einzelnen Kassenarten benützt werden. Denn die Höhe der Ausgaben für die Versicherten hängt nicht nur davon ab, was die einzelnen Kassen ihren Mitgliedern bieten, sondern noch von einer Reihe von Faktoren, welche in der Statistik nicht den entsprechenden Ausdruck finden, wie z. B. die jeweilige

Höhe der Preise für ärztliche Hilfe, Medikamente und Krankenhauspflege; das Temperament und die Bildungsstufe der Mitglieder, wodurch die Höhe und Intensität der Ansprüche derselben wesentlich beeinflufst wird; die Morbilität und Mortalität innerhalb eines bestimmten Zeitraumes und innerhalb jenes Kreises von Arbeitern, welche der in Frage stehenden Gruppe von Kassen angehören; die Genauigkeit und der Nachdruck der Kontrolle, welche zur Höhe der Gesamtleistungen der einzelnen Kasse in umgekehrtem Verhältnisse stehen; die Coulance der Kassenverwaltungen gegenüber den Unterstützung werbenden Mitgliedern, welche wesentlich durch die finanzielle Lage des Versicherungsinstitutes bedingt wird und dergleichen mehr. — Die Bedeutung einiger dieser Momente wird allerdings abgeschwächt, wenn man bei der statistischen Darstellung des durchschnittlichen Anteiles des einzelnen Mitgliedes an den Leistungen der Kasse nicht einzelne Provinzen in Betracht zieht, sondern das gesamte Geltungsgebiet des Krankenversicherungsgesetzes als Darstellungseinheit auffafst. Denn die aufgezählten Momente hängen mehr mit den Eigentümlichkeiten einzelner Provinzen, einzelner Gegenden und des verschiedenen Menschenschlags zusammen, als mit den Eigentümlichkeiten der den einzelnen Kassenarten zugehörenden Arbeitergruppen, und jede der einzelnen Kassenarten ist ja, wenn auch durchaus nicht gleichmäfsig, über das ganze Reichsgebiet verteilt.

Gesamtleistungen der Krankenkassen in den Jahren 1890 bis einschliefslich 1898 in Millionen Kronen:

Kassenart	Krankengeld	Ärztliches Honorar	Kosten für Heilmittel	Spitalskosten	Beerdigungskosten	Zusammen
Bezirks- Krankenkassen	42,70	15,50	10,40	6,36	2,00	76,96
Betriebs- u. Bau- Krankenkassen	45,76	16,10	11,84	2,76	2,30	78,76
Genossenschafts- Krankenkassen	20,02	5,44	4,02	3,64	1,28	34,40
Vereins- Krankenkassen	34,68	6,82	5,62	2,12	2,08	51,32
Alle Kassen zusammen . . .	143,16	43,86	31,88	14,88	7,66	241,44

Überblickt man die Gesamtleistung der Kassen in den Jahren 1890 bis 1898, so fallen zunächst die hohen Ziffern bei den Bezirks- und Betriebskassen ins Auge, welche zusammen fast $^2/_3$ (65 %) der Gesamtsumme von 241,44 Millionen Kronen darstellen. Die beiden genannten Kassenarten haben zu diesem Ergebnisse zu fast gleichen Teilen beigetragen. Die Vereinskassen haben mehr als $^1/_5$ zu der Summe aller Krankenunter-

Leistungen der Krankenkassen, berechnet auf den Kopf der Versicherten.

Kassenart	Beobachtungsjahr	Zahl der Krankentage pro Kopf der Vers.	Ausgaben berechnet pro Kopf der Versicherten						Gesamtbeiträge von Arbeitern u. Unternehmern berechnet pro Kopf der Versicherten
			für ärztliches Honorar	für Heilmittel	für Krankenhauspflege	für Krankengeld	für Beerdigungskosten	für sämtliche Krankenunterstützungen	
Bezirks-krankenkassen	1890	6,15	2,10	1,34	0,62	5,46	0,24	9,76	12,70
	1893	7,00	2,26	1,50	0,94	5,92	0,30	10,92	13,18
	1896	7,37	2,30	1,58	1,00	6,68	0,30	11,86	14,18
	1898	7,61	2,52	1,68	1,08	6,98	0,28	12,54	14,58
Betriebs-krankenkassen	1890	9,71	3,02	2,32	0,40	8,70	0,46	14,90	15,96
	1893	10,05	3,16	2,32	0,48	8,92	0,44	15,32	16,58
	1896	10,31	3,28	2,38	0,62	9,18	0,46	15,92	17,90
	1898	10,47	3,30	2,50	0,70	9,66	0,46	16,62	18,56
Bau-krankenkassen	1890	11,11	4,62	2,74	5,90	9,32	0,82	23,40	15,08
	1893	8,72	4,52	2,06	3,64	7,66	0,34	18,22	16,68
	1896	9,42	4,64	2,00	2,82	8,90	0,34	18,70	22,48
	1898	2,83	2,02	1,30	0,60	4,70	0,42	9,04	9,44
Genossenschafts-krankenkassen	1890	5,83	1,70	1,34	0,98	6,98	0,50	11,50	14,26
	1893	5,82	1,70	1,36	1,32	6,56	0,44	11,38	14,28
	1896	6,24	2,00	1,54	1,34	7,46	0,46	12,80	15,66
	1898	7,06	2,34	1,72	1,46	8,72	0,48	14,72	17,84
Vereins-krankenkassen	1890	10,56	2,02	2,02	0,46	12,50	0,70	17,70	17,66
	1893	9,96	2,22	1,90	0,80	11,22	0,70	16,84	18,94
	1896	9,63	2,32	1,90	0,74	11,28	0,68	16,92	19,50
	1898	10,12	2,60	1,80	0,76	12,72	0,68	18,56	20,66

stützungen beigesteuert; die Genossenschaftskassen am wenigsten: kaum $^{1}/_{7}$.

Die zweite Tabelle zeigt in zeitlich fortschreitender Entwicklung, welcher Anteil an den Leistungen der verschiedenartigen Krankenkassen auf den einzelnen Versicherten entfällt. Da bei der Beurteilung der bezüglichen Ergebnisse die Morbilität und die Beitragsleistungen an die Kassen von Wert sind, so wurde auch eine Darstellung dieser beiden Momente der Tabelle beigefügt.

Aus der Zahl der auf ein Mitglied entfallenden Krankentage ergiebt sich, dafs die Betriebs- und Vereinskassen, und zwar beide in ziemlich gleichem Mafse, am stärksten in Anspruch genommen wurden (gröfste Zahl und Dauer der Krankheitsfälle). — Die geringste Zahl der Krankheitstage ist bei den Genossenschaftskassen zu finden; die Mitte zwischen diesen und den erstgenannten Kassen nehmen die Bezirkskassen ein. Auffallend ist die Abnahme der Inanspruchnahme der Unterstützungsleistungen bei den Vereinskassen, während dieselbe bei den Versicherungsanstalten der übrigen Arten ein fortwährendes Zunehmen aufweist.

Die Gesamtleistungen sind bei allen Kassenarten konstant gestiegen. Dieser Umstand deutet auf ein allgemeines Steigen der Ansprüche der Versicherten hin, da die Preise für ärztliche Behandlung, Heilmittel und Krankenhauspflege, wie im vorhergehenden Kapitel dargethan wurde, durchweg dieselben geblieben sind. Bezüglich der Höhe des Einheitssatzes für Gesamtleistungen stehen die Vereinskassen obenan; dann folgen die Betriebs-, die Genossenschafts- und die Bezirkskassen. Das stärkste Wachstum in der Höhe der Unterstützungen ist bei den Bezirkskassen (um 28,7 %) zu beobachten; dasselbe ist bei den Genossenschaftskassen mit etwa 28 %, bei den Betriebskassen mit ca. 11,5 % und bei den Vereinskassen mit 4,85 % zu beziffern. — Charakteristische Ergebnisse fördert ein Vergleich der Gesamtunterstützung mit den Gesamtbeiträgen der Arbeiter und Unternehmer an die Kassen, beides auf den Kopf der Versicherten berechnet, zutage. Der höchste Prozentsatz der Beiträge entfällt auf Krankenunterstützungen im Jahre 1898 bei den Vereinskassen, 89,8 %; die Betriebskassen weisen ein ähnliehes Verhältnis auf: 89,4 %. Dann kommen die Bezirkskassen mit 86 %; zuletzt die Genossenschaftskassen mit 82,5 %. — Vergleicht man die relative Höhe der Gesamtleistungen mit der Zahl der Krankentage, so ergiebt sich, dafs die Vereins- und Betriebskassen, deren Krankenunterstützungen in ihrem relativen Ausmafse und in ihrem Verhältnisse zu den Kassenbeiträgen die Leistungen der übrigen Versicherungsinstitute übertreffen, auch die gröfste Morbilität aufweisen. — Auch bezüglich der einzelnen Unterstützungsposten ist fast überall eine Zunahme zu bemerken; nur bei den Vereinskassen sind die Ausgaben für Heilmittel und

Beerdigungskosten, und bei den Genossenschaftskassen die Aufwendungen der letzteren Art zurückgegangen.

Dem Gesagten zufolge standen die Vereinskassen bezüglich der Höhe der Unterstützungen, die sie ihren Mitgliedern boten, bisher wohl obenan. Bei stärkster Inanspruchnahme durch die Versicherten hatten sie die höchsten Einheitssätze der Gesamtleistungen und von den Gesamtbeiträgen der Arbeiter und Arbeitgeber wurde bei ihnen der höchste Prozentsatz für Unterstützung der erkrankten Mitglieder verwendet. — Die Betriebskassen kamen in allen diesen Beziehungen den erstgenannten Kassen sehr nahe. Die Bezirkskassen erwiesen sich wieder als jenes Element, das sich in der stärksten und kräftigsten Entwicklung nach vorwärts befindet. Bei den überaus grofsen Schwierigkeiten, welche diese neugeschaffenen Institute zu überwinden hatten, konnte man nicht anders erwarten, als dafs sie bei mittlerer Inanspruchnahme durch ihre Mitglieder vorläufig die geringsten Einheitssätze in den Gesamtleistungen aufweisen würden. Die Genossenschaftskassen stehen in mehrfacher Beziehung auch hier hinter den Bezirkskassen zurück. Sie wurden am schwächsten von ihren Mitgliedern in Anspruch genommen, von den ihnen zufliefsenden Beiträgen wurde der verhältnismäfsig geringste Prozentsatz zur Bestreitung von Krankenunterstützungen verwendet.

c) Die Lasten der Arbeiter und Arbeitgeber.

(Siehe Tabelle S. 140.)

Die dargestellten Summen der Arbeiter- und Unternehmerbeiträge geben ein Bild von dem gewaltigen Umfange unserer Arbeiterkrankenversicherung und von der Anteilnahme der beiden Berufsklassen an der Lösung des socialen Problems. Ein richtiges Urteil über die Belastung der Versicherten und ihrer Arbeitgeber läfst sich jedoch nur aus den relativen, im Durchschnitt für das einzelne Kassenmitglied berechneten Beitragszahlen gewinnen. Ein Vergleich derselben nach den Kassenarten ergiebt die folgenden Reihen.

Diese Reihen beginnen immer mit der höchsten und steigen ab zur geringsten Belastung. Das Wachstum (bezw. die Abnahme) der Belastung ist percentuell für die Beobachtungsjahre 1890 bis einschliefslich 1898 berechnet.

	Belastung der Arbeiter bei den	Wachstum der Belastung der Arbeiter bei den
Höchste Belastung:	Vereinskassen	Genossenschaftskassen um 24,6 %
	Genossenschaftskassen	Bezirkskassen um 17,0 %
	Betriebskassen und	Vereinskassen um 13,9 %
Geringste Belastung:	Bezirkskassen	Betriebskassen um 12,0 %

c) Die Lasten der Arbeiter und Arbeitgeber.

(Die nachstehenden Angaben sind sämtlich in Kronenwährung gemacht.)

Kassenart	Beobachtungsjahr	Beiträge d. Mitglieder überhaupt	Beiträge d. Mitglieder berechnet pro Kopf d. Vers.	Beiträge d. Arbeitgeber überhaupt	Beiträge d. Arbeitgeber berechnet pro Kopf d. Vers.	Gesamtbeiträge berechnet pro Kopf d. Vers.	Strafgelder	Gesamteinnahmen berechnet pro Kopf d. Vers.	Zahl der Kassen mit Deficit	Zahl der passiven Kassen	Höhe des Reservefonds pro Kopf
Bezirks-krankenkassen	1890	4 556 258	8,28	2 435 958	4,42	12,70	80 178	13,14	202	100	2,26
	1893	5 969 146	8,70	3 063 432	4,48	13,18	116 002	14,02	169	91	4,38
	1896	8 303 156	9,42	4 193 710	4,76	14,18	125 078	15,04	137	61	6,52
	1898	9 475 084	9,70	4 761 746	4,28	14,58	125 232	15,48	176	60	7,14
Betriebs-krankenkassen	1890	3 358 090	10,50	1 824 990	5,46	15,96	73 334	18,06	430	88	12,18
	1893	5 904 142	10,86	3 106 392	5,72	16,58	98 880	18,10	429	52	17,78
	1896	6 673 676	11,38	3 822 294	6,52	17,90	96 964	19,90	323	28	22,64
	1898	7 415 356	11,80	4 241 620	6,76	18,56	103 038	20,36	386	30	24,84
Bau-krankenkassen	1890	6 712	10,12	3 294	4,96	15,08	12	16,32	3	2	0,96
	1893	20 590	11,16	10 178	5,52	16,68	22	17,56	4	3	0,54
	1896	23 128	14,96	11 608	7,52	22,48	14	23,22	4	3	4,22
	1898	8 180	6,30	4 090	3,14	9,44	—	10,02	2	—	5,86
Genossen-schafts-krankenkassen	1890	2 213 682	9,60	1 074 968	4,66	14,26	17 736	15,16	150	20	5,56
	1893	2 892 896	9,58	1 420 696	4,70	14,28	38 032	15,16	205	29	9,12
	1896	3 755 306	10,52	1 836 236	5,14	15,66	46 770	16,62	220	19	12,38
	1898	4 171 414	11,98	2 037 576	5,86	17,84	41 858	18,88	261	32	14,88
Vereins-krankenkassen	1890	3 932 764	15,06	681 734	2,60	17,66	3 900	18,54	33	1	5,36
	1893	4 917 492	16,02	896 848	2,92	18,94	4 316	19,76	33	1	8,36
	1896	5 886 394	16,26	1 176 736	3,24	19,50	4 528	20,40	21	2	12,04
	1898	6 792 366	17,16	1 389 638	3,50	20,66	3 872	21,56	28	2	13,06

	Belastung der Arbeitgeber bei den	Wachstum (Abnahme) der Belastung der Arbeitgeber bei den
Höchste Belastung:	Betriebskassen,	Vereinskassen um 34,4 %,
	Genossenschaftskassen,	Genossenschaftskassen um 25,5 %,
	Bezirkskassen und	Betriebskassen um 23,8 %,
Geringste Belastung:	Vereinskassen.	Bezirkskassen um — 3,2 % (Abnahme).

	Gesamtbelastung der Arbeiter und Arbeitgeber bei den	Wachstum der Gesamtbelastung von Arbeitern und Arbeitgebern bei den
Höchste Belastung:	Vereinskassen,	Genossenschaftskassen um 25,1 %,
	Betriebskassen,	Vereinskassen um 16,9 %,
	Genossenschaftskassen und	Betriebskassen um 16,4 %,
Geringste Belastung:	Bezirkskassen.	Bezirkskassen um 14,8 %.

Es hat also bei allen Kassen eine ständige Zunahme der Belastung, sowohl der Arbeiter, wie auch der Arbeitgeber stattgefunden; nur bei den Bezirkskassen ist eine geringe Abnahme der Lasten der Unternehmer (um 3,2 %) zu verzeichnen. Die Arbeiter sind am ausgiebigsten zur Beitragsleistung herangezogen bei den Vereinskassen, während dort die Arbeitgeber mangels einer gesetzlichen Verpflichtung zur Beisteuer am günstigsten wegkommen. Letztere haben nämlich nur 20,3 %, also etwa $1/5$ der Arbeiterbeiträge eingezahlt, während ihre Beisteuer bei den anderen Kassen kraft gesetzlicher Vorschrift mindestens die Hälfte der Arbeiterbeiträge betragen soll. Die höchste Belastung der Arbeitgeber ist bei den Betriebskassen (57,2 % der Arbeiterbeiträge) zu finden, ohne daſs dort eine auffallende Entlastung der Versicherten eingetreten wäre. Letztere zahlen hier verhältnismäſsig mehr an Beiträgen, wie bei den Bezirkskassen. Auch ist das Plus der Zuschüsse der Unternehmer über das gesetzliche Maſs ($1/2$ der Arbeiterbeiträge) trotz deren weitgehenden gesetzlichen Haftpflicht bei den Betriebskassen nicht sehr erheblich. — Die geringste Belastung der Arbeiter und, wenn man von den Vereinskassen aus dem oben erwähnten Grunde absieht, auch der Arbeitgeber, weisen die Bezirkskassen auf. Bezüglich der Gesamtbelastung stehen sie natürlich auch am besten. Das ist ein charakteristisches Zeichen für ihre hervorragende Bedeutung unter allen Kassen!

Für die Entwicklung des Kassenwesens und für den Schluſs auf dessen zukünftige Gestaltung ist das Wachstum der

Arbeiter- und Unternehmerbeiträge, sowie ein vergleichender Blick auf die Zahl der Kassen mit Deficit und Passiven nicht ohne Wert. Ein auffallend ungünstiges Bild bieten diesbezüglich die Genossenschaftskassen. Die Belastung der Arbeiter hat bei ihnen innerhalb der acht Jahre enorm zugenommen: um fast 25 %; ebenso die Lasten der Unternehmer; sie stehen im Wachsen der Gesamtlasten allen übrigen Kassen weit voran. Vergleicht man damit ihre ständig und stark sich verschlechternde Finanzlage (Zuwachs der passiven Kassen um 65 % und der Kassen mit Deficit um 74 %), während alle übrigen Kassenarten ausnahmslos ein Bild erfreulicher finanzieller Erstarkung aufweisen, und zieht man endlich in Betracht, daſs die Genossenschaftskassen hinsichtlich ihrer Gesamtleistungen nur an vorletzter Stelle stehen und von den Bezirkskassen bald überflügelt sein werden, so ist das Urteil über die Existenzberechtigung dieser besonderen Kassenart nicht schwer zu finden. Weitaus günstiger gestaltete sich die Entwicklung bei den Bezirkskassen; bei diesen war das Tempo im Steigen der Gesamtlasten der Beisteuernden am langsamsten, bei gleichzeitiger rasch fortschreitender finanzieller Konsolidierung.

Bei den Vereinskassen läſst das Miſsverhältnis zwischen der Belastung der Arbeiter und der Unternehmer unbefriedigt; wohl aber scheint sich bei ihnen in dieser Hinsicht ein fortschreitender Ausgleich zu vollziehen, und es würde daher der Entwicklung dieser Kassen ebenso wie der Gerechtigkeit gegenüber den Arbeitern und gegenüber den übrigen Kassen entsprechen, wenn die bisher nur vertragsmäſsig begründete Beitragspflicht der Unternehmer auch hier in eine gesetzliche umgewandelt würde.

Bei den Baukassen, deren Bedeutung nach der Anteilnahme an der Gesamtversicherung nur eine untergeordnete ist, kommen in keinem Jahre auſsergewöhnlich hohe Beitragsleistungen, weder auf der einen, noch auf der anderen Seite vor. Es scheint sich somit die Notwendigkeit dieser Kassenart, welche mit der befürchteten besonders hohen Krankheitsgefahr und der dadurch bedingten besonderen Belastung der Bauunternehmer begründet wurde, nicht zu bewahrheiten, zumal auch die Morbilität, wie aus einer früheren Tabelle zu ersehen, keine ungewöhnlich hohe war.

Was die Strafgelder betrifft, welche ebenfalls eine von Arbeitern und Arbeitgebern zu tragende Beisteuer zu den Krankenkassen bilden, so ist zu erwähnen, daſs sie bei den Bezirkskassen zumeist von Übertretungen der §§ 67 und 68 des Krankenversicherungsgesetzes durch die Unternehmer; bei den Genossenschaftskassen gröſsten Teils von Übertretungen der Gewerbeordnung durch die Gewerbeinhaber; bei den übrigen Kassen aber aus Beträgen herrühren, welche von den Kassenmitgliedern auf Grund besonderer Satzungsbestimmungen (bei Betriebskrankenkassen auch auf Grund von Bestimmungen der Fabriks- und Arbeitsordnungen) strafweise eingehoben wurden.

Ein Überblick über das Gesagte läſst die Bezirkskassen bezüglich der Belastung ihrer Mitglieder vor allen anderen Kassen im günstigsten und die Genossenschaftskassen im ungünstigsten Lichte erscheinen.

d) Eine Frage von Bedeutung für die Beurteilung unseres Kassenwesens ist ferner die nach der Höhe der

Durchführungskosten unserer Arbeiterkrankenversicherung.

Wie teuer, bezw. wie billig arbeiten die Krankenkassen der verschiedenen Art?

Bei der Beantwortung dieser Frage sind zunächst die Preise in Betracht zu ziehen, welche von den Kassen für ärztliche Hilfe, für Medikamente und für die Krankenhauspflege durchschnittlich bezahlt werden; sodann die Kosten für die Verwaltung, einschlieſslich der Kontrolle, und für sonstige Auslagen, unter welch letzteren man sich auſserordentliche Unterstützungen an erkrankte Mitglieder und an Angehörige derselben, Abschreibungen vom Inventar der Kassen, Abschreibung uneinbringlicher Beitragsforderungen, für Rechnung der Unfallversicherung geleistete Zahlungen u. dgl. zu denken hat.

Die Kostenangaben der nachstehenden Tabelle sind wieder in Kronenwährung gegeben.

(Siehe Tabelle S. 144.)

Betrachtet man die auf einen Krankentag reduzierten Preise der ärztlichen Hilfe und der Heilmittel, so muſs, wieder abgesehen von den Baukassen, die groſse Gleichmäſsigkeit auffallen, die Gleichmäſsigkeit sowohl bezüglich der Kassenarten (nur die Vereinskassen weisen etwas geringere Ansätze auf), als auch bezüglich der einzelnen Beobachtungsjahre. Demnach bilden diese Ausgaben für alle Kassen einen relativ ziemlich konstanten Rechnungsfaktor. — Etwas weniger gleichmäſsig gestalten sich die Kosten für Krankenhauspflege; am teuersten kommt diese den Genossenschaftskassen zu stehen, trotz des Umstandes, daſs letztere ihre Unterstützungspflicht gegenüber den Versicherten von allen Kassen am häufigsten durch Inanspruchnahme von Spitälern erfüllen. Die billigsten Krankenhausgebühren zahlen die Betriebs- und Vereinskassen; etwas höhere die Bezirkskassen. Bei allen Kassen ist ein langsames aber gleichmäſsiges Steigen der Verpflegungskosten in den Spitälern zu verzeichnen. Man sollte meinen, daſs die Verwaltungen der öffentlichen Krankenanstalten zu Gunsten der

d) Durchführungskosten unserer Arbeiter-Krankenversicherung.

Kassenart	Beobachtungsjahr	Gesamtleistungen pro Kopf der Versicherten	Verwaltungskosten pro Kopf der Versicherten	Sonstige Ausgaben [1]) pro Kopf der Versicherten	Kosten eines Krankentages				Durchschnittskosten eines Sterbefalles
					überhaupt	für ärztliche Behandlung	für Heilmittel	für Krankenhauspflege	
Bezirkskrankenkassen	1890	9,76	1,90	0,38	1,54	0,34	0,22	0,10	30,08
	1893	10,92	1,80	0,50	1,52	0,32	0,22	0,14	35,42
	1896	11,86	1,72	0,54	1,56	0,30	0,22	0,14	37,58
	1898	12,54	1,74	0,64	1,62	0,34	0,22	0,14	37,12
Betriebskrankenkassen	1890	14,90	0,14	0,70	1,48	0,32	0,32	0,04	40,70
	1893	15,32	0,10	1,02	1,48	0,32	0,24	0,04	42,96
	1896	15,92	0,12	1,36	1,50	0,32	0,24	0,06	46,92
	1898	16,62	0,14	1,48	1,54	0,32	0,24	0,06	49,92
Baukrankenkassen	1890	23,40	0,50	—	2,04	0,42	0,24	0,52	49,56
	1893	18,22	0,60	0,22	2,06	0,52	0,24	0,42	40,14
	1896	18,70	1,32	0,70	1,94	0,50	0,20	0,30	44,34
	1898	9,04	0,04	0,12	3,04	0,72	0,46	0,20	62,00
Genossenschaftskrankenkassen	1890	11,50	1,76	0,22	1,88	0,28	0,24	0,18	53,82
	1893	11,38	1,72	0,44	1,88	0,30	0,24	0,22	50,50
	1896	12,80	1,84	0,50	1,98	0,32	0,24	0,22	52,44
	1898	14,72	2,08	0,62	2,02	0,34	0,24	0,20	53,76
Vereinskrankenkassen	1890	17,70	1,02	0,28	1,60	0,20	0,18	0,04	51,12
	1893	16,84	1,24	0,18	1,62	0,22	0,20	0,08	51,00
	1896	16,92	1,44	0,20	1,68	0,24	0,20	0,08	53,92
	1898	18,56	1,60	0,26	1,78	0,26	0,18	0,08	55,94

[1]) Dahin gehören: Abschreibungen vom Inventar, Abschreibung uneinbringlicher Beiträge, für Rechnung der Unfallversicherung geleistete Zahlungen, außerordentliche Unterstützungen u. dgl. m.

Arbeiterversicherung viel eher von einer Erhöhung ihrer Preise absehen würden, als Ärzte und Apotheker; doch scheint dies nicht der Fall zu sein. Bei den letzteren kommt wohl die wachsende Konkurrenz in Betracht, während den ersteren nach § 8 Abs. 3 des Krankenversicherungsgesetzes die Taxen nach der letzten Klasse, wenigstens für die ersten vier Wochen, ersetzt werden müssen.

Auch bezüglich der Gesamtkosten eines Krankentages herrscht unter den einzelnen Kassenarten kein grofser Unterschied. Am höchsten erscheinen sie bei den Genossenschaftskassen, welche also die teuersten Preise zu bezahlen haben; am niedrigsten bei den Bezirks- und Betriebskassen. Das Steigen dieser Gesamtkosten ist langsam, aber gleichmäfsig und allgemein.

Die Unterschiede in den Ansätzen für einen Sterbefall sind auf die verschiedene satzungsgemäfse Höhe der Beerdigungskostenbeiträge bei den einzelnen Kassen zurückzuführen.

Bei der Beantwortung der Frage nach der billigen oder teueren Gebarung der Kassen liegt der Schwerpunkt zweifellos in den Verwaltungskosten im engeren Sinne. Darunter sind die Ausgaben verstanden, welche durch das Funktionieren des einzelnen Versicherungsinstitutes einschliefslich der Kontrolle der unterstützten Mitglieder erwachsen. Diesbezüglich finden sich die höchsten Einheitsziffern bei den Genossenschaftskassen; es folgen dann die Bezirks- und Vereinskassen. Die auffallend geringen Aufwände bei den Betriebskassen sind durch die Bestimmung des § 47 Zl. 3 des Krankenversicherungsgesetzes zu erklären, wonach die Rechnungs- und Kassenführung auf Kosten des Betriebsunternehmers durch einen von demselben zu bestellenden Beamten zu besorgen ist. Diese Belastung des Unternehmers soll nach den Motiven des Gesetzes das Äquivalent für dessen, das Selbstverwaltungsprincip der Kassen durchbrechendes Übergewicht bei der Verwaltung der letzteren bilden.

Eine absolute Abnahme der Verwaltungskosten ist lediglich bei den Bezirkskassen zu bemerken; eine absolute Zunahme bei den Vereinskassen (um 57 %!) und bei den Genossenschaftskassen (um 18 %). — Ein wertvolles Ergebnis liefert der Vergleich der relativen Zu- und Abnahme der Verwaltungskosten, wenn man dieselben bezieht auf die Einheitsleistungen der Kassen für ihre Mitglieder. Aus diesem Vergleiche ergiebt sich nämlich das Verhältnis der ein notwendiges Übel bildenden Ausgaben für die Ermöglichung der Kassenthätigkeit zu den Ausgaben, durch welche der Kassenzweck direkt erfüllt werden soll. Hier ist aus den bereits früher erwähnten Gründen grofse Behutsamkeit bei den zu ziehenden Schlufsfolgerungen geboten. Insbesondere kann hier bei mangelhafter und daher billiger Krankenkontrolle und der dadurch ermöglichten mifsbräuchlichen Inanspruchnahme von Kassenunterstützungen der falsche Anschein einer besonders zweckmäfsigen Kassenverwaltung hervorgerufen werden. Daher sind die Ergebnisse des anzustellenden Vergleiches mit einer gewissen Vorsicht aufzunehmen.

Das Verhältnis der Verwaltungskosten zu den Kassenleistungen betrug

	bei den Bezirks-	Betriebs-	Genossenschafts- kassen	Vereins-
im Jahre 1890	19,46 %	0,94 %	15,3 %	5,7 %
„ „ 1898	13,87 %	0,84 %	14,1 %	8,6 %

Während sich im Jahre 1890 das ungünstigste Resultat bei den Bezirkskassen findet, kommt dasselbe acht Jahre später bei den Genossenschaftskassen vor. Die lebendigste Entwicklung nach vorwärts zeigt sich wieder bei den Kassen der erstbezeichneten Art, die schwächste, abgesehen von der Rückentwicklung bei den Vereinskassen, bei den Genossenschaftskassen.

Um den Fortschritt bei den Bezirkskassen richtig würdigen zu können, ist es notwendig, auf deren besonders starke Belastung mit Verwaltungsausgaben hinzuweisen. Den Bezirkskassen fallen als subsidiären Zwangskassen alle jene versicherungspflichtigen Personen als Ipsojure-Mitglieder zu, welche vom Arbeitgeber nicht ordnungsmäfsig versichert wurden. Damit nun solche Mitglieder nicht lediglich zur Zeit ihrer Erkrankung auftauchen, um den genannten Kassen zur Last zu fallen, sondern damit für dieselben auch während der übrigen Zeit die Kassenbeiträge ordnungsmäfsig eingezahlt werden, liegt es im dringenden Interesse der Kassen, nicht erst zu warten, bis ihnen solche Personen durch die Erkrankung bekannt werden, sondern in ihrem Sprengel fortwährend säumige Arbeitgeber aufzuspüren und gegen sie bei der politischen Behörde das Strafverfahren und den Zwang zur Erfüllung ihrer Beitragspflicht zu erwirken. Wird aber ein bei keiner Kasse angemeldeter Versicherungspflichtiger auf Kosten einer Bezirkskasse behandelt, so obliegt dieser nicht nur, die nötigen, oft vergeblichen Schritte zur Bewirkung der nachträglichen Beitragszahlung, sondern auch jene zur Veranlassung des Krankenkostenersatzes (§ 32 K.V.G.) zu unternehmen. Aus denselben Gründen erklärt sich auch, dafs es den Verwaltungen der Bezirkskassen daran gelegen sein mufs, endgültige Entscheidungen über die Versicherungspflicht solcher Unternehmungen herbeizuführen, deren Unterstellung unter das Krankenversicherungsgesetz zweifelhaft ist. Den mehrgenannten Kassen kommt also ein gewisses Wächteramt bezüglich der Durchführung der obligatorischen Krankenversicherung zu. Dieses Wächteramt ist aber ziemlich kostspielig, denn es erfordert die Bewältigung einer grofsen Korrespondenz, die Durchführung vieler Erhebungen und verlangt in vielen Fällen (Verwaltungsgerichtshof) auch die Inanspruchnahme und Besoldung eines Advokaten. Nicht genug an dem. Der namentlich durch die sogenannten Saison- (meist Bau-) Arbeiter verursachte starke Wechsel unter den Kassenmitgliedern ist weitaus am stärksten bei den in Rede stehenden Kassen. Die vielen An- und Abmeldungen, Ein- und Ausbuchungen vermehren die Arbeit und erschweren die Verwaltung, und zwar um so mehr, je gröfser die Differenz zwischen dem Mitgliederstande im Winter und im Sommer ist. Auch hierdurch wird eine Verteuerung der Kassenverwaltung bedingt.

Endlich ist noch ein Umstand in Betracht zu ziehen. Im Gegensatz zu dem örtlich beschränkten Wirkungskreis der Betriebs- und Genossenschaftskassen und gegenüber dem freien Bestimmungsrechte der Vereinskassen, auch bezüglich ihrer Sprengel, haben die Bezirkskassen das ganze Geltungsgebiet des Krankenversicherungsgesetzes zu umfassen, wordurch sie gezwungen sind, ihren Sprengeln oft eine unerwünschte Ausdehnung zu geben, und sie auch über solche Territorien zu erstrecken, in welchen infolge mangelhafter Verkehrsmittel oder ungünstiger Terrainverhältnisse oder geringer Dichtigkeit des Mitgliederstandes die Durchführung der Krankenversicherung besonders hohe Kosten erfordert.

Trotz aller dieser, die Verwaltung notwendig verteuernden Umstände, welche lediglich den Bezirkskassen zur Last fallen, haben diese sich, auch was die Höhe der Verwaltungskosten betrifft, trefflich bewährt: sie sind durchaus nicht die am teuersten arbeitenden Krankenkassen, sondern werden diesbezüglich von den Genossenschaftskassen weit übertroffen. Ja sie weisen nicht einmal wesentliche Unterschiede im Vergleiche mit den Vereinskassen auf. In der fortschreitend günstigen Entwicklung übertreffen sie sogar alle anderen Kassenarten.

e) Die finanziellen Ergebnisse der Kassengebarung.

Weitaus den gröfsten Umsatz von allen Kassen hatten die Bezirkskassen; die ihnen darin ursprünglich vorangehenden Betriebskassen waren bald überflügelt, denn der Umfang des Geldverkehrs hat sich bei den Instituten der ersteren Art innerhalb der acht Beobachtungsjahre verdoppelt, bei den Anstalten der letzteren Art ist er nur um ein Drittel gewachsen. Die Überschüsse der Bezirkskassen bewegen sich in mäfsigen Grenzen, wie es dem Charakter unseres durchaus nicht auf dem Principe der Kapitaldeckung aufgebauten Kassenwesens entspricht. An zweiter und dritter Stelle hinsichtlich des Geldumsatzes stehen die Betriebs- und Vereinskassen; bei ersteren fällt die unverhältnismäfsige Höhe der Überschüsse auf. An letzter Stelle kommen, wieder abgesehen von den Baukassen, die Genossenschaftskassen.

Über den Zuwachs und Abfall von Kassen mit Deficit und mit Passiven wurde bereits an anderer Stelle berichtet; hier wurde zur Vervollständigung des Bildes der Prozentsatz an passiven und an Kassen mit Deficit von der Gesamtzahl der

e) Die finanziellen Ergebnisse der Kassengebarung.

Kassenart	Beobachtungsjahr	Gesamteinnahmen in Kronen	Gesamtausgaben in Kronen	Überschufs bezw. Abgang (—) in Kronen	Von allen Kassen derselben Art hatten Deficit %	Von allen Kassen derselben Art waren passiv %	Stand der Reservefonds (Kronenwähr.)	Auf jedes Mitglied entfallen von den Reservefonds
Bezirks-krankenkassen	1890	7 234 964	6 628 920	606 044	36	18	1 248 602	2,26
	1893	9 609 400	9 060 222	549 178	30	16	3 006 326	4,38
	1896	13 253 156	12 421 070	832 086	24	10	5 740 174	6,52
	1898	15 123 796	14 575 644	548 152	30	10	6 981 728	7,14
Betriebs-krankenkassen	1890	9 133 898	7 961 742	1 172 156	29	6	6 160 516	12,18
	1893	9 824 106	8 933 408	890 698	29	3	9 668 970	17,78
	1896	11 671 118	10 196 200	1 474 918	23	5	13 282 794	22,64
	1898	12 785 266	11 436 418	1 348 848	28	2	15 595 542	24,84
Bau-krankenkassen	1890	10 822	15 846	— 5 024	75	50	640	0,96
	1893	32 398	35 128	— 2 730	57	43	988	0,54
	1896	35 880	32 020	3 860	57	43	6 510	4,22
	1898	13 018	11 950	1 068	50	—	7 622	5,86
Genossenschafts-krankenkassen	1890	3 495 294	3 109 212	386 082	22	3	1 283 176	5,56
	1893	4 580 176	4 091 880	488 296	26	3 3/4	2 755 594	9,12
	1896	5 937 188	5 407 064	530 124	26	2	4 425 034	12,38
	1898	6 571 328	6 062 828	508 500	30	3 3/4	5 179 382	14,88
Vereins-krankenkassen	1890	4 844 508	4 965 734	— 121 226	56	1 3/4	1 402 676	5,36
	1893	6 067 034	5 610 068	456 966	31	1	2 570 150	8,36
	1896	7 387 038	6 718 352	668 686	17	1 1/2	4 360 124	12,04
	1898	8 539 172	8 080 304	458 868	22	1 1/2	5 167 776	13,06

Versicherungsanstalten jeder Art dargestellt. Die gröfsten Zahlen weisen diesbezüglich allerdings die Bezirkskassen auf; aber der Bruchteil dieser Institute mit finanziellen Mifserfolgen ist in steter Abnahme begriffen. Bei den Genossenschaftskassen nahmen die ungünstigen Gebarungsergebnisse einen immer gröfseren Umfang an, und gerade in dieser beständigen Verschlechterung der finanziellen Verhältnisse liegt ein bedenkliches Symptom.

Die Reservefonds der Betriebskassen haben die Jahreseinnahmen derselben um fast schon die Hälfte überholt, entsprechend den oben erwähnten hohen Jahresüberschüssen. Die Reservefonds der Bezirks-, Genossenschafts- und Vereinskassen stehen fast auf gleicher absoluter Höhe. Das stärkste Wachstum unter den drei letztgenannten Kassen fand diesbezüglich wieder bei den Bezirkskassen statt. Berechnet man den Anteil eines Mitgliedes am Reservefonds, so mufs man die einzelnen Kassenarten der Gröfse dieser Anteile nach in folgender Reihe anordnen: Betriebs-, Genossenschafts-, Vereins- und Bezirkskrankenkassen.

Fassen wir die Ergebnisse der Kassengebarungen zusammen, so gebührt zwar den Betriebs- und den Vereinskassen der erste Platz; an kraftvoller Entwicklung aber und an ständigem Aufschwunge übertreffen die Bezirkskassen alle anderen. Die Genossenschaftskassen nehmen auch hier wieder den bescheidensten Platz ein.

Zur finanziellen Festigung der Kassen tragen die Kassenverbände bei. Leider sind solche nur für die Bezirkskassen obligatorisch. Die letzteren bilden 7 solcher Verbände: 1. für Niederösterreich (Sitz in Wien), 2. für Oberösterreich, Salzburg, Tirol und Voralberg (Sitz in Salzburg), 3. für Steiermark und Kärnten (Sitz in Graz), 4. für Küstenland, Krain und Dalmatien (Sitz in Triest), 5. für Böhmen (Sitz in Prag), 6. für Mähren und Schlesien (Sitz in Brünn) und 7. für Galizien und Bukowina (Sitz in Lemberg). Zu diesen Verbänden gehörten im Jahre 1898 im ganzen 583 Kassen, darunter 15 Betriebskassen, welche von der Erlaubnis des zweiten Absatzes des § 50 des Krankenversicherungsgesetzes Gebrauch gemacht hatten.

Die den Bezirkskrankenkassenverbänden zukommenden Geldmittel fliefsen in zwei verschiedene Fonds: in den Verbandsreservefonds, welcher hauptsächlich zur Unterstützug notleidender Verbandskassen bestimmt ist, und in den Verbandskassenfonds, welcher neben den Verwaltungskosten des Verbandes die Kosten für die übrigen Verbandszwecke, darunter insbesondere die Kosten der Kontrolle der Verbandskassen zu tragen hat. Die Verbandsreserve- und Verbandskassenfonds aller Bezirkskassenverbände betrugen Ende 1898 zusammen 436 800 Kronen, die Fonds der ersteren Art allein 409 268 Kronen, die der letzteren Art 27 532 Kronen. Für Unterstützungen (à fonds perdu) an einzelne notleidende Kassen wurden im selben Jahre 8 130 Kronen verausgabt, während der Stand der aus diesen

Fonds gewährten unverzinslichen Vorschüsse sich zu Ende desselben Jahres auf 32 846 Kronen belief. Die Verbandsverwaltung erforderte im Jahre 1898 die Summe von 30 908 Kronen, die Kassenkontrolle von 3156 Kronen, für sonstige Ausgaben (Abschreibungen, zu viel abgeführte Beiträge u. dgl.) erwuchsen 18 587 Kronen.

Freiwillige Kassenverbände bestehen bei den Vereinskassen. Insbesondere sind die „Allgemeinen Arbeiter-Kranken- und Unterstützungskassen" verbandsmäfsig organiisert. Auch Genossenschaftskassen (in Wien) haben sich verbandsmäfsig zusammengeschlossen.

4. Die Centralisation des Kassenwesens.

Der Vergleich der einzelnen Kassenarten mit einander nach verschiedenen Gesichtspunkten bringt dem Beobachter die grofse Zersplitterung des österreichischen Kassenwesens und die Nachteile desselben zum Bewufstsein. Die Reformbedürftigkeit in dieser Hinsicht ist wohl allgemein anerkannt und auch von der Regierung wiederholt betont worden.

a) Die Übelstände, welche das gleichzeitige Nebeneinanderbestehen verschiedenartiger Institute zum Zwecke der Zwangsversicherung der Arbeiter gegen Krankheit mit sich bringt, lassen sich kurz in folgendem zusammenfassen. Zunächst ist auf die ungleiche Belastung und auf das verschiedene Unterstützungsausmafs der Arbeiter nach den einzelnen Kassenarten hinzuweisen. Es liegt im Principe der Allgemeinheit und des Zwanges der Arbeiterkrankenfürsorge und es wird auch durch die fortwährende Fluktuation des Arbeiterelements bedingt, dafs, abgesehen von den Abstufungen des Lohnes, ein Unterschied zwischen einzelnen Arbeitergruppen oder nach der zufälligen Lage des Betriebsortes nicht gemacht werden soll, weder hinsichtlich der Beitragshöhe, noch hinsichtlich des Ausmafses der Unterstützungen, welche die Kassen gewähren. Solche Verschiedenheiten beeinträchtigen die Freizügigkeit der Arbeiterschaft. Die periodisch namentlich in gröfseren Städten auftretende Arbeitslosigkeit grofser Massen sind ein sociales Schrecknis geworden, gegen welches man bisher vergeblich nach wirksamen Mitteln gesucht hat. Der Schwerpunkt aller bezüglichen Mafsregeln liegt in der Ausgestaltung, Verallgemeinerung und Centralisierung des Arbeitsnachweises. Durch denselben will man den Überschufs an Arbeitskräften jenen Erwerbszweigen und Orten zuführen, in denen sich zur selben Zeit ein Arbeitermangel geltend macht. Das läfst sich aber durch den Arbeitsnachweis allein nicht erreichen. Es mufs namentlich mit Rücksicht auf die grofse Schwerfälligkeit unseres europäischen Arbeiters gleichzeitig alles gethan werden, um dem Arbeitsuchenden den Wechsel seiner Beschäftigungsart und seines Beschäftigungsortes möglichst zu erleichtern, und dazu gehört auch, dafs man ihn vor einer Verschlechterung seiner ökonomischen

Lage nach Thunlichkeit bewahrt und ihm seine durch jahrelange Beitragszahlungen wohlerworbenen Rechte an die Zwangsversicherung beim Kassenwechsel ungeschmälert erhält. Dieser Gedanke lag jenen Bestimmungen des Regierungsentwurfes zu unserem Krankenversicherungsgesetze zu Grunde, welche eine Überweisung des Reservefondsanteiles des Arbeiters von der bisherigen an die neue Kasse festsetzten. Der Zweck dieser Normen war ein dreifacher: dem Arbeiter sollte sein ungeschmälerter Unterstützungsanspruch auch an die neue Kasse gesichert werden, selbst wenn diese sonst geringere Unterstützungen leisten würde; zugleich war damit ein Schutz insbesondere der Bezirkskassen gegen die finanziellen Nachteile von Masseneintritten alternder, kränklicher und unständiger Arbeiter beabsichtigt; endlich wollte man durch Feststellung der Anteile des Einzelnen am Reservefonds ein länger dauerndes Unterstützungsanrecht der erwerblos gewordenen Mitglieder erwirken. — So gut gemeint diese Einrichtung auch war, ihre Verwirklichung scheiterte an der praktischen Undurchführbarkeit derselben. Die Hauptursache lag wieder an der Verschiedenheit der Kassen, an der verschiedenen Gröſse, Entstehung (Legate, Stiftungen u. dgl.) und den verschiedenen Zwecken ihrer Reservefonds; in weiterer Linie wohl auch in der Erwägung, daſs namentlich den Bezirkskassen eine drückende Arbeitslast durch die umständlichen und fortwährenden Berechnungen der Reservefondsanteile auferlegt würde. In unser Bruderladengesetz vom 28. Juli 1889 ist bezüglich der Provisionskassen die Normierung der Überweisung von Reservefondsanteilen aufgenommen worden.

Aber nicht nur die Arbeiter, auch die Arbeitgeber haben unter der Zersplitterung des Kassenwesens zu leiden. Es sei diesbezüglich auf das dritte Kapitel dieses Buches verwiesen. Dort wurden die ungleichmäſsige und vielfach ungerechte Belastung des Unternehmertums durch die Krankenversicherung und die besonderen Nachteile des Kleingewerbes (An- und Abmeldepflicht, Haftpflicht, Versäumnisstrafen u. s. w.) dargelegt.

Ungünstig werden ferner die Krankenkassen selbst, wenigstens ein Teil derselben, in ihrer Verwaltung und in ihrer Gebarung durch das zerfahrene Kassensystem beeinfluſst. Die höchsten Anforderungen stellt das Krankenversicherungsgesetz zweifellos an die Bezirkskrankenkassen, als die neugegründeten, subsidiären Zwangskassen. Diese waren von Anfang an mit Rücksicht auf ihre Sprengeleinteilung, auf die Zuweisung eines unausgesuchten Arbeitermaterials, auf die starke Fluktuation im Mitgliederstande und auf die Verpflichtung, für alle nichtversicherten aber versicherungspflichtigen kranken Arbeiter aufzukommen, allen anderen, meist längst bestehenden und wohl fundierten Versicherungsinstituten gegenüber sehr im Nachteile. Zudem zerriſs man noch ihr örtliches Wirkungsgebiet durch Einschachtelung verschiedener Specialkassen, welche ihnen die leistungsfähigsten Betriebe, den festen Stock bleibender Arbeiter wegnahmen, die Dichtigkeitsverhältnisse der Mitgliederschaft stark herabsetzten und dadurch ihre Leistungsfähigkeit gefährdeten. — Die Mängel unseres Kassensystemes schädigen demnach in erster Linie das allgemeine Versicherungsinstitut, die Bezirkskasse, welche die Grundlage der gesamten Krankenfürsorge für unsere Arbeiter bilden soll und deshalb vor den Specialkassen geschützt und gefördert werden mufs.

b) Was hatte denn der Gesetzgeber für Gründe, statt der Schaffung eines einheitlichen Kassentypus eine bunte Menge von Versicherungsanstalten mit der Durchführung des so grofs angelegten Planes der allgemeinen Arbeiterkrankenversicherung zu betrauen? Darüber finden wir Aufschlufs in den Bemerkungen zum seinerzeitigen Regierungsentwurfe unseres Krankenversicherungsgesetzes und in den Ausführungen des Berichterstatters der Minorität im Abgeordnetenhause. Die bezüglichen Stellen lauten:

„Es darf nicht aufser acht gelassen werden, dafs Krankenkassen sowohl auf Grund gesetzlicher Nötigung, als auch infolge freiwilliger Vereinigung der beteiligten Kreise bereits jetzt in grofser Anzahl für die verschiedensten Berufszweige bestehen, und dafs es sicherlich nicht anginge, durch ein neues Gesetz alle die Kassen ohne weiteres zu beseitigen, oder ihnen die fernere Existenz unmöglich zu machen, weil hierdurch viele gute Institutionen, welche grofsenteils der Selbstthätigkeit der betreffenden Kreise ihr Entstehen und ihre Entwicklung verdanken, vernichtet würden, wodurch bei den Mitgliedern Entmutigung hervorgerufen werden müfste, ohne dafs die Garantie dafür geboten wäre, dafs der neu zu schaffende Organismus auch sofort geeignet sein werde, alle Vorteile der bereits eingeleiteten Institutionen zu gewähren."

„Im Gesetz soll der Versuch gemacht werden, alle bestehenden Organismen, welche sich mit der Krankenversicherung der Arbeiter beschäftigen, zusammenzufassen, ihnen an die Seite ein öffentliches Institut (Bezirkskrankenkasse) anzufügen und alle zusammen in ein grofses System obligatorischer Krankenversicherung zusammenzufassen. . . . . Es ist ein Gesetzentwurf, welcher in die verschiedensten staatlichen Verhältnisse eingreift; in das Gewerbewesen, in das Vereinswesen, in das Fabrikswesen, in das Eisenbahnwesen, in das Gemeindewesen, in das Bergwesen. Auf allen diesen Gebieten müssen wir es beklagen, dafs die Staatsverwaltung in den letzten Jahren es vernachlässigt hat, mit der Zeit fortzuschreiten, und wir sind vor die schwierige Aufgabe gestellt, ein ganz modernes Institut mit teilweise unbrauchbaren und veralteten Institutionen in Verbindung zu setzen."

Aus beiden Stellen wie aus den ganzen Verhandlungen im Reichsrate über das Gesetz geht hervor, dafs einerseits niemand die Verantwortung dafür übernehmen wollte, bestehende und bezüglich der Leistungsfähigkeit grofsenteils erprobte Krankenversicherungsinstitute, wenn diese auch den Grundsätzen der Allgemeinheit, Gleichartigkeit und Centralisation der obligatorischen Arbeiter-Krankenversicherung nicht entsprachen, zu Gunsten einer ganz neu geschaffenen, noch ganz unerprobten Institution aufser Wirksamkeit zu setzen oder gründlich umzuformen. Anderseits glaubte man auf die Sonderinteressen und auf die Empfindungen einzelner beteiligter Kreise von Personen Rücksichten nehmen zu müssen. Bis zu einem gewissen Grade kann sich ja der Socialpolitiker solchen Rücksichten nicht entziehen; derartige Konzessionen sollen aber nie so weit gehen, dafs dadurch der folgerichtige Aufbau eines grofsen Reformwerkes gestört wird.

Im einzelnen wird zu Gunsten der verschiedenen Specialkassen noch folgendes ins Treffen geführt. Durch das Bestehenlassen der Betriebskassen soll den humanen Bestrebungen einzelner Unternehmer ein weites Feld fruchtbarer Thätigkeit gewahrt bleiben; auch sei, namentlich bei gewissen grofsen Betrieben (insbesondere Eisenbahn- und Dampfschiffbetrieben), der Bestand eigener Krankenkassen und der mafsgebende Einflufs des Arbeitgebers auf die Zusammensetzung und Thätigkeit der Kassen für die Aufrechterhaltung der Disciplin notwendig. Als Äquivalent für die verkürzten Rechte der Arbeiterschaft auf Selbstverwaltung seien die finanziellen Vorteile dieser Kassen anzusehen, welche aus der gesetzlichen Mehrbelastung der Betriebsunternehmer resultieren. Zudem seien die Betriebskrankenkassen eine wichtige Brücke zur Verständigung zwischen dem Industriellen und seinem Personal. Bezüglich der Genossenschaftskassen wird auf die Vorteile der Berufsmäfsigkeit der Versicherung und auf den Wert des Zwangsgenossenschaftswesens überhaupt hingewiesen. — In den Vereinskassen respektiert man die aus der Selbsthilfe der Arbeiterschaft hervorgegangenen Versicherungsinstitute. Man sieht in ihnen eine Äufserung des starken Klassenbewufstseins des Arbeiterstandes, welches man aus politischen Gründen begreiflicher Weise gerne in die Bahnen wirtschaftlicher Bethätigung lenken möchte. Die Baukassen wurden nur aus Fürsorge für die Bezirkskrankenkassen geschaffen. Man dachte dabei an das Zusammenströmen bedeutender Arbeitermassen anläfslich der Ausführung einzelner grofser Bauten, an die erhöhten Erkrankungsgefahren, die hier, sei es durch die Eigenart des Betriebes, sei es durch Einschleppung von Krankheiten aus dem Auslande drohen, an die starken Schwankungen in der Zahl und an die Unständigkeit dieser Arbeiter, alles Momente, welche für die Finanzlage der zuständigen Bezirkskrankenkassen verhängnisvoll werden könnten. Dafs die Begründung für die Schaffung dieser Kassenart lediglich in der Rücksichtnahme auf die Bezirkskassen liegt, kommt in der gesetzlichen Bestimmung zum Ausdrucke, dafs solche Kassen lediglich durch Verfügung der politischen Behörde und nicht aus der Initiative des Bauunternehmers entstehen und dem letzteren im Falle des Widerstandes gegen eine solche Verfügung erhöhte Beiträge zur Bezirkskasse auferlegt werden können.

Es ist nun die Frage zu beantworten, ob alle diese Gründe für die Schöpfung und das Bestehenlassen von Specialkassen auch nach dem heutigen Stande der Dinge noch stichhaltig sind und ob sie schwer genug wiegen, um auf die grofsen Vorteile einer Centralisation der Krankenkassen verzichten zu können. Die allgemeine Rechtfertigung der Specialkassen, welche in der Ungewifsheit über die Lebensfähigkeit und Entwicklung der Bezirkskrankenkassen lag, ist durch die zehnjährige Geschichte und Statistik dieses Instituts zweifellos hinfällig geworden. Welche von allen Krankenversicherungsanstalten hätte trotz der eminenten Schwierigkeit ihrer Lage eine solch gesunde und rasche Entfaltung, einen solchen Umfang des Betriebes, eine so ständig fortschreitende finanzielle Konsolidierung aufzuweisen, wie die Bezirkskassen? — Wie steht es aber mit den anderen Gründen für den Weiterbestand der Specialkassen? Es lässt sich nicht leugnen, und wurde auch schon vom Gewerbeausschusse des Abgeordnetenhauses seinerzeit zugegeben, dafs durch die Betriebskassen die sociale Abhängigkeit des Arbeiterstandes vom Unternehmertume eine bedenkliche Verstärkung erfährt, welche sich weder durch gröfsere Beitragslasten der Unternehmer, noch durch die humanen Bestrebungen derselben rechtfertigen läfst; statt eine Brücke zur Verständigung beider Teile zu bilden, gilt der Bestand einer Betriebskasse oft als ein unüberwindliches Hindernis für den dauernden socialen Frieden zwischen dem Unternehmer und seinen Bediensteten. Der Arbeiter eines solchen Betriebes wird es stets als eine Ungerechtigkeit, als eine lästige Bevormundung, als einen Eingriff in seine socialen Rechte empfinden, dafs gerade er und seine Mitarbeiter von der selbständigen Verwaltung des Versicherungsinstituts so gut wie ausgeschlossen sind, während seine Berufsgenossen bei den anderen Kassen mit stolzem Selbstbewufstsein die Verantwortung für die Entwicklung und das Gedeihen dieser zum gröfsten Teile aus Arbeitergeldern erhaltenen Anstalten auf sich nehmen können. Es ist daher auch die von Anfang an gegen die Betriebskassen bestehende heftige Gegnerschaft der gesamten Arbeiterklasse und die Forderung der letzteren erklärlich, dafs die Versicherung vom Erwerbsleben und von der Beschäftigung des Arbeiters gänzlich unabhängig gemacht werden soll. — Da die Krankenversicherungskassen lediglich einen wirtschaftlichen Zweck haben und sämtlich unter weitgehender staatlicher Kontrolle stehen, so entbehrt wohl auch die Behauptung, dafs die bezeichneten Kassen zur Aufrechterhaltung der Disciplin und Autorität notwendig seien, einer wirklichen Begründung.

Was nun gar den Zusammenhang zwischen dem Bestande der Betriebskassen und der Ermöglichung humaner Werkthätigkeit des Unternehmertums betrifft, so genügt es, einen Blick ins Ausland zu werfen, um zu sehen, wie unendlich viel den Inhabern grofser Betriebe noch zu thun übrig bleibt, auch wenn man ihnen die Durchführung der gesetzlichen Krankenversicherung abnehmen würde. Man braucht nicht einmal andere Gebiete der socialen Wohlfahrtspflege, wie das Unterrichts- und Bildungswesen, die Waisenpflege, die Invaliden-, Alters-, Witwenversorgung, die Wohnungsfrage u. s. w. zu berühren; gerade in der Krankenfürsorge kann der wirklich humane Betriebsunternehmer neben der Krankenkasse noch sehr viel Gutes wirken. Es sei beispielsweise hingewiesen auf die Hilfs- und Ergänzungskassen der Firmen Friedr. Krupp in Essen, Cornelius Heyl in Worms, C. G. Wilke in Guben, auf die Familienkrankenkassen der Firmen F. Brand in München-Gladbach, W. Leyendecker & Co. in Köln, auf die Wöchnerinnenasyle der Badischen Anilin- und Sodafabrik in Ludwigshafen und der Farbwerke Meister Lucius und Brüning in Höchst a. M., auf die Anstellung eigener Fabrikschwestern und Fabrikdiakonissinnen der grofsen Schultheifs'schen Brauerei-Aktien-Gesellschaft in Berlin und Dessau und der weltbekannten Firma A. W. Faber in Stein bei Nürnberg, auf die Gründung von Rekonvalescentenheimen in vielen deutschen Städten oder das besonders reich ausgestattete „Kaiserin Auguste Victoria-Erholungshaus" der Firma Friedr. Krupp in Essen, auf die Vereine zum Zwecke der Bereitung von Krankenkost und Stärkungsmitteln, auf die Verleihanstalten zur Abgabe von Krankengerätschaften und dergleichen mehr.

Man möchte fast glauben, dafs der Wohlthätigkeitsdrang von Betriebsunternehmern gerade dadurch, dafs für die Krankenversicherung anderweitig gesorgt wird, auf neue segensreiche Bahnen gelenkt würde.

Noch ein Bedenken gegen die Betriebskassen soll hier erwähnt werden. Infolge der plötzlichen und starken Schwankungen in unseren heutigen Produktions- und Absatzverhältnissen, infolge der Krisen, welche für einzelne Erwerbszweige ganz unerwartet auftreten, ist der Bestand und die finanzielle Sicherheit des einzelnen industriellen Unternehmens, und sei es noch so solid, immer nur etwas Bedingtes. Es liegt aber im dringendsten Interesse der Arbeiterversicherung, dafs sie von dem Risiko, das jeder Unternehmer auf sich nehmen mufs, unabhängig gemacht werde; das ist aber nur dann möglich, wenn die Versicherungsanstalt eine von der Person des Betriebsinhabers völlig unabhängige Existenz führt.

Die Genossenschaftskrankenkassen werden mit dem Schlagworte „Berufsversicherung" motiviert, ohne dafs man eigentlich zu wissen bekommt, worin denn die wesentlichen Vorteile der Berufsversicherung auf dem Gebiete der Krankenfürsorge liegen. Gerade in dem Umstande, dafs die Mitglieder einer

Krankenkasse den verschiedensten Betrieben und Berufszweigen angehören, liegt ein gewisser Schutz der Kassen vor der Gefahr, daſs eine bestimmte Berufskrankheit durch auſsergewöhnlich starkes Auftreten einen erheblichen Teil der Mitglieder erfasse und dadurch die Leistungsfähigkeit der Kasse erschöpfe. Darum haben auch jene Staaten, welche nach uns an die Einführung der Arbeiterkrankenversicherung herangetreten sind, wie z. B. die Niederlande und Norwegen, dem österreichischen Princip der territorialen Kassenorganisation den Vorzug vor dem deutschen Princip berufsgenossenschaftlicher Gliederung gegeben.

Wie übrigens schon bei einer früheren Gelegenheit erwähnt wurde, ist es mit der Berufsgleichheit der Mitglieder bei den meisten Genossenschaftskassen nicht weit her. Sechzig Prozent der mit Krankenkassen verbundenen Zwangsgenossenschaften beschränken sich nicht einmal auf die Zusammenfassung sogenannter verwandter Gewerbe, sondern sind bunt zusammengewürfelte „Kollektivgenossenschaften“. Infolgedessen unterscheiden sich die zugehörigen Krankenkassen in der Zusammensetzung ihrer Mitgliederschaft durch nichts von jener der Bezirkskassen; nur daſs jene Kassen in der Regel schlechter verwaltet sind als diese und letztere durch ihre Exemption aus dem allgemeinen Krankenkassensprengel finanziell schädigen. Die Zwangsgenossenschaften sind ja überhaupt eine unmoderne Einrichtung von sehr fraglichem Werte und ungewisser Lebensdauer. Sie zum Träger, zum Durchführungsorgan einer groſsen socialpolitischen Idee zu machen, war von vornherein ein verfehltes Unternehmen. Wer Gelegenheit hatte, die Unbeholfenheit und Gemütlichkeitsmeierei zu beobachten, womit die Besorgung der Krankenkassengeschäfte von Meistern und Gehilfen so nebenher, meist in den Feierabendstunden, zumeist auch ohne genügende Sachkenntnisse besorgt werden, wer die Statistik dieser Kassen, ihre ungünstige Entwicklung, ihre schlechte finanzielle Lage einer aufmerksamen Betrachtung unterzieht, wird dieses Urteil bestätigen. Zu alledem kommt noch der höchst ungünstige Einfluſs, den die häufigen Parteiungen und Zwistigkeiten unter den Meistern und die oft wiederkehrenden Lohnkämpfe zwischen Arbeitgebern und Arbeitern auf die Kassen ausüben. Diese werden gar oft als Kampf- und Agitationsmittel benützt, ohne Rücksicht auf ihren Zweck, der ihnen ein stilles Wirken fern von dem Tagesgetriebe der Parteien anweist. Angesichts dieser Verhältnisse wurde schon wiederholt an eine Reform dieser Kassen gedacht. Der Regierungsentwurf zur Abänderung der Gewerbeordnung setzte, um die ungesunde Neubildung kleiner, nicht lebensfähiger Genossenschaftskassen hintanzuhalten, eine Mindestzahl von 100 Mitgliedern für die Errichtung und den Fortbestand dieser Kassen fest und verbot die Vereinigung mehrerer Genossenschaften zur Bildung einer gemeinsamen Kasse. Das wäre aber nur eine halbe Maſsregel. Die Regelung der Arbeiterversicherung gehört überhaupt nicht in die Gewerbeordnung, sondern muſs durch eigene allgemeine Versicherungsgesetze erfolgen. Dabei würden sich aber schwerlich Gründe zu Gunsten der Genossenschaftskassen finden lassen.

Ein weitaus erfreulicheres Bild gewähren die Vereinskassen. Schon die oben gebrachte Statistik giebt einen Überblick über die Bedeutung und groſse Leistungsfähigkeit dieser Versicherungsinstitute.

Das, was hier die Arbeiter aus eigener Kraft geschaffen haben, ist ein hoch anzuerkennendes Werk von gesunder Lebenskraft; da diese Arbeiterkassen zudem auf dem gleichen Principe der Selbstverwaltung aufgebaut sind, wie die Bezirkskassen, und diesen auch sonst in der Art ihrer Gebarung und Geschäftsführung gleichen, so würden sie sich ohne groſse Schwierigkeiten in ein gemeinsames System mit den letzteren einordnen lassen, wenn man nur auch bei ihnen einen gesetzlichen Zwang zur entsprechenden Beitragszahlung für die Unternehmer einführte. Das den Betriebsinhabern als Äquivalent für ihre Beitragspflicht bei den übrigen Kassenarten gewährte Recht auf Vertretung im Vorstande und in der Generalversammlung der Kasse steht ja ohnehin nur auf dem Papier und entbehrt der praktischen Bedeutung. Durch die Verwandtschaft der Vereinskassen mit den allgemeinen Krankenkassen sind den ersteren für die künftige Reform der Krankenversicherung ganz andere Chancen gesichert, wie den in ihren Leistungen ja zweifellos ebenso hervorragenden Betriebskassen.

Die Daseinsberechtigung der Baukassen erfährt durch die statistisch ausgewiesene geringe Zahl und Bedeutung derselben, und durch den Umstand, daſs die Morbilität und Fluktuation ihrer Mitglieder keine wesentlich höheren Ansprüche an die verfügbaren Mittel der Kasse stellen, als bei anderen Versicherungsinstituten des Krankenversicherungsgesetzes, eine ungünstige Beleuchtung. Zieht man dabei die ungeahnte Entwicklung und finanzielle Erstarkung der Bezirkskassen in Betracht, so kann man ruhigen Herzens die Baukassen aus dem Systeme der Versicheruugsanstalten streichen, zumal wenn man die gesetzliche Möglichkeit offen hielte, gewisse Bauunternehmer zu erhöhter Haftung oder zu erhöhter Beitragsleistung an die Bezirkskrankenkasse heranzuziehen.

Die Bruderladen stehen infolge der eigenartigen Arbeitsverhältnisse im Bergwerksbetriebe und infolge ihrer selbständigen geschichtlichen Entwicklung abseits von der allgemeinen Arbeiter-Krankenversicherung und ist derzeit an eine Einbeziehung derselben in die allgemeine Reform des Versicherungswesens wohl kaum zu denken.

c) Fassen wir endlich gegenüber den Gründen, welche für den Fortbestand der Specialkassen sprechen, noch die zum Teil schon erörterten Vorteile kurz zusammen, die uns eine Centralisation des Krankenkassenwesens bieten würde: die Ausgleichung der Unterstützungsansprüche der Mitglieder der verschiedenen Kassen, die Freizügigkeit der Arbeiter, die gerechtere Verteilung und Erleichterung der Lasten der Arbeitgeber, die Versicherung der einzelnen Kasse gegen die Gefahr der Erschöpfung und des Zusammenbruchs bei Epidemien und sonstigen Fällen aufsergewöhnlich ungünstiger Morbilität unter den Mitgliedern, die ständige Unterstützung solcher Versicherungsanstalten, welche infolge ungünstiger lokaler Verhältnisse mit besonderen Schwierigkeiten zu kämpfen haben, die wirtschaftlichen Vorteile der Kassen infolge gemeinsamen Geldverkehres, gemeinsamer Kapitalanlage, gemeinsamer Vertragsabschlüsse mit Ärzten, Apothekern, Krankenanstalten u. s. w., die Möglichkeit allgemeiner Mafsregeln zur Bekämpfung gewisser Berufskrankheiten und zur Einführung von Arbeiterschutzvorrichtungen, die Durchführung der Kontrolle der Kassengebarung nach allgemein geltenden Gesichtspunkten, die Einrichtung ständiger Centralorgane zur Beratung und Vertretung der gemeinsamen Interessen aller Kassen nach aufsen hin, der Ausbau des Versicherungswesens durch Errichtung gemeinsamer Heilanstalten (z. B. für Tuberkulose, für Rekonvalescenten), durch vorbereitende Schritte zur Einführung der obligatorischen Invaliden-, Alters-, Witwen- und Waisenversicherung u s. w. — Es kann wohl kaum ein Zweifel darüber herrschen, dafs die Weiterentwicklung der Arbeiter-Krankenversicherung auf dem Wege der Centralisation des Kassenwesens liegen mufs, und dafs die gewaltigen Fortschritte, die hier in der socialen Arbeiterfürsorge gemacht werden können, diejenigen vorübergehenden materiellen und ideellen Einbufsen mehr als aufwiegen würden, welche für die besonderen Interessenkreise einzelner Specialkassen durch die Centralisation erwachsen würden.

Wie aber soll letztere durch die Gesetzgebung verwirklicht werden? Jedenfalls nicht gewaltsam mit einem Schlage, sondern stufenweise, mit Übergangsstadien, um den einzelnen Insituten Zeit zur Umwandlung ohne grofse Verluste zu gewähren. Zweifelsohne müfste der Umwandlungsprozefs mit der möglichsten Einschränkung des Sonderkassentumes zu Gunsten der allgemeinen Bezirkskassen beginnen, wobei letzteren eine gröfsere Beweglichkeit, ein höheres Anpassungsvermögen an die Verschiedenartigkeit der Arbeiterverhältnisse zu verleihen wäre. Als Etappen auf dem Wege zum bezeichneten Ziele liefsen sich denken: der Erlafs gemeinsamer Vorschriften für die Buch- und Rechnungsführung, Geldgebarung und Statistik aller Kassen; die Einführung des gesetzlichen Beitragszwanges der Arbeitgeber auch für die Vereinskassen. Die Schaffung besonderer Abteilungen für die Lehrlingsversicherung bei allen Kassen, wobei besonders in Betracht zu ziehen wäre, dafs der kranke Lehrling sich nicht selbst überlassen werden kann, wie der erkrankte erwachsene Arbeiter, sondern mangels der nötigen Reife und meist auch mangels des

Zusammenlebens mit seiner Familie in häusliche oder Krankenhauspflege gegeben werden mufs und dabei eines eigenen Krankengeldes nicht bedarf, wohl aber der genauen Überwachung seiner Verpflegung; die Einführung obligatorischer Rechtshilfe und Stellvertretung aller Kassen untereinander, wenn es sich um die Unterstützung von erkrankten Versicherten handelt, die sich aufserhalb ihres Kassensprengels aufhalten; die Einführung von territorialen Zwangsverbänden für alle Kassen und die Schaffung einer Reichs-Kassencentrale; das Verbot der Neugründung von Genossenschafts- und Betriebskrankenkassen unter gleichzeitig zu schaffender gesetzlicher Möglichkeit, die Unternehmer besonders gesundheitsschädlicher Betriebe auf Grund zwei- oder dreijähriger statistischer Erhebungen über die Morbilität ihres Arbeiterstandes zu erhöhten Beitragsleistungen für die zuständigen Bezirkskassen heranziehen zu können; die Aufhebung der Genossenschafts- und Baukrankenkassen, wobei Kassen der ersteren Art, insofern sie durch Gröfse und Leistungsfähigkeit hervorragen, in Bezirkskassen umgewandelt werden könnten; auch bezüglich der Bauunternehmungen müfste durch Verfügung der politischen Behörde auf Grund festzustellender ungünstiger Gesundheitsverhältnisse eine Mehrbelastung der Unternehmer zulässig sein.

5. Schlufswort.

Bevor ich meine Erörterungen über unsere österreichische Arbeiter-Krankenversicherung schliefse, möge es mir gestattet sein, noch einen kurzen Überblick über die Vorarbeiten zu geben, welche bisher zur Reform dieses Versicherungszweiges geschehen sind. Ich kann es nicht unterlassen, hierbei auf die wertvolle Arbeit über obligatorische Arbeiterversicherung von Josef Mayer, Inspektor im Departement für Arbeiterversicherung des k. k. Ministeriums des Innern hinzuweisen, welche in dem aus Anlafs der Pariser Weltausstellung 1900 erschienenen Werke über Sociale Verwaltung in Österreich erschienen ist.

Die schon frühzeitig von Kassenverwaltungen, namentlich der Bezirkskassen, wie auch von Kassenverbänden, Ärzten und anderen beteiligten Faktoren an das Ministerium des Innern gerichteten Begehren auf Änderung der Krankenversicherungsgesetze veranlafsten letzteres zur Vornahme von Erhebungen und Studien über die Reformwünsche. Die genannte Centralstelle entschlofs sich zunächst im Jahre 1894 zur Hinausgabe von Erhebungsbogen an die Interessenten, in welchen die wichtigsten Beschwerdepunkte in die Form konkreter Fragen gekleidet waren; hierbei blieb allerdings die bestehende Kassenorganisation fast unberührt. Die Fragen drehten sich vielmehr um die Rechte und Pflichten der Kassenmitglieder und der Arbeitgeber. Die Antworten liefen zahlreich ein; die Ansichten der Befragten über die einzelnen Punkte waren jedoch von so grofser Verschiedenheit, so widersprechend, dafs die Ergebnisse dieser Umfrage als Grundlage für einen Gesetzentwurf unmöglich dienen konnten. Es blieb daher dem Ministerium nichts anderes übrig, als mündliche Verhandlungen einzuleiten. Nun zeigte sich, mit welch intensivem Interesse die Arbeiterschaft die Entwicklung der ihr zu einer unentbehrlichen Einrichtung gewordenen Zwangskrankenversicherung verfolgte. Sie berief, bevor es noch zu der vom Ministerium beabsichtigten Enquête kam, für Ende 1896 einen österreichischen Krankenkassentag nach Wien ein, um ein gemeinsames Vorgehen der in den Händen der Arbeiter befindlichen Kassenverwaltungen bei den Reformbestrebungen der Regierung zu beraten und zu beschliefsen. Eine reichgegliederte Tagesordnung wurde den Verhandlungen zu Grunde gelegt: 1. Die Rechte und Pflichten der Versicherten gegenüber den Kassen, die Ärzte- und Apothekerfrage, Rekonvalescentenpflege und Angehörigenversicherung. 2. Das Verhältnis der Krankenversicherung zur Armenpflege, Arbeiterschutz und Ausbau der Arbeiterversicherung überhaupt. 3. Das Verhältnis der Kranken- zur Unfallversicherung. 4. Organisationsfragen. 5. Verhältnis der Krankenversicherung zu den Verwaltungsbehörden.

Die Beratungen über diese Punkte führten zu einer grofsen Zahl von Beschlüssen, welche in Form von Resolutionen die Wünsche der Arbeiterschaft zum Ausdruck brachten. Überblickt man dieselben, so lassen sich folgende Grundzüge erkennen:

Die Verallgemeinerung der Krankenversicherungspflicht unter Einbeziehung nicht nur der noch aufserhalb des Versicherungszwanges stehenden Arbeitergruppen (land- und forstwirtschaftliche Arbeiter, Staatsdiener, Dienstboten, das Personal der Seeschiffe u. s. w.), sondern auch der wirtschaftlich schwachen Kleinunternehmer (Kleingewerbe, Bauernstand u. s. w.) unter dieselbe.

Die Ausgestaltung der Versicherung im Sinne der obligatorischen Alters-, Invaliden-, Witwen-, Waisenversorgung und Arbeitslosenversicherung.

Die Erhöhung und zeitliche Ausdehnung des gesetzlichen Mindestausmafses der Unterstützungsansprüche bei Beschränkung der Ansammlung von Reservefonds.

Die allmähliche Verstaatlichung des Berufes der Ärzte und Apotheker und die Unentgeltlichkeit der Spitalspflege.

Die Einschränkung bezw. Abschaffung der Specialkassen und die Gleichstellung aller Kassenarten, insbesondere hinsichtlich der Pflichten der Arbeitgeber.

Die Centralisierung des Kassenwesens durch Bildung örtlicher, provinzieller Verbände und von Reichsverbänden unter Einbeziehung aller Kassen ohne Unterschied; die Schaffung eines Reichsversicherungsamtes.

Die Monopolisierung des Einflusses der Arbeiter auf die Kassenverwaltung und Kassengebarung, kurz, die Auslieferung des gesamten Versicherungswesens in die Hände der Arbeiterr.

Diese Beschlüsse bildeten eine wertvolle Vorarbeit für die von der Regierung beabsichtigte Enquête; wertvoll für die Arbeiter, weil sie ihrer Partei ein geschlossenes, einheitliches Vorgehen ermöglichte; wertvoll für die Unternehmer, weil sie ihre Stellungnahme gegenüber den Wünschen der Arbeiterschaft vorbereiten und präcisieren konnten; wertvoll für die Regierung, weil sie daraus zu entnehmen vermochte, um welche Punkte sich bei den gemeinsamen Beratungen die Diskussion hauptsächlich drehen werde. — Für die Enquête wurden, um ihr ein konkretes Ergebnis zu sichern, gewisse Programmpunkte, sechs an der Zahl, aufgestellt: 1. Umfang der Versicherungspflicht; 2. Organisation der Krankenversicherung; 3. Meldewesen; 4. Krankenunterstützung, Beitragsleistung und Reservefonds; Verjährungsfristen; 5. die Beziehungen zwischen Unfall- und Krankenversicherung, und 6. ein allgemeiner Punkt.

Die Verhandlungen gestalteten sich sehr lebendig. Ihr Endergebnis liefs sich im allgemeinen wohl berechnen: die Vertreter der verschiedenen Interessengruppen verteidigten ihren Standpunkt und wehrten sich gegen jede Mehrbelastung und Machtschmälerung ihrer Partei. Das war nicht nur bezüglich der Arbeitgeber, Arbeitnehmer und Ärzte, sondern auch bezüglich der Vertreter der einzelnen Kassenarten deutlich zu beobachten. Einigkeit ergab sich halbwegs nur bezüglich der Ausdehnung der Krankenversicherungspflicht; nur verlangten hier die Ärzte die Festsetzung einer Einkommensgrenze; ferner bezüglich der Erhöhung der Mindestleistungen der Kassen, für welchen Zweck die Bewilligung von Staatsbeiträgen verlangt wurde; Übereinstimmung herrschte ferner betreffs der Aufhebung der Kostenersatzpflicht der Krankenkassen gegenüber den Krankenanstalten, der Herabsetzung der Dotierung der Reservefonds und der Einführung von Berufungsinstanzen gegen die Erkenntnisse der Kassenschiedsgerichte. Jedenfalls aber wurde für die Regierung ein umfangreiches und wertvolles Material für Gesetzentwürfe geliefert. Seitdem ist freilich in der Reform der Krankenversicherung nicht viel geschehen. Doch geben immerhin das an anderer Stelle besprochene Staatsdienergesetz vom 26. Dezember 1899 RGBl. Nr. 255 und der gegenwärtig vorliegende Entwurf, betreffend die Versicherung der Privatbeamten, die frohe Zuversicht, dafs wir auch bei uns in Österreich einer gesunden Weiterentwicklung unserer Versicherungsgesetzgebung entgegensehen dürfen.